VORSICHT GEHEIMWISSEN

111 Dinge,
die du getan haben solltest,
bevor du 13 bist

Vorwort

Warum sollte man in Zeiten der E-Mail noch eine Flaschenpost versenden? Ganz einfach: Nichts ist spannender als das Unerwartete und Geheimnisvolle. Und nichts macht uns glücklicher als das, was wir mit unseren eigenen Händen geschaffen haben. Wenn wir also mit echter Tinte einen Brief schreiben, ihn in der Glasflasche verkorken und im Fluss versenken, dann schicken wir auch viele Fragen auf die Reise: Wo wird die Flaschenpost wohl landen? Und bekomme ich überhaupt eine Antwort? Vielleicht sogar aus Australien?

„Vorsicht Geheimwissen!" wendet sich an alle Schatzsucher und Zauberfeen, Draufgänger und Räubertöchter, Pfadfinder und Naturforscher. Wer nach der Schule auf Entdeckungstour gehen möchte, der findet hier Ideen und Inspiration – von A wie „Ausreden" bis Z wie „Zeltausflug". Vor allem geht es dabei ums Selbermachen: ein Baumhaus bauen, deinem nervigen Nachbarn fiese Streiche spielen, jonglieren oder Pilze sammeln, einen Stammbaum erstellen und Freundschaftsbänder knüpfen. Auch ganz Praktisches wird angesprochen: Wie versorge ich Insektenstiche? Was gehört zu einer perfekten Party? Und welche Sandburg hält am längsten?

Einige Freizeitideen erinnern daran, wie die Menschen früher lebten: sich am Sternenhimmel orientieren oder ein Floß bauen zum Beispiel. Dieses Buch will dich aber nicht nur auf eine Zeitreise in die Vergangenheit einladen. Deshalb findest du auch Tipps darüber, wie man Mangas zeichnet, eine Choreographie entwickelt oder – ja, auch das! – eine gelungene E-Mail schreibt. Aber egal, ob Flaschenpost oder E-Mail: Kleine und große Abenteuer warten überall auf dich.

Viel Spaß beim Stöbern, Experimentieren
und Ausprobieren wünscht

der Verlag

Inhaltsverzeichnis

Markiere die Punkte, die du erledigt hast!

Was gehört in einen echten Abenteuer-Shake?

Wasser löscht den Durst hervorragend. Aber manchmal will man etwas Besonderes trinken. Vielleicht eine leckere Bowle, einen Milch-Shake oder einen fruchtigen Cocktail. Aus wenigen Zutaten lassen sich ohne großen Aufwand coole Drinks zaubern.

Cola-Bowle

Du brauchst für vier mitteldurstige Trinker:

- 1 große Flasche Cola
- den Saft von 5 Zitronen
- weitere 2 Zitronen mit unbehandelter Schale

Presse die fünf Zitronen aus und gieße den Saft in einen Eiswürfelbereiter. Falls du zu wenig Saft hast, kannst du die Fächer noch mit Wasser auffüllen. Lass nun die Flüssigkeit gefrieren. Die beiden anderen Zitronen musst du in dünne Scheiben schneiden und in einen Glaskrug oder in ein Bowlegefäß legen. Jetzt nur noch die Cola über die Zitronenscheiben gießen und die Zitroneneiswürfel in die Bowle geben.

Ananas-Cocktail

Du brauchst pro Person:

- 50 g frische Ananas
- 50 ml Ananassaft
- 100 ml Mineralwasser
- 1 Teelöffel Honig
- 1 Esslöffel Kirschen

Schneide die Ananas in kleine Würfel, die Kirschen musst du entsteinen. Falls du Kirschen aus dem Glas nimmst, solltest du sie gut abtropfen lassen. Dann vermischst du in einem Glas den Ananassaft mit dem Wasser, rührst den Honig hinein und gibst das Obst hinzu. Den Honig benötigst du nur, wenn du frische Ananas verwendest. Ananas aus der Dose ist schon ausreichend gesüßt. Der Ananas-Cocktail schmeckt mit einer Kugel Vanilleeis noch besser!

Orange pur

Eine reife Orange hin und her rollen, bis sie sich weich anfühlt. Stich nun mit einer Stricknadel neben der Blüte ein Loch in die Frucht. Den Strohhalm durch das Loch stecken und einfach nur genießen!

Mango-Flip

Du benötigst für zwei Personen:

- 1 Mango
- 1 Banane
- 200 ml Milch
- Schokoraspeln

Der Mango-Flip ist schnell fertig. Als erstes musst du das Obst schälen und das Fruchtfleisch in kleine Stücke schneiden. Nun Mango und Banane mit der Milch auffüllen und mixen. Noch mit Schokoraspeln verzieren ... mmh!

Eis-Schokolade

Du brauchst für zwei Personen:

- 400 ml kalte Milch
- 4–5 Teelöffel Kakaopulver
- 2 Kugeln Schokoladeneis
- Sahne
- Schokostreusel

Die kalte Milch mit dem Kakaopulver gut verquirlen und in zwei hohe Gläser füllen. Nun jeweils eine Kugel Schokoladeneis dazugeben, Sahne drauf und mit Schokostreuseln verzieren. Sehr lecker für heiße Sommertage!

Gläser mit „Pelz-Kragen"

Damit dein Drink so richtig klasse aussieht, kannst du das Glas vorher noch mit einem Zuckerrand verzieren.

Am besten eignet sich als Klebstoff leicht angeschlagenes Eiweiß oder der Saft einer Zitrone. Drehe das Glas einfach um und tauche den Glasrand in eine mit Eiweiß oder Zitronensaft gefüllte Schale. Danach tauchst du das Glas in Zucker. Den überflüssigen Zucker streifst du ganz vorsichtig ab. Auf diese Weise entsteht ein wunderschöner Zuckerrand. Es muss aber nicht immer nur Zucker sein. Du kannst alles verwenden, was eine schöne Farbe gibt und fein genug ist, um haften zu bleiben. Gut geeignet sind zum Beispiel:

- Kokosraspeln
- Kakaopulver
- Schokoraspeln
- gemahlene Mandeln
- bunte Zuckerstreusel

Eiswürfel mit Farbe

Fülle doch einfach mal Fruchtsäfte (zum Beispiel Orangensaft, Apfelsaft) in die Eiswürfelform. Dann stellst du die Form ins Gefrierfach und wartest, bis die Eiswürfel gefroren sind. Sieht super aus und ist lecker!

Ice Orange

Für dieses mega-erfrischende Getränk brauchst du 500 ml angefrorenen Orangensaft, 2 Teelöffel Zitronensaft und einen halben Liter Mineralwasser. Alle Zutaten im Mixer mixen, in Gläser füllen und sofort genießen.

Was sind die besten Ausreden?

Morgens zu spät zum Unterricht gekommen, keine Hausaufgaben gemacht, das Sportzeug vergessen – Schüler scheinen ohne Ausreden nicht auszukommen. Ausreden können hilfreich sein. Aber sie haben häufig Nebenwirkungen. Und irgendwann gehen einem auch die besten Sprüche aus!

Warum ich zu spät komme

„Mein Wecker hat verpennt."

„Wir hatten in der Nacht Stromausfall, deshalb hat unser Wecker nicht geklingelt."

„Meine kleine Schwester wollte mich ärgern und hat mir den Wecker geklaut."

„Mein Meerschweinchen hat das Kabel von meinem Radiowecker zernagt."

„Mein Aquarium ist kaputtgegangen. Ich musste meine Fische retten."

„Mein Opa hatte sein Gebiss verlegt und ich musste es suchen."

Nebenwirkungen
Wenn du etwas nicht tun möchtest und immer wieder Ausreden vorschützt, dann belügst du dich und andere. Irgendwann wirst du dich selbst einfach schlecht fühlen, weil du so viel lügst.

Warum ich keine Hausaufgaben gemacht habe

„Unser Hund hat sie gefressen."

„Mein Computer ist abgestürzt."

„Mein Vater hat noch bis spät in die Nacht an meinen Hausaufgaben gesessen und sie dann heute morgen aus Versehen mit ins Büro genommen."

„Meine Schwester hat gestern aus meinen Heften Weihnachtsschmuck gebastelt."

„Gestern wurde bei uns eingebrochen. Und die Diebe haben ausgerechnet meine Hefte mitgehen lassen!"

„Ich dachte, die Hausaufgaben wären für morgen."

Warum ich so viele Fehler gemacht habe

„Ich habe wirklich versucht, meinen Vater zurückzuhalten. Aber er wollte mir unbedingt bei den Hausaufgaben helfen."

„Das verstehe ich auch nicht! Ich habe doch bei Anna abgeschrieben. Und sie ist die Klassenbeste!"

„Dabei habe ich so fleißig für die Arbeit gelernt. Und was passiert: Es kommen total andere Aufgaben dran!"

„Ich musste so viel auf den Spickzettel schreiben, dass ich die winzige Schrift nicht mehr entziffern konnte."

„Ich habe vor Aufregung vor der Mathearbeit die ganze Nacht nicht schlafen können. Und während der Arbeit bin ich dann voll weggenickt."

„Eigentlich wusste ich alle Antworten. Der Lehrer hat mir nur die falschen Fragen gestellt!"

Warum ich nicht bei der Hausarbeit helfen kann

„Ich bin viel zu müde nach der Schule."

„Ich habe solche Bauchschmerzen, ich kann nicht aufräumen."

„Ich bin noch viel zu klein zum Staubsaugen!"

„Das ist Frauensache."
(Natürlich nur anwenden, wenn du ein Junge bist!)

„Wer sich selbst quält, ist auch zu anderen gemein."

„Ich komme in der Schule schon genug ins Schwitzen!"

Wie wäre unser Leben ohne Ausreden?

Viele Ausreden sind harmlos und nützlich. Hilfreich sind sie zum Beispiel, wenn wir mit ihnen höflich sind. Wenn du zu einem Geburtstag eingeladen wirst und nicht hingehen möchtest, sagst du vermutlich nicht: „Ich habe keine Lust." Du bedankst dich für die Einladung und hast leider schon etwas anderes vor! Es ist auch nicht nett, auf die Frage deiner Freundin „Wie findest du meine neue Frisur?" wahrheitsgemäß zu antworten: „Die alte fand ich tausendmal schöner!" Und darum sagst du etwas Freundliches.

Bei vielen anderen Ausreden wäre es hingegen gut, wir würden diese seltener verwenden oder ganz auf sie verzichten. Ausreden verhindern häufig, dass wir rechtzeitig handeln – um eine Beziehung zu klären oder um Ordnung in unser Leben zu bringen.

Experiment

Versuche mal einen Tag lang keine Ausrede zu benutzen. Wenn du etwas vergessen hast oder nicht kannst, stehst du einfach dazu. Viele meinen, wenn sie einen Fehler zugeben, ist das ein Zeichen von Schwäche. Aber wenn jemand zu seinen Fehlern steht, zeugt das gerade von einer starken Persönlichkeit.

Kleiner Tipp!

Vielleicht hast du in einer bestimmten Angelegenheit schon so oft Ausreden gebraucht, dass du denkst, du könntest das jetzt nicht mehr ändern. Gehe einfach in die Offensive und sage: „Ich habe mich bisher davor gedrückt, das offen zu sagen, weil ich Angst hatte …"

Wie binde ich ein Bandana?

Wer möchte im Sommer schon mit einem Strohhut herumlaufen? Da greift man doch lieber zu einem Bandana. Das bietet nämlich nicht nur einen wunderbaren Sonnenschutz, sondern sieht auch noch ziemlich stylish aus!

Was genau sind Bandanas?

Bandanas sind quadratische Tücher. Meist sind sie 60 x 60 cm groß. Man kann Bandanas als Kopftuch tragen und im Nacken zusammenbinden oder als Halstuch oder Armband. Cool sieht es auch aus, wenn du ein Bandana einfach lose in die hintere Hosentasche steckst. Bandanas gibt es in allen möglichen Farben und Mustern. Manchmal verkaufen Musikbands bei ihren Konzerten Bandanas mit dem Bandlogo. Auch viele Sportvereine bieten Bandanas an. Es gibt Bandanas speziell für Biker (aus weichem Leder) und sogar für Hunde!

Perfektes Styling in wenigen Minuten

Stehst du auch manchmal morgens auf und siehst wie ein zerzauster Vogel aus? Kein Problem: Mit einem Bandana kannst du deine Haare in wenigen Minuten bändigen und aufpeppen. Dafür faltest du das Kopftuch diagonal zu einem Dreieck. Nun legst du die lange Seite an deine Stirn (entweder direkt über deine Augen oder etwas höher). Die Dreiecksspitze zeigt nach hinten, das Tuch bedeckt deine Haare. Nimm die beiden Enden der Seite und die Dreiecksspitze und knüpfe einen Doppelknoten. Jetzt sitzt dein Bandana den ganzen Tag fest und sicher auf dem Kopf. Zum Schluss noch das Tuch glatt ziehen – super siehst du aus!

Ungewöhnliches Wort

Der Name Bandana kommt aus dem Hindi von dem Wort „bandhana". Das heißt auf deutsch „binden".

Piratenbandana

Oft genügen schon einige wenige Accessoires, mit denen du ruckzuck ein Piratenkostüm zusammenstellen kannst: Ringel-T-Shirt, zerrissene Jeans, Augenklappe und natürlich ein Piratentuch machen im Nu aus dir einen Helden der sieben Weltmeere! Wähle für diese Verkleidung ein Tuch mit furchterregenden Totenköpfen, gekreuzten Knochen oder Piratenflaggen. Lege das Tuch wieder mit der langen Seite an die Stirn und binde es am Hinterkopf fest zusammen. Die Dreiecksspitze sollte aber unter dem Knoten hervorschauen. Weitere Tücher und Schals dienen als Schärpen und Gürtel. Aber wer sagt eigentlich, dass man Piratenbandanas nur zur Karnevalsparty tragen kann? Eigentlich ist es doch die passende Kopfbedeckung zu fast jeder Jahreszeit!

Bandana als Stirnband

Lege das Tuch wieder diagonal zu einem Dreieck. Nun die Dreiecksspitze so oft um die lange Seite falten, bis das Stirnband die gewünschte Breite hat.

Auf Beute(l)zug

Du kannst Bandanas schon fertig gefaltet kaufen. Wenn du ein Tuch selber zurecht bindest und dann bügelst, halten die Falten ebenfalls monatelang.

Natürlich kannst du auch aus alten Geschirrhandtüchern oder Stoffresten passende Dreieckstücher schneiden. Aus zwei Kopftüchern lässt sich ein cooler Beutel herstellen. Einfach die Tücher übereinanderlegen und an drei Seiten zusammennähen. Dabei zwei Schlitze für die Trägergurte aussparen. Nun die offene Kante nach innen schlagen und so mit zwei Nähten absteppen, dass ein Tunnel entsteht. Durch diesen ziehst du eine Kordel oder einen ausrangierten Ledergürtel.

Bandana um das Handgelenk

Wenn du das Tuch um dein Handgelenk tragen möchtest, solltest du besser auf den Knoten verzichten. Binde das Tuch um deinen Arm und stecke die Enden unter das gebundene Tuch. Darüber die Uhr – super!

Wie gründe ich eine Bande?

Einander vertrauen können. Die gleichen Interessen haben. Freud und Leid teilen. Gemeinsam durch dick und dünn gehen. Das ist toll! Hast du nicht Lust, mit deinen Freunden eine supercoole Bande zu gründen?

Ein total verrückter Bandenname

Jede Bande braucht natürlich einen Bandennamen. Seid ihr sportlich, kreativ, tierlieb oder vielleicht musikbegeistert? Welcher Name passt zu euch? Denkt euch einen total verrückten Bandennamen aus. Vielleicht bekommt auch jedes Bandenmitglied einen neuen Spitznamen? Außerdem braucht ihr ein Bandenzeichen. Das kann zum Beispiel ein Freundschaftsband sein, das ihr alle tragt, oder ein Bandana – eurer Fantasie sind keine Grenzen gesetzt.

Fair bleiben!

Ein Streit ist wie ein Gewitter. Er reinigt die Luft zwischen den Menschen. Es kommt aber sehr darauf an, wie ihr euch streitet. Bleibt fair. Hört einander zu. Beschimpfungen sind tabu. Nach einem fairen Streit kann man sich auch wieder versöhnen.

Ein Bandenwappen

Ein Bandenwappen ist etwas ganz Besonderes. Es kann eure Briefe und Einladungskarten schmücken. Damit ihr es alle zeichnen könnt, sollte es möglichst einfach und übersichtlich gestaltet sein. Vielleicht hat eure Bande sogar einen Leitspruch, zum Beispiel „Gemeinsam sind wir stärker“ oder „Wir gehören zusammen“. Solch einen Spruch könnt ihr über das Wappen schreiben. Das sieht richtig gut aus! Außerdem braucht ihr ein abschließbares Geheimbuch. Diesem Buch könnt ihr Dinge anvertrauen, die niemand wissen darf. Das Geheimbuch enthält alles Wichtige über eure Bande: Wann wurde sie gegründet? Wie heißen die Mitglieder? Wo ist euer Treffpunkt?

Nur kein Gruppendruck

Auch in einer Bande sollte jeder nur das tun, was zu ihm passt und was er wirklich will. Habe weiterhin den Mut, deinen eigenen Weg zu gehen! Bandenregeln dürfen nicht in ein Muss ausarten. Akzeptieren dich die anderen nicht so, wie du bist, sind es auch keine richtigen Freunde. Lasse dich nicht auf gefährliche Mutproben oder riskante Aufnahmerituale ein. Nicht die Bande muss die Folgen ausbaden, sondern du! Wenn du Angst hast, deswegen ausgestoßen zu werden, dann bist du in der falschen Bande.
Auch unter den besten Freunden gibt es manchmal Zoff. Menschen sind nun mal unterschiedlich und jeder hat seine eigene Meinung. Es bringt nichts, Probleme zu verdrängen und Streitereien immer aus dem Weg zu gehen. Dann kommt es irgendwann zum großen Knall und die Bande ist vielleicht nicht mehr zu retten! Miteinander reden hilft! Dann ist das Problem bestimmt schnell aus der Welt.

Kleiner Tipp!
Bleibe mit deinen Freunden, auch wenn sie nicht zu eurer Bande gehören, in Kontakt.

Steckbriefe erstellen

Jedes Bandenmitglied erstellt von sich einen Steckbrief:

Name: ______________________

Spitzname: ______________________

Geburtstag: ______________________

Haarfarbe: ______________________

Augenfarbe: ______________________

Lieblingsessen: ______________________

Traumberuf: ______________________

Das mag ich besonders: ______________________

____

Das mag ich gar nicht: ______________________

____

Freunde fürs Leben?
Freundschaften ändern sich häufig mit der Zeit. Genauso wie sich dein Leben ständig verändert. Eine gute Freundschaft braucht Abstand. Hockt man immer zusammen, fängt man an, sich gegenseitig zu nerven.

Wie begeistere ich als Bauchredner mein Publikum?

Eigentlich sind sie nur ein Krokodil, ein kleiner Hund oder ein frecher hölzerner Junge – doch sie haben eine Gabe, von der viele Puppen träumen: Sie können sprechen und Menschen zum Lachen bringen! Möchtest du auch als Bauchredner dein Publikum begeistern?

Kann man überhaupt mit dem Bauch reden?

Bauchreden ist die Kunst zu sprechen, ohne die Lippen und den Unterkiefer zu bewegen. Bauchredner reden aber nicht mit dem Bauch. Sie erzeugen Töne und Stimmen durch zusätzliche geschickte Zungenbewegungen. Außerdem sind Bauchredner gute Schauspieler. Meist halten sie eine Puppe in der Hand, auf die sich das Publikum konzentriert. Der Bauchredner unterhält sich mit seiner Puppe, stellt ihr Fragen. Und die Puppe reagiert auf seine Späße und antwortet ihm. Darum merken es die Zuschauer gar nicht, wenn die Lippen des Bauchredners manchmal ein bisschen zucken.

Wie funktioniert Bauchreden?

Hast du Lust, Bauchreden zu lernen? Dann entspanne deine Lippen und lass sie leicht offen stehen. Benutze jetzt nur deine Zunge, um Töne zu erzeugen. Bei den meisten Buchstaben des Alphabets wird sich deine Zunge wie immer bewegen. Schwierigkeiten werden dir wahrscheinlich die Konsonanten B, F, M, P, V und W machen. Es gibt ein Geheimrezept, um mit ihnen klar zu kommen: Sprich sie einfach nicht aus und sag etwas anderes dafür. Warum solltest du zum Beispiel „Bub" sagen, wenn „Kind" genauso treffend ist? Und statt „Wald" kannst du „Forst" sagen. Du kannst bei den schwierigen Buchstaben auch rasch deinen Mund verdecken oder dein Gesicht abwenden. Geschickte Bauchredner starten dann ein Ablenkungsmanöver. Ihr Partner macht auf einmal eine überraschende Bewegung – und alle Augen richten sich nur auf diese Puppe!

Der größte Anfängerfehler
Du solltest auf keinen Fall mit starren Lippen oder sogar mit geschlossenem Mund bauchreden. Das wirkt einfach nicht natürlich!

Üben, üben, üben

Das wichtigste Hilfsmittel zum Üben ist ein Spiegel. Je öfter du vor einem Spiegel übst, umso (bauch-)redegewandter wirst du werden. Berühre beim Training mit den Fingern deine Lippen. Auf diese Weise kannst du die Bewegungen deiner Lippen beim Sprechen überprüfen. Versuche auch, deine Stimme zu verändern. Die Stimme, die du deiner Handpuppe leihst, sollte sich immer von deiner normalen Sprechstimme unterscheiden. Deine Zweitstimme kann höher oder tiefer klingen als deine eigene. Wichtig ist nur, dass sie von deiner Normalstimme deutlich abweicht. Wenn du sehr ehrgeizig bist, kannst du auch mehr als eine Stimme einüben, zum Beispiel eine näselnde Stimme für die eine Rolle und eine laute, tiefe Stimme für einen anderen Auftritt.

Kleiner Tipp!
Vor einer Vorstellung solltest du dafür sorgen, dass du keinen trockenen Mund hast.

Vorhang auf!

Tipps für deinen ersten Auftritt:

- Ein Bauchredner braucht Zuschauer. Wähle für deinen ersten Auftritt einen Ort, an dem du dich wohlfühlst – also lieber dein Kinderzimmer als gleich die Schulaula!
- Lade am Anfang nur Menschen ein, zu denen du Vertrauen hast. Sie werden nicht gleich eine perfekte Glanznummer von dir erwarten!
- Deine erste Aufführung sollte möglichst kurz sein.
- Das Wichtigste ist natürlich der Text! Du musst ihn vorher aufschreiben und lernen. Er sollte bombenfest sitzen! Denke beim Texten daran, dass deine Puppe eine Reihe von Buchstaben nicht sprechen kann. Hoffentlich hast du ihr einen Namen gegeben, in dem diese Problembuchstaben nicht vorkommen.
- Deine Handpuppe sollte so lebhaft und beweglich sein wie möglich. Die ganze Vorstellung lebt schließlich von der Illusion, dass dein Partner lebendig ist!
- Guter Rat zum Schluss: Gib einfach dein Bestes! Die Zuschauer spüren das und werden dich lieben!

Eine Handpuppe selber herstellen
Mit ein bisschen Schminke kannst du deine Hand in eine Puppe verwandeln. Der Bereich zwischen Daumen und Zeigefinger bildet den Mund, Lippen und Augen malst du einfach direkt auf die Haut. Du kannst auch aus einem Strumpf eine tolle Handpuppe herstellen. Nähe Knöpfe für die Augen an, hinzu kommen ein paar Stiche für die Nase, ein Stückchen roter Filz für die Zunge und etwas Garn für die Haare.

Sind Bauernregeln reiner Unsinn?

Wer kennt nicht diesen Spruch: „April, April, der weiß nicht, was er will.“ Oder: „Regnet es am Siebenschläfertag, der Regen sieben Wochen nicht weichen mag.“

Alte Merksprüche

Bauernregeln sind jahrhundertealte Merksprüche über das Wetter und seine Auswirkungen auf die Landwirtschaft. Für die Bauern war das Wetter schon immer sehr wichtig. Wie sich die Pflanzen entwickeln und ob geerntet werden kann oder nicht, hängt stark vom Wettergeschehen ab. Früher gab es noch keinen Wetterbericht im Fernsehen oder Radio. Die Menschen haben darum über viele Jahre hinweg selbst das Wetter beobachtet und ihre Erfahrungen in Regeln zusammengefasst. Diese Regeln, die von Generation zu Generation weitergegeben wurden, halfen ihnen, das Wetter vorherzusagen. Viele Bauernregeln sind gereimt, damit man sie sich besser merken kann. Oft beziehen sie sich auf bestimmte Tage im Jahr. Solch ein „Lostag“ ist zum Beispiel der 2. Februar (Lichtmess): „Ist es an Lichtmess hell und rein, wird's ein langer Winter sein.“

Tiere als Wetterboten

Bauernregeln beziehen sich häufig auf das Verhalten von Tieren, zum Beispiel „Hocken die Hühner in den Ecken, kommt bald Frost und Winterschrecken“, „Wirft der Maulwurf seine Hügel neu, währt der Winter bis zum Mai.“

Heute noch gültig?

Bauernregeln sind nicht immer zuverlässig. Einige der alten Regeln stimmen nicht mehr, weil sich unser Klima geändert hat oder weil sie einen bestimmten lokalen Ursprung haben: Was zum Beispiel für Bauern in Ostpreußen seine Richtigkeit hatte, muss nicht unbedingt für bayerische Bauern gelten. Aber viele Bauernregeln sind auch heute noch ebenso gültig wie vor vielen hundert Jahren. Manche Bauernregeln lassen sich sogar wissenschaftlich erklären, andere entspringen eher dem Aberglauben.

Wetterfrösche

Früher hielten sich einige Menschen Laubfrösche in großen Einmachgläsern, um das Wetter vorherzusagen. Saß der Frosch oben auf der Leiter, sollte es schönes Wetter geben. Saß er dagegen unten im Glas, stellten sich die Leute auf Regen ein. Du musst wissen: Der Laubfrosch ist ein Baumfrosch, der an schönen, sonnigen Tagen den Ast hochklettert, während er bei Regen oder Sturm eher in Bodennähe bleibt. Schließlich fliegt auch seine Beute, die Insekten, bei Sonnenschein in großer Höhe. Frösche in Gläser zu sperren ist natürlich Tierquälerei! Heutzutage stehen Laubfrösche zum Glück unter Schutz. Wir können sie nur noch selten in freier Natur beobachten. Manchmal werden Meteorologen auch als Wetterfrösche bezeichnet.

Ernte gut – alles gut

Viele Bauernregeln enthalten Vorhersagen zur Ernte: „Gibt's im März zu viel Regen, bringt die Ernte wenig Segen" oder „Wenn im Juni Nordwind weht, das Korn zur Ernte trefflich steht."

Und zum guten Schluss

„Kräht der Hahn auf dem Mist, ändert sich das Wetter oder bleibt wie's ist!"

Bastle dir ein Barometer aus einem Fichtenzapfen

Fichtenzapfen sind verlässliche Wettervorhersager. Für ein Barometer in Form eines Tieres brauchst du einen schönen Fichtenzapfen, etwas weiches Holz, Holzkleber, zwei Streichhölzer und ein kurzes Stück Schnur.

Schnitze aus dem weichen Holz einen kleinen Tierkopf (zum Beispiel einen Hundekopf) und klebe ihn an das dicke Ende eines langen Fichtenzapfens.

Befestige nun die beiden Streichhölzer an die Schuppen des Zapfens. Sie dienen als Beine. Aus dem Stückchen Schnur wird der Schwanz.

Wenn du willst, kannst du dein Barometer noch auf einer kleinen, mit Moos beklebten Sperrholzplatte befestigen. Stelle es nun in den Garten oder außen auf ein Fensterbrett.

Wird schönes Wetter erwartet, so öffnen sich die Schuppen des Fichtenzapfens. Folgt dagegen feuchtes und regnerisches Wetter, so schließen sich die Schuppen und liegen glatt an. Auf diese Weise will der Zapfen den innen liegenden Samen schützen.

Wie baue ich ein Baumhaus?

Wäre es nicht toll, wenn du dich in ein kleines Versteck zurückziehen könntest, das nur du und deine Freunde kennen? Ein ideales Rückzugsgebiet wäre zum Beispiel ein Baumhaus.

Wer hilft mit?

Du solltest dir unbedingt tüchtige Helfer zum Bau deines Baumhauses suchen. Denn zum einen macht es viel mehr Spaß, in einem Team zu arbeiten und zum anderen ist es einfacher, wenn mehrere Hände helfen. Vielleicht fragst du deine besten Freunde, ob sie nicht Lust auf ein Abenteuer haben. Vielleicht kannst du auch deinen Vater oder eine andere erwachsene Person davon überzeugen, dich bei dieser Aufgabe zu unterstützen.

Wo soll das Baumhaus stehen?

Eine wichtige Voraussetzung zum Bau eines Baumhauses ist ein gesunder, stabiler, erwachsener Baum. Ideal wäre ein alter Baum, der schon seit vielen Jahren Wind und Wetter erfolgreich getrotzt hat und mit seinen mächtigen, starken Ästen nur darauf wartet, ein Baumhaus zu tragen. Besonders gut geeignete Bäume sind zum Beispiel Eschen, Eichen und Buchen, da sie sehr langlebig und stabil sind. Außerdem sollte der Baum einen Durchmesser von mindestens 30 Zentimetern haben und einen sicheren Abstand zu anderen Gebäuden einhalten, damit diese durch die Bauarbeiten nicht zu Schaden kommen.

Wie soll dein Baumhaus aussehen?

Bevor die Arbeiten an deinem Baumhaus beginnen können, solltest du eine möglichst genaue Skizze anfertigen. Achte bei deinem Entwurf darauf, den Wuchs des Baumes zu berücksichtigen. Hat er zum Beispiel einen schrägen Stamm, krumme Äste oder Wucherungen? Am besten du stellst dir bei deinen Planungen vor, wie man einen Würfel ideal zwischen Baumstamm und Ästen einpassen kann. Ein Befestigungspunkt kann zum Beispiel der Baumstamm sein, ein anderer ein dicker, stabiler Ast. Sollte dein Baum keinen verstärkten Ast haben oder ist dieser nicht stabil genug, benötigt dein Baumhaus ein Stützgerüst.

Welche Materialien brauchst du?

- 20 cm dicke Balken für die Plattform
- 10 cm dicke Balken für die Dachkonstruktion
- 1,5 cm dicke Bretter für Boden, Dach und Wände
- Schlüsselschrauben (10 cm lang, 1 cm breit)
- Unterlegscheiben
- Schnellbauschrauben (6 bis 10 cm lang)

Von entscheidender Bedeutung für eine möglichst reibungslose Durchführung der Arbeiten ist die Organisation des geeigneten Werkzeugs. Lege dir vor Beginn folgende Werkzeuge bereit:

- Wasserwaage
- Maurerschnur
- Akkubohrer
- Akkuschrauber
- Schraubenschlüssel
- langes dickes Seil

Vorsicht!
Beim Umgang mit den Werkzeugen bittest du am besten einen Erwachsenen um Hilfe.

Wie gehst du vor?

1. Du beginnst mit der Errichtung der Plattform. Dazu markierst du die entsprechenden Eckpunkte, verbindest diese mit der Maurerschnur und richtest die Maurerschnur mithilfe der Wasserwaage horizontal aus.
2. Mit dem Holzbohrer bohrst du anschließend ein etwa 5 cm tiefes Loch in den Baumstamm.
3. Einen Balken für die Plattform schraubst du nun mithilfe einer Schraube und Unterlegschraube am Baumstamm fest. Das andere Ende des Balkens verschraubst du an einem geeigneten Ast.
4. Verschraube nun alle anderen Balken der Plattform auf diese Weise.
5. Innerhalb des so geschaffenen Rahmens kannst du nun mithilfe der Schnellschrauben die Bodenbalken anbringen.
6. Auf den Bodenbalken verlegst und verschraubst du anschließend die Bodenbretter.
7. Jetzt kannst du die Pfosten für das Dach und die Tür am Rahmen anschrauben.
8. Damit dein Baumhaus mit Wänden gegen Wind und Wetter geschützt ist, solltest du das Gerüst mit Brettern verschalen.
9. Um jederzeit in das Baumhaus zu gelangen, kannst du eine Strick- oder Holzleiter bauen und am Gerüst anbringen.
10. Abschließend kannst du dein Baumhaus mit Farbe verschönern oder es mit Folie auf dem Dach gegen Wind und Regen schützen.

Wie versorge ich Bisse und Insektenstiche?

Insekten können manchmal richtig lästig sein: Sie piksen, beißen und stechen. Was kannst du tun, wenn du gestochen wurdest? Außerdem findest du hier zahlreiche Tipps, wie du dich vor den Biestern schützen kannst.

Mücken – die Sommerplage

Egal, ob beim Grillen, am Badesee oder im Garten – Mücken nerven im Sommer fast ständig. Wie gut, dass Mückenstiche normalerweise nicht gefährlich sind! Nur nicht kratzen, sonst können sich die Einstichstellen entzünden. Wie kannst du dich vor Mücken schützen? Trage helle, locker sitzende Kleidung mit langen Ärmeln und Hosenbeinen. Nachts kannst du ein Moskitonetz über dein Bett hängen. Ein natürliches Mittel gegen Mücken ist der Rauch vom Lagerfeuer. Den mögen sie gar nicht! Allerdings kannst du nicht ständig am Lagerfeuer sitzen. Deswegen gibt es in Drogerien, Apotheken und bei Outdoor-Ausrüstern mückenabweisende Cremes und Sprays.

Gefährliche Bienenstiche

Schmerzhaft und gefährlich können Stiche von Bienen, Wespen, Bremsen und Hornissen sein. Rötungen, Schwellungen, Übelkeit oder Kopfschmerzen sind eventuell die Folge. Dagegen hilft kühlen und viel trinken. Manchmal bleibt nach einem Bienen- oder Wespenstich der Stachel in der Haut zurück. Diesen solltest du vorsichtig mit einer Pinzette entfernen. Wenn du allergisch reagierst, musst du unbedingt einen Arzt aufsuchen! Du kannst Stiche meist vermeiden, indem du die Tiere nicht reizt. Töte sie nur, wenn du ganz sicher bist, dass du sie auch erwischst. Wenn du danebenschlägst, greifen dich die Tiere an. Und dann hast du wirklich ein Problem! Besonders vorsichtig musst du sein, wenn Bienen, Wespen oder Hummeln dein Glas oder deinen Pflaumenkuchen umschwirren: Bei einem Stich in Mund oder Rachen besteht Erstickungsgefahr! Sofort einen Eiswürfel lutschen und den Notarzt rufen.

Zecken – Gefahr aus dem Unterholz

Besonders gefährlich sind Zecken. Wenn sie dich beißen, können sie gefährliche Krankheiten auslösen. Zecken halten sich im Unterholz, in Sträuchern und hohen Gräsern auf. Ein Hut, lange Hosen, Oberteile mit langen Ärmeln, festes Schuhwerk und über die Hose gezogene Strümpfe machen es den Zecken schwer, an deine Haut zu gelangen. Falls dich doch eine Zecke gebissen hat, heißt es: Rasch das Tier entfernen! Dafür gibt es Zeckenzangen und Zeckenkarten. Nach einem Zeckenbiss solltest du die Bissstelle weiter beobachten. Wenn sie sich rötet, musst du unbedingt einen Arzt aufsuchen! Ganz wichtig: Suche deinen Körper nach jedem Aufenthalt im Freien sorgfältig nach Zecken ab. Häufig sitzen Zecken unter den Achseln, in den Kniekehlen, am Hals, im Schritt und unter den Haaren.

Keine Angst vor Hunden

Wenn ein Hund auf dich zugestürmt kommt, solltest du nicht weglaufen. Der Hund könnte das als Aufforderung zum Spielen missverstehen. Fremde Hunde nur streicheln, wenn es der Besitzer erlaubt!

Hausmittel helfen

Bei Insektenstichen helfen oft schon einfache Hausmittel:

- Reibe die Einstichstelle mit einer zerschnittenen Zwiebel ein. Hilft gegen den Schmerz und die Schwellung.
- Kartoffel- oder Apfelscheibe auf die Einstichstelle legen.
- Die Einstichstelle mit kalten Essigwasser-Umschlägen kühlen oder einen Wattebausch mit kaltem Essigwasser tränken und den Stich damit betupfen. Auch kalter Quark kühlt und unterdrückt den Juckreiz.
- Einen Brei aus Spucke und Salz auf den Stich geben.
- Bei Stichen an der Lippe oder im Mund einen Eiswürfel lutschen.
- Auch Urin wirkt entzündungshemmend. Und er hat einen großen Vorteil: Man hat ihn immer und überall mit dabei!

Vorsicht Tollwut!

Tollwut wird durch Bisse oder Kratzer von infizierten Tieren übertragen. Besonders in armen Ländern sterben jedes Jahr viele Menschen an Tollwut. Diese Todesfälle könnten verhindert werden, denn es gibt einen wirksamen Impfschutz. Die Impfung muss regelmäßig aufgefrischt werden.

Wie baue ich ein Biwak?

Der Begriff Biwak bezeichnet ein Lager im Freien. Bergsteiger und Pfadfinder schlagen häufig ihr Camp in freier Wildnis auf. Doch auch für dich wird es bestimmt ein tolles Erlebnis sein, die Nacht draußen zu verbringen. Rein ins Abenteuer!

Eine Nacht unter Sternen

Kleiner Tipp!
Bei Regen macht alles nur halb so viel Spaß! Schlechtwettertage sind etwas für fortgeschrittene Biwak-Bauer.

Es ist sehr wichtig, das Biwak an einem sicheren und geeigneten Ort aufzubauen, selbst wenn du nur eine Nacht im Freien verbringen willst. Errichte es auf ebenem Gelände an einem windgeschützten Platz. Meide steinigen Untergrund, denn darauf schläft es sich recht unbequem. Wenn du Sterne beobachten möchtest, wähle einen Ort mit weitem Rundblick ohne störende Lichtquellen von Dörfern oder Straßen. Willst du den Wald und seine Bewohner bei Nacht erleben, errichte dein Lager am besten mitten zwischen den Bäumen oder auf einer Lichtung.

Zelt aus Ästen und Blättern

Bau dir deine Hütte selbst! Ein Naturbiwak verzichtet auf künstliche Hilfsmittel wie Planen oder Zeltstangen. Du kannst dein Biwak aus allem bauen, was du im Wald findest. Um die Natur zu schützen, solltest du aber nur tote Äste, Blätter und Zweige verwenden. Als erstes musst du mit starken Ästen ein stabiles Gerüst bauen. Das ist der Dachfirst. Nun lehnst du von beiden Seiten dünnere, verzweigte Äste schräg gegen den Dachfirst. Als Dachziegel verwendest du belaubte Äste, Reisig oder Tannenzweige. Schichte alles dachziegelartig von unten nach oben aufeinander. Löcher dichtest du mit Moos oder Baumrinde ab. Dein Biwak schützt dich umso besser, je dichter du das Dach deckst. Den Boden im Innern des Biwaks mit trockenem Laub oder Gras bedecken. Fertig! Für den Bau eines Biwaks braucht man viel Zeit und Tageslicht. Deshalb musst du damit beginnen, solange es noch hell ist.

Willkommen im 1000Sternehotel

Im Wald oder auf einer Wiese schlafen. Die Sterne, den Mond und die vorüber ziehenden Wolken beobachten. Dem Rascheln der Blätter und den Rufen der Tiere lauschen und schließlich die aufgehende Sonne betrachten: Das ist ein wirklich spannendes Abenteuer! Du kannst aber nicht einfach irgendwo ein Biwak aufbauen und ein Feuer machen. Hol dir vorher unbedingt die Erlaubnis des Forstamtes oder des Grundbesitzers. Zur Beleuchtung des Unterschlupfes solltest du nur Taschenlampen verwenden. Streichhölzer und Kerzen sind zu gefährlich, denn sie könnten das Biwak in Brand setzen. Auch Lagerfeuer sind im Wald meistens verboten. Und achte am nächsten Morgen darauf, dass du den Wald so verlässt, als wärst du nie da gewesen!

Das gemütliche Bett

Ein großer Teil der Körperwärme geht über den Kopf verloren. Darum szolltest du in kalten Nächten eine Mütze tragen. Zusätzliche Decken, Planen, Plastikmüllsäcke und Schlafsackhüllen schützen vor Kälte und Feuchtigkeit. Eine Grube, dick mit Laub, Gras oder Tannennadeln gefüllt, ersetzt die Isomatte.

So könnte dein Biwak aussehen

Wie dein Biwak am Ende aussieht, entscheidest du! Deiner Fantasie sind keine Grenzen gesetzt. Du kannst die Schlafhütte auf einer Lichtung, am Waldrand oder zwischen Bäumen aufbauen. Dein Biwak kann sich um einen Baum herumschmiegen. Auch vom Sturm entwurzelte oder umgestürzte Bäume können zu einer Biwak-Unterkunft werden. Achte aber immer darauf, dass die offene Seite des Biwaks nicht dem Wind ausgesetzt ist.

Mit Freunden

Zu zweit, dritt oder viert ist es im Biwak nicht nur lustiger, sondern auch viel wärmer!

Wie komme ich im Chat klar?

Chatten ist cool: Du kannst dich mit Leuten unterhalten, die ganz weit weg sind, vielleicht sogar am anderen Ende der Welt leben. Doch leider gibt es auch Chatter, die dich nerven oder belästigen. Gehe immer auf Nummer sicher!

Wer will mit mir „quatschen"?

Chatten ist das englische Wort für „quatschen". Chats sind Treffpunkte im Internet, um sich zu unterhalten. Du meldest dich im Chat an und gibst dir einen Fantasienamen (einen sogenannten Nickname). Jetzt kannst du mit Freunden Neuigkeiten austauschen oder mit wildfremden Leuten plaudern. Das, was du sagen willst, tippst du über die Computertastatur ein. Häufig werden Chats zum Flirten benutzt. Der riesengroße Vorteil: Niemand sieht, ob du gerade einen dicken Pickel auf der Nase hast oder eine Zahnspange trägst. Du selbst weißt allerdings auch nicht, wer sich hinter den Namen im Chat verbirgt. Das kann aufregend und spannend sein, aber auch sehr gefährlich! Viele nutzen Chats, um sich eine andere (virtuelle) Identität zuzulegen.

Chat-Adressen

Hier findest du tolle Chat-Adressen zum Ausprobieren:
www.klick-tipps.net/sicher-chatten

Sichere Chats

Es gibt moderierte, betreute und offene Chats. In moderierten Chats werden Beiträge erst veröffentlicht, nachdem sie von einem Moderator gelesen worden sind. Dieser passt auf, dass niemand andere beschimpft, bedroht oder belästigt. Auch in betreuten Chats können nervige Leute „rausgekickt" werden. Dies geschieht aber erst nachträglich, nachdem der Quatsch bereits von allen gelesen worden ist. In offenen Chats gibt es niemanden, der Beiträge löscht. Alles ist erlaubt. Betreute und offene Chats nerven meist.

Die wichtigsten Regeln beim Chatten

Regel 1: Chatte am Anfang nicht allein. Frag deine Eltern oder ältere Geschwister, ob sie dir helfen.

Regel 2: Suche dir spezielle Chats für Kinder und Jugendliche aus (moderierte Chats).

Regel 3: Überlege dir einen guten Spitznamen. Und gib nie deinen wahren Namen, deine Adresse, deine Telefonnummer oder andere persönliche Daten preis. Verschicke keine Bilder von dir! Du weißt im Chat nie, wer der andere wirklich ist.

Regel 4: Verabrede dich niemals alleine mit Leuten aus dem Internet! Wenn du dich mit einem fremden Menschen treffen möchtest, nimm immer einen Erwachsenen mit.

Regel 5: Antworte nicht auf Dinge, die dir komisch vorkommen. Wenn dich jemand bedroht oder belästigt, solltest du nicht darauf reagieren und auf jeden Fall deine Eltern informieren.

Regel 6: Verhalte dich selbst fair im Internet! Sei freundlich, aber bleibe auch immer kritisch und vorsichtig.

Wichtige Abkürzungen für den Chat

In Chats werden dauernd Abkürzungen benutzt. Damit du mitreden kannst, hier ein paar der wichtigsten:

CU	see you	bis bald
CUL8R	see you later	bis später
N8	night	gute Nacht
TY	thank you	vielen Dank
4U	for you	für dich
MOM	moment	einen Augenblick, bitte
HDL		habe dich lieb
totlach		sehr lustig

So kannst du dich wehren:
Es gibt Beschwerdestellen im Internet, die sich darum kümmern, dass unerlaubte Inhalte von Internetseiten verschwinden:

www.internetbeschwerdestelle.de
www.jugendschutz.net

Wie entwickle ich eine Choreografie?

Tanzt du auch so gerne? Es macht einfach Spaß, sich zur Musik zu bewegen. Manchmal springt man wild und ungestüm durch die Gegend. Ein anderes Mal schließt man die Augen und bewegt sich mit weichen, fließenden Bewegungen. Wenn man sich einen Tanz ausdenkt, nennt man das Choreografie. Hast du Lust, einen eigenen Tanz zu erfinden?

Vom Tanzfieber gepackt

Mit dem Fuß zum Takt der Musik wippen, sich im Kreis drehen, vor Freude durch den Raum tanzen, wild herumhüpfen – Musik bewegt einfach. Seit Menschen Musik machen, tanzen sie auch. Du kannst beim Tanzen Geschichten erzählen, Gefühle ausdrücken, deine Kondition trainieren, Kraft und Ausdauer aufbauen. Tanzen ist nicht nur gut für den Körper, sondern auch für Geist und Seele. Jeder kann tanzen. Man muss nur den ersten Schritt tun ...

Intro

Manchmal haben Musikstücke ein längeres Vorspiel (Intro), bevor der Grundschlag genau hörbar wird.

Höre auf den Beat

Die meisten Musikstücke, die du hörst, haben einen Beat, einen sogenannten Grundschlag. Diese Beats nennt man beim Tanzen auch „Zählzeiten". Einen Beat fühlst du sofort. Fang einfach an, beim Song mit dem Fuß zu wippen oder sonst irgendwie mitzugehen: Genau das ist der Beat! Damit man nicht eine sinnlose Aneinanderreihung von Noten hat und verschiedene Rhythmen auseinander halten kann, teilt man ein Musikstück in Takte ein. Moderne Popmusik ist fast immer im Viervierteltakt geschrieben. Jedoch hat man beim Tanzen die Angewohnheit, nicht nur bis „4", sondern bis „8" zu zählen. Also zählt man beim Tanzen „1, 2, 3, 4, 5, 6, 7, 8" und fängt dann wieder bei „1" an. Am besten, du probierst das gleich auf Musik aus: Versuche, zum Auftakt der Musik („1") zu starten. Zähle rhythmisch bis acht mit, dann beginnt der neue Takt.

So kannst du Schritte verbinden

Bei einer Choreografie geht es darum, einzelne Bewegungen zu einem kleinen Ablauf zu verbinden. Zuerst übst du also einzelne Elemente. Wenn du tanzt, solltest du möglichst viele Sinne einsetzen. Spüre jede Bewegung deines Körpers, sieh dich im Spiegel an, höre und fühle die Musik. Nicht jede Bewegung passt zur Musik. Es ist wichtig, dass du deine Bewegungen auf die Musik abstimmst. Wenn du dich sicher genug fühlst, kannst du verschiedene Schritte miteinander verbinden. Auf diese Weise gewöhnst du dich daran, längere Kombinationen zu tanzen, damit du später ein ganzes Musikstück „durchhältst". Überleg dir auch eine gute Schlusspose. Die Schlusspose ist der Moment, in dem du dich nicht mehr bewegst, dich dem Publikum zuwendest und auf den donnernden Applaus wartest!

Hol dir Anregungen
Einfach Musikvideos angucken und Schritte nachtanzen!

Nur nicht zu kompliziert
Choreografien können auch ganz einfach sein. Wie wäre es mit hüpfen, klatschen, drehen, bücken und/oder stampfen? Bleibe aber nicht auf der Stelle kleben, sondern nutze möglichst den ganzen Raum.

So trainierst du

- Nicht vergessen: Vor dem Training aufwärmen, nach dem Training dehnen.
- Übe erst die einzelnen Abschnitte, bevor du die Bewegungen zu einer kompletten Choreografie aneinanderhängst.
- Mach nicht zu viel auf einmal! Übe lieber nur zwei oder drei Bewegungen am Tag, bis du sie perfekt beherrschst.
- Wenn du vor einem Spiegel trainierst, kannst du besser an der Bewegungsausführung und deiner Haltung arbeiten.
- Trainiere zuerst ohne, dann mit Musik.
- Vergiss beim Tanzen nicht zu atmen. Atme an den Stellen aus, die dich anstrengen. Wenn du zum Beispiel ein Bein nach oben wirfst, solltest du genau in diesem Moment ausatmen.

Was braucht ein echter Detektiv?

Schmökerst du auch gerne in Detektivgeschichten? Dann wird es dir bestimmt viel Spaß machen, deinen ersten eigenen Fall zu lösen. Dafür brauchst du natürlich die richtige Ausstattung!

Ein Detektiv braucht Hilfsdetektive

Ein guter Detektiv ist selten allein unterwegs. Teamarbeit bietet viele Vorteile: Jeder hat bestimmte Kenntnisse und Fähigkeiten, die er in die detektivische Arbeit einbringen kann. Vor allem wenn es um aufwändigere Observationen (Überwachungen) geht, braucht man einen oder mehrere Partner. Und indem ihr am Ende gemeinsam alle Ergebnisse überprüft, schützt ihr euch vor Irrtümern und falschen Verdächtigungen. Also: Gründe mit deinen Freunden einen Detektivclub! Übrigens sind auch Polizisten und Detektive keine Konkurrenten, sondern arbeiten als Partner zusammen.

Was macht eigentlich ein richtiger Detektiv?
Detektive suchen zum Beispiel nach verschwundenen Personen, entlarven Heiratsschwindler, spüren Erben auf, fangen Ladendiebe oder kommen Versicherungsbetrügern auf die Spur.

Ein Detektiv braucht eine gute Tarnung

Wenn du einen Verdächtigen beschattest, musst du auf eine gelungene Tarnung achten. Schließlich willst du nicht sofort entdeckt werden! Du könntest dich zum Beispiel immer wieder neu verkleiden. Doch häufig verrät dich gerade diese Kostümierung. Je normaler du aussiehst und je normaler du dich verhältst, desto weniger werden andere auf dich aufmerksam. Wenn ein Junge in einem viel zu großen Trenchcoat an einer Straßenlaterne lehnt, wird wahrscheinlich jeder auf diesen ungeschickten Detektiv schauen. Sitzen aber zwei ganz normal gekleidete Mädchen auf einer Bank und spielen Karten, wird niemand auch nur den geringsten Verdacht schöpfen. Am unauffälligsten ist es, wenn ihr euch während einer Beschattung in einer größeren Menschenmenge bewegt. Außerdem solltet ihr bunte und auffällig gemusterte Kleidung vermeiden.

Ein Detektiv braucht ein gutes Gedächtnis

Wie arbeiten Detektive? Klar, mit Köpfchen! Detektive nutzen geschickt das Material, das jedem zur Verfügung steht, zum Beispiel Telefonbücher, Zeitungsarchive oder Informationen aus dem Internet. Sie sammeln Hinweise wie Teile eines Puzzles. Neugier und logisches Denken sind darum wichtige Voraussetzungen für diese Tätigkeit. Außerdem brauchen Detektive ein gutes Gedächtnis, um sich alle Fakten eines Falles merken zu können. Dein Gedächtnis kannst du trainieren, etwa durch Memory-Spiele. Gerade bei einer Beschattung oder einem Verhör ist es wichtig, dass du dir alle Beobachtungen und Antworten notierst. Aber auch bei anderen Einsätzen sollte ein Detektiv nie ohne sein zweites Gedächtnis unterwegs sein: dem Notizbuch. Erfahrene Detektive haben immer einen kleinen Block und einen Bleistift in der Tasche.

Eine Phantombild-Kartei anlegen

Ein Verdächtiger ist in der Nähe des Tatorts gesehen worden. Wie hat er ausgesehen? Hatte er eine große oder kleine Nase, blaue oder grüne Augen? Anhand der Beschreibungen der Zeugen erstellt die Polizei ein Phantombild.

Du kannst dir eine eigene Phantombild-Kartei anlegen. Mache von den Gesichtern deiner Freunde mit dem Fotoapparat Großaufnahmen. Lass die Fotos alle im gleichen Format entwickeln oder ausdrucken. Jetzt die Fotos in Streifen schneiden (Haare/ Augen/ Nase/ Mund und Kinn) und in einem Ordner mit vier Ringen abheften. Aus den verschiedenen Streifen kannst du die unterschiedlichsten (und komischsten!) Gesichter zusammenstellen.

Oder du suchst aus alten Illustrierten viele unterschiedliche Portrait-Fotos heraus, zerschneidest diese und sammelst sie in einem Karton. Je mehr verschiedene Frisuren, Münder, Nasen, Ohren und Augen du hast, umso besser!

Wie werde ich ein richtiger Detektiv?

Für diesen Beruf gibt es keine spezielle Ausbildung. Viele Detektive haben vorher bei einem Rechtsanwalt oder bei der Polizei gearbeitet.

Was gehört noch zu einer Detektiv-Ausrüstung?

Taschenlampe, Pinzette, Lupe, Maßband, Fingerabdruck-Set, Fotoapparat, Handy oder Funkgerät, Plastikhandschuhe, Taschenmesser, Beutel zum Aufbewahren kleiner Beweisstücke und vieles mehr

Wie lasse ich einen Drachen steigen?

Du stehst auf einer Wiese und siehst vor lauter Drachen den Himmel nicht. Nur dein eigener Drachen will einfach nicht abheben! Mit ein paar einfachen Tricks wirst auch du künftig deinen Drachen in der Luft bewundern können.

Spiel mit dem Wind

Um einen Drachen steigen zu lassen, brauchst du Wind. Als erstes musst du prüfen, aus welcher Richtung der Wind weht. Befeuchte einen Finger und halte ihn in die Luft. Die Seite des Fingers, die zuerst kalt wird, ist die, aus der der Wind kommt. Man startet einen Drachen immer gegen den Wind, weil so die Auftriebskräfte am größten sind.

Nach oben in den Himmel

Bei normalem Wind wird es dir leicht fallen, einen Drachen alleine zu starten. Du stehst mit dem Rücken zum Wind. Wenn der Wind den Drachen öffnet, lässt du langsam Schnur ab. Nun kann der Wind den Drachen in die Luft tragen. Weht der Wind aber nicht stark genug, brauchst du einen Freund, der dir hilft. Einer hält den Drachen fest und der andere läuft mit der am Drachen befestigten Schnur los. Wird der Drachen nun von einem Windzug erfasst, habt ihr es fast geschafft: Jetzt den Drachen mit einem leichten Schubser nach oben werfen und die Schnur abrollen, damit er höher in die Luft steigen kann. Bei leichtem Wind kannst du den Drachen einfach herunterholen, indem du die Drachenleine langsam auf die Haspel aufwickelst.

Kleiner Tipp!
Drachen müssen nicht gekauft werden. Aus einer Plastiktüte, Klebeband, zwei Rundholzstäben aus dem Baumarkt und Drachenschnur aus dem Bastelladen kannst du dir leicht selbst einen Drachen bauen.

Flugtipps für Lenkdrachen

Mehrleinige Drachen sind lenkbar. Um einen großen Drachen mit zwei Leinen halten zu können, brauchst du viel Kraft. Ziehst du die linke Schnur zu dir heran, fliegt der Drachen nach links. Soll er nach rechts fliegen, ziehst du die rechte Leine. Versuche aber nicht, den Drachen ruckartig zu steuern. Dadurch könntest du die Kontrolle über ihn verlieren. Wenn dein Drachen zu der einen oder anderen Seite zieht, solltest du kontrollieren, ob das Gleichgewicht des Drachens stimmt. Die beiden Waagenschenkel könnten verschieden lang sein. Notfalls hilft etwas Knetgummi, mit dem du eine der Seiten verstärkst. Du möchtest den Lenkdrachen einholen? Fliege ihn an den Rand des Windfensters. Dadurch wird er langsamer und der Druck verringert sich. Gehe nun einfach ein paar schnelle Schritte auf den Drachen zu und er wird – hoffentlich – sanft auf dem Boden aufsetzen.

Für Profis
Durch geschicktes Ziehen an der Leine kannst du mit Lenkdrachen auch Figuren wie Loopings, Schrauben oder Achten fliegen.

Rasanter Flugspaß
Lenkdrachen können hohe Geschwindigkeiten erreichen und sind deshalb nicht ungefährlich. Die Fluggeschwindigkeit kannst du durch das Anhängen eines Schlauchschwanzes verringern.

Sicherheitsregeln

Einen Drachen steigen zu lassen macht Spaß – wenn du ein paar einfache, aber wichtige Regeln beachtest:

- Bei starkem Wind kann die Leine eines Drachens in die Haut schneiden. Darum solltest du vor allem bei großen, stark ziehenden Drachen immer Handschuhe aus Leder tragen.
- Die Drachenleine darf nicht länger als 100 Meter sein.
- Für das Drachenfliegen braucht man jede Menge Platz. Suche dir ein freies Gelände, weit weg von Gebäuden und höheren Bäumen. Es ist verboten, in der Nähe von Flugplätzen, Bahnlinien oder Autobahnen Drachen steigen zu lassen.
- Nie in der Nähe von Starkstromleitungen und nie bei Gewitter Drachen steigen lassen!
- Lenkdrachen brauchen ständige Aufmerksamkeit und Kontrolle durch den Piloten.
- Berühren sich die Flugleinen zweier Drachen, niemals ziehen! Die beiden Piloten müssen aufeinander zugehen und die Leinen trennen.
- Du solltest immer fair und hilfsbereit gegenüber anderen Drachenfreunden sein.

Drachenkampf
Drachen stammen aus Asien. Dort sind auch Drachenkämpfe sehr beliebt. Ziel ist es, den gegnerischen Drachen zum Absturz zu bringen.

Wie fange ich den Duft von Blumen ein?

Hm, wie gut das duftet! Es riecht nach der Königin der Blumen – nach der wunderschönen Rose. Stelle ganz einfach dein eigenes Duftwasser her. Für Rosenduftwasser brauchst du vor allem frische Rosenblüten.

Du brauchst:

- ein paar Hände voll Rosenblüten
- eine weite Schüssel
- Wasser
- eventuell Frischhaltefolie
- ein Küchensieb
- einen Löffel oder einen Stein
- eine Kanne oder einen Saftkrug
- einen kleinen Trichter oder ein zusammengerolltes Stück Papier
- ein kleines Sprühfläschchen oder einen leeren und geruchsfreien Parfümflakon (wichtig: sauber ausspülen!)

Kleiner Tipp!

Verwende für das Rosenduftwasser nur die Blütenblätter von ungespritzten Rosen. Die meisten gekauften Rosen sind mit Pflanzenschutzmitteln besprüht worden und deswegen nicht geeignet. Und bevor du dich über eure eigenen Rosenbeete hermachst: Frage erst deine Eltern, ob du dir Blütenköpfe abpflücken darfst!

Rosenduftwasser selbst gemacht

Lege die Blütenblätter in deine Schale. Erwärme nun das Wasser auf etwa 40 bis 45 Grad Celsius und gieße es über die Rosenblätter. Du kannst die eingeweichten Pflanzen mit einem Löffel oder einem Stein noch leicht zerdrücken. Dann deckst du die Schale mit einem Deckel oder einem Stück Frischhaltefolie ab und stellst sie für einige Tage an einen sonnigen Platz, zum Beispiel auf die Fensterbank. Nach wenigen Tagen ist dein Rosenparfüm schon fertig! Gib den Inhalt der Schüssel vorsichtig durch das Küchensieb in die Kanne oder den Krug. Dabei bleiben die Rosenblütenblätter im Sieb hängen. Übrig bleibt das reine Duftwasser. Mit Hilfe des kleinen Trichters kannst du nun dein wunderbares Parfüm in eine kleine Sprühflasche oder einen Flakon füllen.

Tolles Geschenk!

Bestimmt freut sich deine Mutter oder deine Oma über das selbst gemachte Rosenparfüm. Auch deine Freundinnen werden begeistert sein!

Für Profi-Parfümeure

Du kannst auch andere Blütenblätter in Wasser einweichen. Nimm zum Beispiel Kamillenblüten, frischen Lavendel, frischen Rosmarin, Rosenblüten, Orangenschale (unbehandelt) und Zitronenmelisse. Lege alles zusammen in eine Schale, gib etwas Wasser und einige Tropfen Speiseöl hinzu und zerdrücke die Pflanzen. Lass die Schale nun zumindest über Nacht stehen. Am nächsten Tag füllst du den Brei in ein feines Sieb und fängst die Flüssigkeit auf. Wie das duftet!

Warum duften Blumen?

Ganz klare Sache: Die duftenden Blumen wollen Insekten anlocken. Ohne sie können sich die Blumen nicht fortpflanzen.

Bienen, Schmetterlinge oder kleine Fliegen werden durch Farben und Düfte angezogen. Die Insekten wollen an den Nektar der Blume. Bienen brauchen ihn zur Produktion von Honig. Während die Tiere den Nektar aus den Blüten schlürfen oder einsammeln, bleiben Blütenpollen an ihrem Körper kleben. Wenn sie nun von Blüte zu Blüte fliegen, transportieren sie den Pollenstaub. Auf diese Weise befruchten sie die Pflanzen. Die Blumen bilden Samen. Und aus einigen dieser Samen wachsen im nächsten Jahr neue Blumen.

Nicht jeder Duft ist dufte

Wusstest du, dass es auch Blumen gibt, die einen Fäulnisgeruch ausströmen? Zum Beispiel der Aronstab lockt auf diese Weise bestimmte Fliegensorten an.

Duft im Raum

Bereits ein Schälchen mit Wasser und ein Esslöffel Zitronensaft sorgen für einen angenehmen Duft. Du kannst auch mit deinem Parfüm einen Raum zum Duften bringen. Stelle eine Schale Wasser auf die Fensterbank oder auf die Heizung. Gib nun einen nicht zu kleinen Schuss deines Parfüms hinzu. Durch die Sonnenstrahlen am Fenster oder die aufsteigende Heizungswärme erwärmt sich das Wasser und es verbreitet sich ein leichter Duft im Zimmer.

Wie verblüffe ich mit Einradtricks?

Zwei Pedale, aber keine Kette, keine Lenkstange und nur ein Rad – wie gelingt es nur, auf einem Einrad das Gleichgewicht zu halten? Einradfahren ist leichter, als es aussieht. Du brauchst dafür vor allem Mut, Ausdauer und Geduld.

Stürze gehören dazu

Einradfahren kannst du dir selbst beibringen. Am Anfang ist es ganz schön schwierig, das Gleichgewicht zu halten. Während Fahrradfahrer mit ihrem Rad „nur“ nach rechts oder links umfallen können, kannst du mit deinem Einrad in alle Richtungen umkippen. Du wirst beim Üben bestimmt öfter hinfallen. Darum solltest du wie beim Inlineskaten immer einen Helm sowie Knie-, Hand- und Ellbogenschoner tragen. Du kannst schlimme Stürze vermeiden, indem du frühzeitig abspringst oder absteigst. Um das Einrad zu schonen, hältst du es möglichst am Sattel mit einer Hand fest.

Kleiner Tipp!
Je fester der Reifen aufgepumpt ist, umso leichter lässt sich ein Einrad fahren. Es ist zudem wichtig, dass der Sattel die richtige Höhe hat. Er muss ungefähr auf Bauchnabelhöhe eingestellt sein.

Die ersten Meter

Als erstes übst du das Aufsteigen. Das funktioniert am besten an einer Mauer oder einer Straßenlaterne. Oder du suchst dir Freunde, die dir helfen. Diese sollten bei den ersten Fahrübungen auch neben dir hergehen und dich stützen. Wenn du dich etwas sicherer fühlst, kannst du versuchen, mit nur einer Person aufzusteigen und dann mit ihrer Hilfe eine kurze Strecke zurückzulegen. Jetzt kannst du bestimmt auch schon an einer Wand, einer Turnstange oder einem Zaun entlang fahren. Dein Helfer sollte seine Hände nur noch als Stützfläche anbieten und dich nicht mehr die ganze Zeit festhalten. Du wirst sehen, deine Fahrten werden immer länger und sicherer!

Einradtricks für Könner

Wenn du das Aufsteigen, Geradeaus- und Kurvenfahren sicher beherrschst, kannst du Kunststücke und Tricks erlernen. Wie wäre es mit Hüpfen oder Fliegen? Beim Hüpfen drückst du dich von den Pedalen ab und ziehst das Einrad mit den Händen hinterher. Oder du klemmst den Sattel nur zwischen deinen Oberschenkeln ein. Deine Hände sind nun also frei und du könntest mit deinem Einrad sogar Seilspringen! Möchtest du fliegen? Bring den Sattel vor deinen Körper, lege Dich mit deiner Brust darauf und strecke die Arme weit aus. Du kannst auch mit deinem Einrad über eine Bordsteinkante oder eine Wippe fahren. Oder du stellst dir schwierige Slalomstrecken zusammen oder jonglierst beim Einradfahren. In der Gruppe macht Einradfahren ebenfalls Spaß. Zusammen kann man zum Beispiel eine Mühle fahren oder einen Bus nachmachen. Vielleicht fahrt ihr als Formation in zwei Reihen oder als Stern-Gruppierung. Eines ist sicher: Das macht alles ganz schön Eindruck!

Einbeiniges Fahren
Das andere Bein kannst du entweder zur Seite wegstrecken, auf dem Rahmen abstellen ... oder auch einen Ball darauf jonglieren ;-)

Nicht auf Straßen oder Radwegen
Viele Kinder benutzen das Einrad als Fortbewegungsmittel, um schneller zur Schule oder zu Freunden zu gelangen. Einräder sind für den Straßenverkehr aber nicht zugelassen. Bitte fahre damit nur auf dem Bürgersteig oder in Spielstraßen.

Verschiedene Styles

Beim Einradfahren gibt es unterschiedliche Disziplinen und Varianten:

- Der Freestyle ist ein flüssiger Fahrstil mit einer Vielfalt von Tricks. Häufig sind Freestyle-Fahrer Mitglied in einem Verein, um sich in nationalen und internationalen Wettkämpfen zu messen.
- Beim „Muni“ werden – ähnlich wie beim Mountainbiken – steile Hänge und Wälder mit unwegsamen Strecken bezwungen.
- Trials werden dagegen meist in Städten ausgeführt. Alles, was dort befahr- oder bespringbar ist, wird Teil eines Parcours, zum Beispiel Paletten, Bänke oder Treppen.
- Beim Touring werden längere Strecken mit dem Einrad befahren. Bei Marathon-Veranstaltungen wird sogar eine Strecke von vierzig Kilometern mit dem Einrad zurückgelegt!

Wie schreibe ich eine E-Mail?

Weder Briefpapier noch Umschlag und Briefmarke sind nötig und auch den Weg zum Briefkasten kannst du dir sparen: Mit E-Mails kannst du deine Freunde schnell, bequem und unkompliziert erreichen.

Die schnellste Post der Welt

Eine E-Mail ist ein elektronischer Brief. „E“ steht für „electronic“ und Mail bedeutet „Post“. Gegenüber herkömmlichen Briefen haben E-Mails den Vorteil, dass sie nur wenige Sekunden unterwegs sind. Um eine E-Mail schreiben und empfangen zu können, brauchst du ein spezielles E-Mail-Programm auf dem Computer und einen Internet-Anschluss. Es gibt unterschiedliche E-Mail-Programme, sie sind aber alle ähnlich aufgebaut. Im Kopf des Fensters füllst du aus, an wen die E-Mail gesendet werden soll. Bei „CC“ trägst du ein, wer die Mail sonst noch bekommen soll. Unter „Betreff“ kannst du dem Empfänger kurz verraten, worum es in der Mail geht. Im unteren Feld schreibt du dann den eigentlichen Brief. Wenn du möchtest, kannst du noch eine Textdatei oder ein Bild an die E-Mail anhängen. Bist du fertig, schickst du die Mail mit dem Befehl „Senden“ ab. Wenn du „Abholen“ oder „Empfangen“ anklickst, kannst du nachsehen, ob du selber Post bekommen hast.

Der Klammeraffe gehört dazu

Jeder, der E-Mails schreiben oder empfangen möchte, braucht eine E-Mail-Adresse. Du bekommst sie bei eurem Provider. Viele Online-Dienste bieten zum Internet-Anschluss auch gleich mehrere E-Mail-Adressen an. Eine E-Mail-Adresse erkennst du daran, dass sie einen Klammeraffen (@, ausgesprochen „ätt“) enthält. Links vom @ steht immer der Name des Benutzers, rechts davon steht der Anbieter, der den E-Mail-Service zur Verfügung stellt. Kinder sollten niemals ihren echten Namen für die E-Mail-Adresse verwenden. Such dir einfach einen witzigen Nickname (Spitzname) aus!

Sicher mailen

E-Mails sind superpraktisch. Aber sie können auch Probleme machen: als Virentransporteure zum Beispiel oder als nervige Reklamemails (Spam-Mails). Darauf solltest du beim Mailen achten:

- ✓ Öffne nur solche Briefe, die eine Überschrift haben (Betreff) und wenn du weißt, von wem sie stammen oder welchen Inhalt sie haben.
- ✓ Teile niemandem deine Telefonnummer, deine Adresse oder andere persönliche Daten mit.
- ✓ Gib deine E-Mail-Adresse nur deinen Freunden.
- ✓ Antworte niemals auf Werbemails.
- ✓ Installiere ein Virenschutz-Programm.

Unglaublich!
Wusstest du, dass täglich Milliarden von E-Mails durch das Internet flitzen? Der E-Mail-Dienst ist der meist genutzte Service im Internet.

HaLoh
Wenn du eine E-Mail geschrieben hast, solltest du sie dir noch einmal durchlesen und auf Rechtschreibfehler achten. Deine Freunde können dir schließlich nur antworten, wenn sie den Brief überhaupt verstehen!

Emoticons

Emoticons sind kleine Piktogramme, die in E-Mails benutzt werden, um Gefühle auszudrücken. Sie ersparen dir viel Schreibarbeit und sehen witzig aus. Die wichtigsten Emoticons sind:

:-)	lachendes Gesicht, „nicht alles so ernst nehmen“
:-(	trauriges Gesicht, „find ich schade“
:-|	„darüber kann ich nicht lachen ...“
;-)	Augenzwinkern, „war nicht so ernst gemeint“
:-/	skeptisch, „na ja!“
:-o	erstauntes Gesicht, „Oh!“
:-D	lautes Lachen
:-P	Zunge rausstrecken
:'-(	weinen
:-X	Küsschen geben

Sehr witzig!
Hoaxes sind Falschmeldungen, die per E-Mail verbreitet werden.

Wie werden aus Erbsen richtige Knaller?

Hilfe – Was knallt denn da? Hülsenfrüchte sind zwar klein, dafür aber unheimlich kräftig. Mit diesen Erbsentricks kannst du es mal so richtig knallen lassen!

Knisternde Erbsen

Erbsen sind gesund und schmecken lecker. Außerdem können sie Geräusche machen! Bedecke ein Tablett mit einem Stück Alufolie. Stelle nun einen Becher auf das Tablett und fülle ihn bis zum Rand mit getrockneten Erbsen. Gieße Wasser in den Becher. Nun musst du ein wenig Geduld haben und immer wieder etwas Wasser nachgießen. Kannst du es schon hören? Nach einiger Zeit fallen die Erbsen auf die Alufolie und bringen diese zum Knistern. Warum das so ist? Die Erbsen quellen im Wasser auf, werden größer und drücken die oberen über den Becherrand: klack, klack ...

Warum knallt die Knallerbse?

Im Herbst siehst du die Knallerbse wieder verlockend rund und weiß an Sträuchern und Hecken wachsen. Die Pflanze hat ihren Namen vom Geräusch, das beim Zertreten der Früchte entsteht. Die Beeren haben eine sehr feste Haut und sind im Herbst prall mit Wasser gefüllt. Wenn du sie auf den Bürgersteig wirfst oder zertrittst, platzt an einer Stelle die Haut auf. Mit großem Druck schießt dann der Inhalt der Beere heraus – und dabei gibt es einen Knall. Je reifer die kugeligen Beeren sind, desto größer sind sie und desto lauter platzen sie!

Schneebeere
Weil die Beeren der Knallerbse weiß sind und bis in den Winter am Strauch hängen, heißen sie auch Schneebeeren.

Starke Früchtchen

Erbsen können sogar Gestein sprengen, wenn sie wachsen. Fülle einen Plastikbecher zu einem Drittel mit Wasser. Schütte nun so lange Gipspulver hinein, bis sich über dem Wasser ein kleiner Gips-Berg gebildet hat. Rühre vorsichtig um und gib eine Hand voll Erbsen (oder andere Hülsenfrüchte wie Linsen) hinein. Jetzt muss der Gips hart werden. Was passiert nach ein paar Stunden? Die kleinen Erbsen haben den Becher platzen lassen!

Erbsen-Sprengstoff

Sobald Hülsenfrüchte mit Wasser in Berührung kommen, entwickeln sie enorme Kräfte. Das wusste man schon in der Antike und nutzte diese Kraft, um zum Beispiel Felsen wegzusprengen. Dazu wurden Hülsenfrüchte in enge Felsspalten gestreut und mit Wasser übergossen.

Die Kraft eines Löwen

Auch die Löwenzahnpflanze scheint die Kraft eines Löwen zu haben. Mit ihrer Pfahlwurzel ist sie in der Lage, den Asphalt auf unseren Straßen zu sprengen!

Warum juckt dein Juckpulver?

An den Hagebuttenkernen sitzen viele kleine Härchen, die winzige Widerhaken haben. Kommen diese mit der Haut in Berührung, wird heftiger Juckreiz ausgelöst.

Wie du Juckpulver herstellen kannst

Es gibt noch mehr Früchte mit dem „gewissen Etwas". Dazu gehört auf jeden Fall die Hagebutte. Aus ihren Kernen lässt sich ein prima Juckpulver herstellen.

Zur Herstellung von Juckpulver brauchst du:

- reife Hagebutten
- ein scharfes Messer
- einen Teelöffel
- einen Teller
- ein kleines Döschen zum Aufbewahren

Ernte von einem Strauch viele reife Hagebutten. Je röter die Früchte sind, desto reifer sind sie. Schneide die Hagebutten mit einem Messer vorsichtig der Länge nach auf. Nun kannst du mit dem Löffel die Kerne aus dem Innern der Früchte herausschaben. Breite diese auf dem Teller aus und lass sie an einem warmen Ort mehrere Tage trocknen. Nun nur noch das Juckpulver in das Döschen füllen – fertig! Alles was du jetzt noch brauchst: ein Opfer, dem du die Kerne von hinten in den Kragen streuen kannst!

Was sind die besten Eselsbrücken?

Esel sind niedliche Tiere. Und sie sind ziemlich wasserscheu. Darum haben Menschen Brücken gebaut, um die Esel über Flüsse zu führen. Mit diesen einfachen Hilfsmitteln konnten sie große Hindernisse überwinden. So ist das auch mit dem Lernen: Manchmal braucht man einfach Eselsbrücken, um ans Ziel zu kommen.

Leichter lernen mit Eselsbrücken

Eselsbrücken sind meist Merksprüche. Mit ihnen kannst du dir Sachen merken, die sonst nur schwer zu behalten sind. Du kannst dir zum Beispiel die Himmelsrichtungen ganz einfach so merken: „Im Osten geht die Sonne auf, im Süden nimmt sie ihren Lauf, im Westen will sie untergehn, im Norden ist sie nie zu sehn." Meistens handelt es sich bei Eselsbrücken um Reime, etwa „6 x 6 ist 36, ist der Lehrer noch so fleißig" oder „Durch Null teile nie, dies bricht dir das Knie".

Welcher Lerntyp bist du?
Wusstest du, dass es verschiedene Lerntypen gibt? Der eine lernt am besten durch Lesen, der andere vielleicht durch Zuhören, Schreiben oder Sehen.

Eigene Eselsbrücken

Bau dir eigene Merksätze – das ist gar nicht schwer! Je lustiger und verrückter diese Sätze sind, desto besser wirst du dich an sie erinnern können. Fällt es dir zum Beispiel schwer, zwischen konkav und konvex zu unterscheiden? Mit dieser lustigen Eselsbrücke wirst du den Unterschied nie wieder vergessen: „Der Bauch von unserem Direx ist konvex". Im Jahre 753 vor Christi ist die Stadt Rom der Sage nach gegründet worden. Merken kannst du dir das gut mit: „7-5-3, Rom schlüpft aus dem Ei". Wie war noch mal der Name der Schulsekretärin? Dir fällt bestimmt eine witzige Eselsbrücke ein!

Ab in den Mülleimer!
Eselsbrücken können sich auch ändern. Da Pluto nicht mehr zu den Planeten gehört, ist der alte Merksatz „Mein Vater erklärt mir jeden Sonntag unsere neun Planeten" nicht mehr gültig. Nun heißt es: „Mein Vater erklärt mir jeden Sonntag unseren Nachthimmel", wobei die Anfangsbuchstaben für die ersten Buchstaben der Planeten stehen: Merkur, Venus, Erde, Mars, Jupiter, Saturn, Uranus und Neptun.

Esel auf Wanderschaft

Eselsbrücken müssen aber nicht immer Merksprüche sein. Eine gute Eselsbrücke ist das „Wandern“. Dabei wanderst du durch ein Zimmer und klebst an verschiedene Gegenstände einen Zettel, auf dem ein zu lernender Begriff steht. Danach gehst du wieder an den Gegenständen vorbei und wiederholst die Begriffe mehrmals laut. In der Schule kannst du dann in Gedanken auf Wanderschaft gehen. Bestimmt wirst du dich jetzt leicht an die Begriffe erinnern. Eine besonders schwierige Vokabel will einfach nicht in deinen Kopf? Nimm zu Hause, wenn du diese Vokabel lernst, eine Murmel in die Hand. Diese Murmel trägst du fortan in der Hosentasche mit dir herum. Wenn du dann in der Schule versuchst, dich an die Vokabel zu erinnern, nimm einfach wieder die Murmel in die Hand – und schon wird dir dieses verflixte Wort wieder einfallen!

Für alle beleidigten Esel

Keiner sollte sich zu schade sein, ab und an Eselsbrücken zu benutzen: Wir müssen uns so unendlich viel merken, da ist es doch praktisch, wenn wir die eine oder andere Gedächtnisstütze haben.

Richtig schöne Eselsbrücken

- „Auf einmal“ schreibt man zweimal.
- Wer „nämlich“ mit h schreibt, ist dämlich.
- „Gar nicht“ wird gar nicht zusammengeschrieben.
- Den Tiger sprich mit langem „i“, doch mit „ie“ schreib ihn nie.
- Doppel-a, ist doch klar, sind in Waage, Haar und Paar.
- Wer brauchen ohne „zu“ gebraucht, braucht brauchen überhaupt nicht zu gebrauchen!
- Im Frühling stellt man die Stühle vor das Haus und im Winter stellt man sie wieder zurück ins Haus. (Zeitumstellung: Im Frühjahr wird die Uhr vorgestellt, im Herbst wieder zurück.)
- Acht vor fünfzehnhundert – Kolumbus wird bewundert. (1492 entdeckte Kolumbus Amerika.)
- Im Granit, dies vergess ich nimmer, sind Feldspat, Quarz und Glimmer. (Aus diesen drei Bestandteilen setzt sich Granit zusammen.)
- He, she, it – ein „s“ muss mit.
- URI (Kanton in der Schweiz) für „U = R · I“ (das Ohm’sche Gesetz)

Wie nehme ich eine Fährte auf?

Auf Wiesen und Feldern, im Wald und auch in unseren Gärten leben unzählige Tiere. Leider bekommt man sie fast nie zu Gesicht. Viele Tiere sind sehr scheu, andere nachtaktiv. Doch eines können alle Tiere nicht verstecken: ihre Spuren!

Hase

Fährtensuche im Schnee

Im Winter findet man jede Menge Tierspuren. Am besten sind die Spuren in einer frischen, dünnen Schneeschicht zu erkennen. Könnte es ein Fuchs gewesen sein? Oder vielleicht sogar ein Luchs? Ein Bestimmungsbuch kann dir dabei helfen, die Tierart zu identifizieren. Aus den Spurbildern lässt sich aber noch viel mehr ablesen. Sie zeigen dir zum Beispiel, welche Tierart welchen Lebensraum bevorzugt. Oder wie eilig es die Wildtiere hatten. An dem Abstand der Pfotenabdrücke erkennst du, ob sich die Tiere gemächlich fortbewegt haben, eilig getrabt sind oder sich gar auf der Flucht befanden. So hinterlässt ein in großen Sprüngen flüchtendes Reh weiter auseinanderliegende Abdrücke als ein langsam schreitendes.

Spuren lesen

Manche Tierarten verfügen über ganz typische Spurbilder. Bei einer Eichhörnchenspur erkennst du bestimmt die vier langen, schlanken Zehen des Vorderfußes. Eichhörnchenspuren beginnen und enden fast immer an einem Baum. Die Fährte des Feldhasen zeigt sehr deutlich, wie das Tier seine Hinterbeine noch vor die Vorderbeine setzt. Hasen verwirren ihre Verfolger gern, indem sie ein kurzes Stück auf ihrer eigenen Spur zurücklaufen, dann einen Satz zur Seite machen und versetzt zur ersten Spur weiterlaufen. Die Fährte eines Fuchses erkennst du daran, dass alle Tritte aufgereiht sind wie Perlen auf einer Schnur.

Fährten, Spuren und Geläufe
Stammen die Tritte von Rehen und Hirschen (Schalenwild), spricht der Fachmann von einer Fährte. Trittbilder von Hasen, Eichhörnchen, Mardern, Füchsen oder Dachsen heißen Spur. Beim Federwild spricht man von Geläufe.

Reh

Katze

Wildschwein

Was Spuren erzählen

Tiere verraten sich nicht nur durch ihre Trittspuren. Bei Wanderungen durch die Natur triffst du auch auf Wohnbauten, Fraßspuren, Gewölle, kunstvoll gewebte Netze, Kotspuren und vieles mehr. War beispielsweise ein Biber am Werk, ist das sehr gut an den sanduhrenförmigen Nagespuren zu erkennen, die er in den Bäumen hinterlässt. Spechte haben einen langen, kräftigen Schnabel, mit dem sie in Baumstämme Löcher hacken. In denen bauen sie dann ihre Bruthöhlen. Eichhörnchen verraten sich durch Fraßspuren an Zapfen und Nüssen. Hast du schon einmal Gewölle gefunden? Das sind unverdauliche Reste von Beutetieren, die viele Vögel als kleine Bälle herauswürgen. Die Gewölle von Eulen kannst du im Winter leicht entdecken. Oft findet man sogar noch Federn, Haare oder Knöchelchen in den Gewöllen und kann die letzte Mahlzeit des Tieres bestimmen. Männliche Hirsche hinterlassen am Ende des Winters ganz besondere Spuren: ihr Geweih. In der Zeit von Ende Februar bis Anfang April werfen sie es ab, um dann bis zur nächsten Brunft im Herbst ein neues auszubilden.

Verräterische Spuren

Wühlmäuse markieren ihr Revier mit Urin, der ultraviolett leuchtet. Dadurch sind sie eine leichte Beute für Greifvögel, die ultraviolettes Licht noch aus großer Höhe sehen können.

Tierspuren zum Mitnehmen

Du kannst von Tierspuren vor Ort Gipsabdrücke anfertigen. Dazu brauchst du Gips (schnell härtend, aus dem Baumarkt), einen alten Becher, einen Holzlöffel, Kartonstreifen, eine Büroklammer und etwas Wasser.

1. Hefte den Kartonstreifen mit der Büroklammer zu einem Ring zusammen.
2. Drücke den Ring um die Spur herum etwas in den Boden.
3. Nun den Gips nach Anleitung mit Wasser anrühren.
4. Gieße den Gipsbrei langsam in den Abdruck und warte, bis er hart geworden ist.
5. Löse den Gipsabdruck vom Untergrund – fertig!

Hund

Rehen auf der Spur

Auch Rehe hinterlassen noch andere Spuren als die ihrer Hufe. Im Winter scharren sie mit dem Vorderfuß den Schnee beiseite, um an Nahrung zu gelangen.

Wie angle ich die dicksten Fische?

Jede Menge Fische – nur anbeißen will keiner! Angeln ist keine Frage des Glücks. Wichtig ist vor allem die Erfahrung des Anglers. Wenn du die Fische überlisten willst, solltest du die folgenden Ratschläge beachten. Mit viel Geduld, der richtigen Angel und dem passenden Köder ziehst du dann bestimmt die dicksten Fische aus dem Wasser!

Der perfekte Platz zum Angeln

Als erstes musst du dir einen geeigneten Platz zum Angeln suchen. Ein prima Angelplatz ist ein langer Steg, der über das Wasser gebaut wurde. Landzungen sind häufig ein Paradies für die Fische – und damit auch für die Angler! Über das Wasser hängende Bäume und Sträucher bieten den Fischen Schatten und Deckung. Oft lassen sich hier Bachforellen und Barsche fangen. Auch Brücken sind gute Angelplätze.

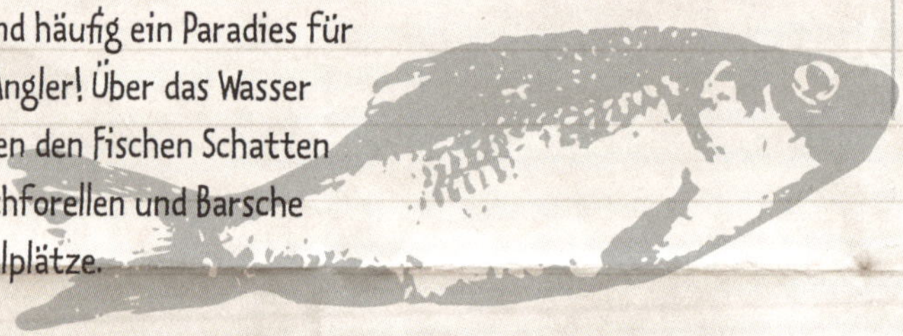

Kleiner Tipp!
Unter Wasser breitet sich Schall schneller aus als in Luft. Darum verhalte dich am Wasser möglichst ruhig. Die Fische hören mit! Vermeide auch unnötiges Rumhopsen: Fische sehen Bewegungen besonders gut.

Fette Regenwürmer und andere leckere Köder

Natürlich beißen die Fische nicht freiwillig in den Angelhaken. Du brauchst einen Köder, der sie anlockt. Da Fische unterschiedliche Geschmäcker haben, nimmst du am besten verschiedene Köder mit. Gute Köder sind zum Beispiel Regenwürmer. Nicht nur Karpfen, Schleie oder Brassen, sondern auch viele Raubfische können ihnen nur schwer widerstehen. Du findest Regenwürmer unter Steinen, Laubhaufen und in lockerer Erde. Sei vorsichtig, wenn du sie am Haken befestigst. Die meisten Fische beißen besser, wenn die Würmer noch zappeln. Auch Maden, Mehlwürmer, Brot oder Mais eignen sich als Köder. Viele Angler schwören auf Kunstköder wie Spinner und Löffelblinker. Fische sehen Farben. Hechte, Zander und Barsche stehen häufig auf rot gefärbte Kunstköder.

Das richtige Fischwetter

Bei wechselhaftem Wetter mit leichtem Wind sind die Fische häufig in bester Beißlaune. Unter einer unruhigen Wasseroberfläche fühlen sie sich sicher und kommen nach oben. Bei praller Sonne und Windstille dringt das Licht tief ins Wasser. Viele Fische bleiben dann lieber in der schützenden Tiefe. Im Winter sind sie eher träge und fressfaul. Manche Fische können sogar in einen winterschlafähnlichen Zustand verfallen. Viele Angler behaupten, die Fische beißen früh morgens und spät abends am besten. Bei Gewitter solltest du nie angeln gehen! Da Angelruten aus Kohlefaser sehr gut elektrischen Strom leiten, ist das Angeln dann äußerst gefährlich. Falls du von einem plötzlichen Gewitter überrascht wirst, musst du sofort die Angel ablegen und dich in Sicherheit bringen.

Ganz wichtig!

Ohne Fischereischein darf man in Deutschland nicht angeln! Wenn du mindestens 10 Jahre alt bist, kannst du dir bei der Gemeinde einen Jugendfischereischein ausstellen lassen. Dann darfst du in Begleitung eines Erwachsenen mit gültigem Fischereischein angeln gehen.

Du magst keinen Fisch?

Dann kannst du den Fisch vorsichtig mit nassen Händen vom Haken lösen und ihn schnell wieder ins Wasser zurücksetzen. Das musst du auch machen, wenn du einen zu kleinen Fisch gefangen hast.

Eine eigene Angel

Angel ist nicht gleich Angel! Es gibt Angeln aus unterschiedlichen Materialien, harte und weiche, lange und kurze Angeln. Auch für verschiedene Fische gibt es unterschiedliche Angelruten. In Angelsportgeschäften kannst du dich beraten lassen.

Teleskop- oder Steckrute?

Heutzutage sind Teleskopruten üblich. Sie lassen sich zusammenschieben und sind leicht zu tragen. Am Wasser können sie ganz schnell wieder aufgebaut werden. Steckruten sind schwerer zu transportieren. Dafür hat man mit ihnen oft mehr Kraft, um auch größere, kampfstärkere Fische bezwingen zu können.

Eine Angel selber bauen

Ein Stock als Angelrute ist schnell gefunden. Jetzt brauchst du nur noch eine Schnur und den Angelhaken. Die Schnur sollte für die Fische möglichst unsichtbar sein. Als Haken kann zum Beispiel ein gebogenes Stück Draht dienen. Ein Angelhalter, gefertigt aus einer Astgabel, kann sehr nützlich sein.

Übrigens: Im seichten Wasser lassen sich Fische auch mit einem Kescher einfangen.

Wie verschicke ich am besten eine Flaschenpost?

Flaschenpost wurde früher von Schiffbrüchigen oder Piraten verschickt, die auf einsamen Inseln gestrandet waren. Sie hofften darauf, dass die Flaschen von vorbeifahrenden Schiffen gefunden oder an belebten Küsten angespült werden würden. Das wäre vielleicht ihre Rettung gewesen!

Brieffreunde finden

Früher wurde Flaschenpost auch für die wissenschaftliche Erforschung von Meeresströmungen eingesetzt. Die Finder der Flaschen wurden gebeten, die eingeschlossenen Briefe mit genauer Angabe von Datum und Fundort an die Seewarte zurückzusenden. Diese Methode stellte sich jedoch als äußerst unzuverlässig heraus. Für genaue Messdaten sind die verkorkten Flaschen leider nicht geeignet. Doch wenn du das Glück hast, in den Ferien mit einem Dampfer, Boot oder einer Fähre zu fahren, solltest du auf keinen Fall vergessen, eine Flaschenpost aufzugeben. Vielleicht findest du auf diese Weise einen Brieffreund, der am anderen Ende der Welt wohnt!

Flaschenpost auf Reise

Und so wird's gemacht: Zuerst musst du einen Brief schreiben. Benutze dafür am besten einen wasserfesten Kugelschreiber. Dann rollst du den Brief zusammen und steckst ihn in eine leere, durchsichtige Flasche. Schraube diese nun sehr fest zu. Du kannst den Verschluss zusätzlich mit flüssigem Kerzenwachs versiegeln. Jetzt die Flaschenpost mit Schwung dem Meer oder dem Fluss übergeben. Und nun nur noch fest die Daumen drücken, dass die Flasche eines Tages gefunden wird.

Weite Reise

Eine Flaschenpost bereist oft die halbe Welt, bevor sie endlich gefunden wird. Vor ein paar Jahren hat ein Mädchen aus England einen Gruß auf die Reise geschickt und ein halbes Jahr später Antwort aus Australien erhalten.

Wenn das Meer Postbote spielt

Menschen aus aller Welt werfen Botschaften in Flaschen ins Meer und warten voller Neugier darauf, ob die Post irgendwo ankommt. Schreib deinen Brief auf farbiges Papier. So ist die Wahrscheinlichkeit größer, dass die Flaschenpost einem Strandspaziergänger auffällt, wenn Wind und Wellen diese eines Tages an Land spülen. Auf keinen Fall darfst du natürlich vergessen, deine Adressdaten anzugeben. Denn nur so kannst du eine Nachricht zurück erhalten. Und wer weiß, vielleicht ist dies dann ja der Beginn einer wunderbaren Brieffreundschaft. Du musst aber Geduld haben: Wenn das Meer Postbote spielt, kann es mit der Zustellung ein wenig länger dauern!

Moderne Nachfolger der Flaschenpost

Meeres- und Klimaforscher vertrauen auch heute noch auf die gute alte Flaschenpost. Allerdings bevorzugen sie die moderne Variante, die sogenannten „Floating Drifters“.
Diese sind 150 cm hoch, aus gelb lackiertem Aluminium und ausgerüstet mit verschiedenen Mess- und Sendeinstrumenten. Wie ein Fahrstuhl sinken sie auf rund 2000 Meter Meerestiefe ab und stromern in den Weltmeeren herum. Der Tauchvorgang wird über eine Schwimmblase gesteuert. Neben der Tiefenströmung zeichnen die „Floating Drifters“ zum Beispiel den Salzgehalt und die Temperatur des Wassers auf. Etwa alle 10 Tage steigen sie wieder an die Oberfläche und senden ihre Daten per Antenne über einen Satelliten an die Station. Da die „Floating Drifters“ mit einem GPS-Signal ausgestattet sind, kann jeder Behälter geortet werden.

Flaschenpostbriefsammlung

In der Bibliothek des Bundesamtes für Seeschifffahrt und Hydrologie (BSH) in Hamburg kannst du die weltweit größte Flaschenpostbriefsammlung bestaunen. Die vergilbten Schriftstücke sind fein säuberlich in dicke Alben eingeklebt.

Flaschenpost von Kolumbus

Auch Kolumbus soll eine Flaschenpost ausgesetzt haben. Er befürchtete, dass ein Orkan sein Schiff versenken und niemand von seinen großen Entdeckungen erfahren würde. Darum schrieb er einen langen Brief und warf diesen in einem abgedichteten Holzfass ins Meer. So steht es in seinem Tagebuch. Kolumbus kam wider Erwarten doch an, das Fass wurde dagegen nie gefunden.

Wie baue ich ein seetüchtiges Floß?

Bist du bereit für ein Abenteuer? Was hältst du davon, gemeinsam mit deinen Freunden ein Floß zu bauen und damit in See zu stechen? Ob es euch wohl alle tragen wird?

Einen Haufen Stämme

Einen Haufen Stämme, eine Kiste voller Seile, eventuell noch eine Axt oder eine Säge – mehr braucht ihr nicht, um ein Floß zu bauen. Verwendet nur herumliegende Äste und Stämme. Für euer Floß braucht ihr trockenes Holz, da dies einen größeren Auftrieb gibt. Bevor ihr einen Baum fällt, müsst ihr erst klären, ob das erlaubt ist. Sucht euch am besten ein Plätzchen in der Nähe eines Flusses, Sees oder Bachs. Dann müsst ihr das schwere Floß nicht so weit tragen. Schließlich soll am Ende ja ein Wassertest beweisen, ob ihr gut gearbeitet habt!

Stamm an Stamm

Jetzt geht's los: Legt etwa acht gleichmäßige, etwa 15 Zentimeter dicke Baumstämme nebeneinander. An den Enden – etwa 20 Zentimeter vom eigentlichen Stammende entfernt – müsst ihr mit Hilfe der Axt oder der Säge (seid bloß vorsichtig!) die Stämme auf der Ober- und Unterseite einkerben. Die Stämme müssen so platziert werden, dass die Einkerbungen exakt nebeneinanderliegen. Auf jeder Seite wird nun eine Querverbindung (Stamm) in die Kerben gelegt. Diese jetzt mit einem Seil stramm zusammenbinden. Die erste Testfahrt solltet ihr am besten in nur knietiefem Wasser starten. Wenn das Floß gut schwimmt und tragfähig ist, könnt ihr damit in See stechen. Voraussetzung ist natürlich, dass auch ihr alle gut schwimmen könnt!

Mini-Floß

Schon ein einzelner Stamm kann als Floß dienen. Er sollte aber so dick sein, dass du dich mit dem Bauch auf ihn legen kannst. Hat der Stamm hinten eine Gabelung, dreht sich dein Mini-Floß nicht ständig um sich selbst und treibt wirklich geradeaus.

Ein Ruder bauen

Ohne Ruder würde euer Floß von der Strömung und vom Wind hin und her getrieben werden. Bei einem kleinen Floß könnt ihr in Fahrtrichtung mit den Händen rudern oder ihr nehmt einfach einen langen starken Ast als Ruder. Ihr könnt aber auch lange, etwa armdicke Stämme suchen, auf die ihr am Ende Holzplatten nagelt beziehungsweise mit einer Schnur befestigt. Vielleicht möchtet ihr euer Floß sogar mit einem Segel bestücken? Es gibt fertige Segeltücher zu kaufen. Aus einer Zeltplane, einer Decke oder einem Tischtuch lässt sich aber auch ein brauchbares Segel herstellen.

Floß aus Autoreifen

Du kannst dir auch aus ein paar Autoreifen ein Floß bauen. Dazu musst du die Reifen mit Seilen an einem Brett befestigen.

Was noch zu beachten ist

Damit bei eurer Floßfahrt keine gefährlichen Situationen auftreten, solltet ihr die folgenden Hinweise beachten:

- Ihr könnt nicht gegen die Strömung anrudern. Es wird euch schon schwer genug fallen, ans Ufer oder davon weg zu rudern.
- Nehmt noch ein sehr langes und starkes Seil mit, damit ihr das Floß an einem Baum vertäuen könnt.
- Eure Fahrt darf euch nie in unübersichtliche Bereiche des Gewässers führen!
- Ein Floß kann leicht kippen. Am besten kniet oder setzt ihr euch hin.
- Gut ist es, wenn ein Begleitboot (zum Beispiel ein Schlauchboot) in der Nähe mitfährt.
- Damit euer Floß möglichst lange hält, solltet ihr es nach den Einsätzen aus dem Wasser ziehen und trocknen lassen.
- Nichtschwimmer gehören auch mit Schwimmwesten nicht auf ein Floß!

Nicht im Meer!

Im Meer solltest du dein Floß nicht einsetzen. Dort kannst du schnell von einer Strömung erfasst werden.

Wie bekunde ich meine Freundschaft?

Ohne Freunde wäre das Leben nur halb so schön! Gute Freunde zu finden ist manchmal gar nicht so einfach. Darum: Pflege deine Freundschaften und genieße es, wenn du mit deinen Freunden zusammen bist.

Warum Freunde so wichtig sind

Es ist einfach toll, Menschen zu haben, mit denen man lachen, streiten und sich wieder vertragen kann. Man braucht Freunde für gemeinsame Unternehmungen, Hobbys und Sport. Echte Freunde begleiten dich durchs Leben und sind für dich da, wenn du Probleme hast. Du kannst sie in Geheimnisse einweihen. Sie teilen deine Sorgen und Nöte und geben dir Ratschläge. Wenn etwas schief läuft, dann helfen sie dir. Und sie machen dich mit neuen Ideen bekannt. Du brauchst keinen Riesenfreundeskreis. Wenige, richtig gute Freunde, auf die du dich verlassen kannst, reichen völlig. Einige Freundschaften halten ein ganzes Leben. Andere gehen irgendwann in die Brüche. Das ist traurig und belastend. Aber es ist auch spannend, immer wieder neue Freunde kennen zu lernen.

Streiten und versöhnen

Es ist schwer zu ertragen, wenn man sich mit einer Freundin oder einem Freund streitet und vielleicht sogar für eine Weile getrennte Wege geht. Umso besser fühlst du dich dann, wenn du den ersten Schritt zur Versöhnung gewagt hast und die Freundschaft danach noch intensiver wird.

Geben und nehmen

Eine Freundschaft funktioniert am besten, wenn sie auf gegenseitigem Respekt gründet. Ihr solltet füreinander die gleichen Gefühle haben. So eine Freundschaft darf nicht einseitig sein. Sie wächst im beiderseitigen Geben und Nehmen. Wenn du immer wieder Hilfe und Aufmerksamkeit forderst und nichts zurückgibst, werden deine Freunde bald ärgerlich sein und sich ausgenutzt fühlen. Denn eine Freundschaft, in der einer immer nur gibt und der andere immer nur nimmt, ist keine gute Freundschaft.

Kennzeichen guter Freunde

- Ein guter Freund mag dich.
- Ein guter Freund ist zuverlässig.
- Ein guter Freund ist ehrlich.
- Ein guter Freund macht sich nicht über deine Schwächen lustig.
- Ein guter Freund sagt dir, wenn du einen Fehler gemacht hast.
- Ein guter Freund unterstützt dich, wenn du Hilfe brauchst.
- Ein guter Freund behält Geheimnisse für sich.
- Ein guter Freund ist nicht eifersüchtig oder besitzergreifend.
- Ein guter Freund hält zu dir und geht mit dir durch dick und dünn.
- Ein guter Freund versteht dich häufig auch ohne Worte.
- Ein guter Freund baut dich auf.
- Ein guter Freund hört dir zu und gibt dir gute Ratschläge.
- Ein guter Freund versucht dich nicht zu Dingen zu überreden, die du nicht willst.

Was kannst du für eine Freundschaft tun?

Freunde kann man nicht in Geschäften kaufen. Man muss sie gewinnen und die Freundschaft pflegen. Denke vor allem daran: Willst du einen Freund haben, musst du selber einer sein!

- Stehe deinen Freunden in guten und auch in schlechten Zeiten bei.
- Schenke deinen Freunden deine Zeit.
- Lernt eure Unterschiedlichkeit schätzen.
- Probiert neue Dinge aus. Wenn ihr nicht mehr so viele Gemeinsamkeiten habt, dann sucht euch neue Interessen, die ihr teilen könnt.
- Überrasche eine Freundin/einen Freund mit einem Anruf, einer Postkarte, einem Brief, einem kleinen Geschenk, einem Besuch, einer Einladung, einer Blume oder einfach einem Vorschlag für eine gemeinsame Unternehmung.
- Sei aufmerksam. Denke an die Geburtstage deiner Freunde, merke dir besondere Vorlieben. Unterstütze sie, wenn sie zum Beispiel eine wichtige Prüfung bestehen müssen.
- Kläre Dinge, die eure Freundschaft belasten.

Ich bin froh, dass ich mit dir über alles reden kann!

Ich mag an dir ...

Schreib in wenigen Sätzen auf, was du an deiner besten Freundin oder deinem besten Freund magst. Nicht schmeicheln und nicht übertreiben! Was du schreibst, musst du auch wirklich so meinen.

Einfach wagen

Bringe den Mut auf, in nächster Zeit auf jemanden zuzugehen, den du schon seit einiger Zeit sympathisch findest. Was hast du schon zu verlieren?

Wie knüpfe ich Freundschaftsbänder?

Bunte, selbstgeknüpfte Freundschaftsbänder sind ein ganz persönliches Zeichen einer Freundschaft. Wie wäre es also, wenn du deinem besten Freund oder deiner besten Freundin ein solches Band knüpfst? Das ist zwar nicht so einfach, aber mit ein bisschen Übung wirst du schnell zum echten Knüpfmeister.

Was bedeuten eigentlich Freundschaftsbänder?

Besten Freunden schenkt man ein Freundschaftsband. Das ist nicht nur bei uns so. In Brasilien werden Bänder von einem Freund mit drei Knoten um den Arm gebunden. Bei jedem Knoten wünscht man sich etwas. Wenn man das Band so lange trägt, bis es von alleine abfällt, dann gehen die drei Wünsche in Erfüllung. Bei uns glauben viele daran, dass die Freundschaft für immer bestehen bleibt, wenn man ein Freundschaftsband so lange trägt, bis es sich von selbst löst.

Kleiner Tipp!
Wenn du ein ganz besonderes Freundschaftsband knüpfen möchtest, kannst du auch kleine Perlen mit einflechten. Achte darauf, dass sich die Perlen auch über das Garn deines Bandes ziehen lassen!

Welche Materialien brauchst du?

Am besten eignet sich Perlgarn oder Wolle mit der Stärke 5. Letzteres gibt es in vielen verschiedenen Farben. Nimm doch einfach Garn in deinen Lieblingsfarben oder in den Lieblingsfarben deines Freundes. Es gibt aber auch viele andere Fäden, die sich zum Knüpfen eignen. Zum Beispiel kannst du auch Garn benutzen, das metallisch glänzt, schimmert oder gleich mehrere Farben hat. Außerdem brauchst du eine scharfe Schere und ein paar Sicherheitsnadeln. Mit diesen klemmst du den Anfangsknoten des Bändchens zum Beispiel an einem Kissen fest.

Welche Formen und Techniken gibt es?

Die Auswahl an Mustern und Formen von Freundschaftsbändern ist riesig. Besonders beliebt sind die flachen, glatt geknüpften Bänder. Es gibt sie in sehr vielen verschiedenen Farben und Mustern, zum Beispiel mit Streifen- und Pfeilmuster, Wellen- oder Fischgrätmuster oder auch Muster mit keltischen Symbolen. Wenn du schon richtig fit im Knüpfen bist, kannst du dir auch eigene Muster ausdenken. Außerdem gibt es auch noch rund geknüpfte Freundschaftsbänder, die du mit der Hand oder mit der sogenannten Strickliesel knüpfen kannst. Eine ganz besondere Art von Freundschaftsbändern sind die Makrameebänder, die in einer traditionellen, orientalischen Knüpftechnik angefertigt werden.

Kleiner Tipp!
Es gibt viele Bücher, in denen du noch mehr tolle Muster für Freundschaftsbänder findest.

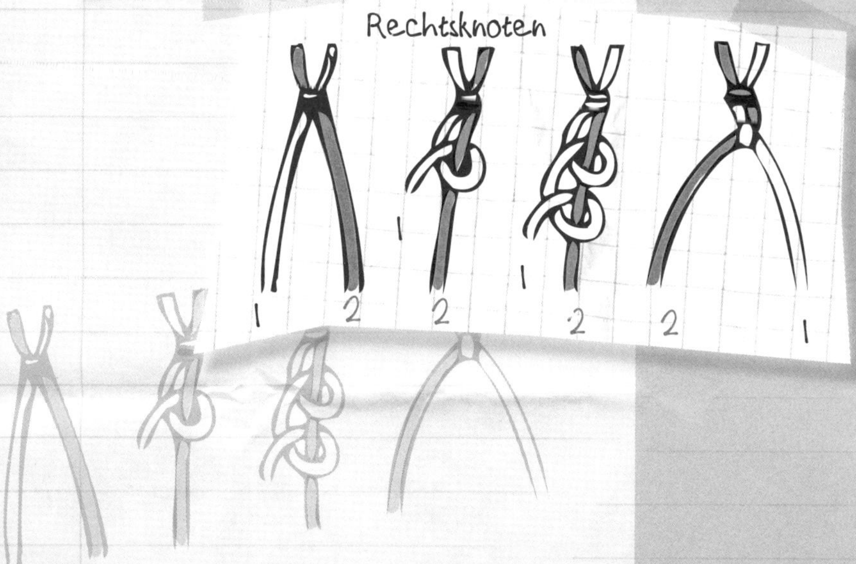

Das erste Freundschaftsband

Der Klassiker unter den Freundschaftsbändern ist das glatt geknüpfte Freundschaftsband mit Querstreifen. Das sieht schön aus, ist einfach und du kannst daran sehr gut das Knoten üben.

1. Suche dir die verschiedenen Fäden und Farben aus. Bei deinem ersten Freundschaftsband nimmst du am besten nur 5 Fäden. Je mehr Fäden du benutzt, desto breiter wird das Band.
2. Anschließend knotest du die Fäden fest zusammen. Lass vor dem Anfangsknoten noch etwa 12 Zentimeter Platz, damit du das Band hinterher noch zusammenbinden kannst.
3. Nun steckst du eine Sicherheitsnadel durch den Knoten und befestigst diese an einem Kissen.
4. Bevor du mit dem Knüpfen beginnst, solltest du dir überlegen, ob dein Band mit einem geraden oder einem schrägen Anfang beginnen soll. Der gerade Anfang wirkt ausgeglichen. Bei dem schrägen Anfang ist hingegen die Anordnung der Fäden leichter überschaubar.
5. Knüpfe mit dem 3. Faden von links 2 Rechtsknoten.
6. Nimm nun den 1. linken Faden und knüpfe 4 Rechtsknoten.
7. Nimm jetzt den 1. Faden von links und knüpfe 4 Rechtsknoten. So machst du weiter, bis dein Band die richtige Länge hat.
8. Zum Schluss knotest du alle Bänder so zusammen wie beim Anfangsknoten.

Wie werde ich Gedankenleser?

Träume belauschen, Lügner stellen, die Lehrer austricksen – wäre doch super, wenn man die Gedanken anderer lesen könnte! Aber ob das wirklich möglich ist?

Denken und fühlen

Wissen, was ein anderer denkt: Das ist ein Menschheitstraum, aber auch eine echt gruselige Vorstellung! Schon vor etwa 100 Jahren gab es mit dem Lügendetektor erste Versuche, herauszufinden, ob jemand die Wahrheit sagt. Der Lügendetektor beweist, dass es nicht möglich ist, etwas zu denken, ohne gleichzeitig dabei zu fühlen. Unser Körper zeigt immer Reaktionen: Wer lügt, wird rot, bekommt vielleicht Herzklopfen, zittert oder schwitzt. Inzwischen wissen die Hirnforscher, welche Teile unseres Gehirns für Gefühle, welche für Gedanken, Sprache, Sehen und Hören verantwortlich sind. Doch unsere Träume und Gedanken entstehen in einem fast unüberschaubaren Netz von Nervenzellen. Den Durchblick im menschlichen Hirn haben die Forscher noch lange nicht!

Mentalisten
Menschen, die Sachen können, die sich mit keiner Wissenschaft erklären lassen, nennt man Mentalisten.

Suggestion wirkt!
Manche Gedankenleser arbeiten mit Suggestion. Dann kommt der Gedanke gar nicht von der Versuchsperson, sondern wurde ihr aufgezwungen. Willst du es ausprobieren? Wenn du lange genug sagst „Ich bin müde“, wirst du dir schließlich auch müde vorkommen.

Gedankenlesen durch Beobachten

Gedankenlesen hat nichts mit Hellseherei zu tun – allein durch die genaue Beobachtung deines Gegenübers kannst du verblüffende Erfolge erzielen. Unsere Körpersprache ist verräterisch. Sie lässt Gedanken oftmals ohne gesprochene Worte sichtbar werden. Stell dir vor, du gehst zu einer Freundin. Diese sagt: „Ich freue mich, dich zu sehen.“ Im gleichen Moment schaut sie heimlich auf ihre Uhr. Sofort ist dir klar, was sie denkt: „Mist, eigentlich habe ich gar keine Zeit.“ Gewöhn dir an, andere Menschen genau zu beobachten. Dann wirst du vieles über sie erfahren.

Mit Tricks Gedanken lesen

Auch mit kleinen Tricks kannst du scheinbar die Gedanken anderer lesen. Gib einem Freund ein Fünf-Cent-Stück und ein Zehn-Cent-Stück. Er soll in jede Hand eine der Münzen nehmen. Du wirst herausbekommen, in welcher Hand er welche Münze hält! Bitte dafür deinen Freund, den Wert der Münze in der rechten Hand mit 13 zu multiplizieren. Wenn er fertig ist, soll er kurz mit dem Kopf nicken. Danach muss er dasselbe mit der Münze in seiner linken Hand machen. Beobachte ihn die ganze Zeit aufmerksam. Für welche Rechnung braucht er länger? Natürlich bei dem Fünf-Cent-Stück! Dein Publikum wird erstaunt sein, wenn du das Ergebnis deiner Gedankenleserei präsentierst!

Hellseher

Auch Hellsehen ist eine besondere Gabe. Hellsehern soll es möglich sein, in die Zukunft zu schauen.

Und noch ein toller Trick!

Kündige deinem Publikum an, dass du Alter und Körpergewicht jedes Menschen „hellsehen" kannst. Bitte nun eine Person, ihre Gedanken auf diese beiden Informationen zu lenken, indem sie eine kleine Rechnung durchführt.

Zunächst soll die Person ihr Alter mit 20 multiplizieren.
(Beispiel: 10 Jahre x 20 = 200)

Nun soll sie das Datum des heutigen Tages hinzuzählen.
(Beispiel: Heute ist der 10., also: 200 + 10 = 210)

Das Ergebnis muss mit 5 multipliziert werden.
(Beispiel: 210 x 5 = 1050)

Jetzt soll die Person ihr Gewicht in Kilogramm hinzurechnen.
(Beispiel: Sie wiegt 30 kg, also: 1050 + 30 = 1080)

Lass dir das Endergebnis nennen. Schau die Person noch einmal fest an. Schließe nun deine Augen, mache ein konzentriertes Gesicht – und sage das richtige Alter und Gewicht!

Wie du das schaffst? Ganz einfach: Von der Zahl, die dir am Ende genannt wurde, subtrahierst du im Kopf oder mit dem Taschenrechner das Fünffache des Tagesdatums (Beispiel: 5 x 10 = 50; 1080 – 50 = 1030). Die ersten beiden Ziffern der errechneten Zahl nennen dir immer das Alter der Person, die letzten beiden Ziffern verraten das Gewicht.

Viel Spaß beim Gedankenlesen!

Wie schaffe ich es, ein Geheimnis für mich zu behalten?

Unsere Welt ist voller Geheimnisse: geheime Wege, geheime Zeichen, Familiengeheimnisse, geheime Botschaften, geheime Schriften, geheime Schwärmereien, Briefgeheimnis ... „Erzähl das auf keinen Fall weiter!" Sicher kennst du diesen Satz. Oft ist es ganz schön schwer, Geheimnisse auch wirklich zu hüten!

Wir brauchen Geheimnisse

Wir alle brauchen kleine Geheimnisse. Ohne Geheimnisse wären wir ziemlich durchschaubar. Jeder könnte in uns lesen wie in einem offenen Buch. Geheimnisse sind Orte der Unabhängigkeit, wo zum Beispiel die Eltern keinen Zutritt haben. Geheimnisse schweißen Freunde zusammen und machen stark gegenüber Eltern, Lehrern und verhassten Klassenkameraden. Es ist gut und wichtig, dass jeder seine kleinen Geheimnisse hat und auch die Geheimnisse anderer respektiert.

Bitte mehr Aufmerksamkeit!

„Sag es bloß nicht weiter" – das ist häufig eine Garantie dafür, dass einem der Gesprächspartner umso aufmerksamer zuhört.

Es liegt in deiner Macht

Wenn du von dem Geheimnis eines anderen weißt, ist das ein Stück Macht. Du hast den anderen ein bisschen in der Hand. Wenn du das Geheimnis weitererzählst, spielst du deine Macht aus. Und das ist nicht schön! Darum diese wichtige Regel: Wenn du das Geheimnis einer Freundin oder eines Freundes kennst, darfst du es nicht verraten. Das Geheimnis gehört dem anderen nämlich immer noch. Das Einhalten dieser Regel fällt uns nicht immer leicht. Doch es ist auf jeden Fall besser, das Vertrauen des Freundes zu behalten, als ein Geheimnis gedankenlos auszuplappern. „Etwas nicht weitersagen" oder „ein Geheimnis erst zum richtigen Zeitpunkt aufzudecken" sind Fähigkeiten, die Freundschaften festigen oder auch zerstören können. Überleg mal: Würdest du wollen, dass jemand ein Geheimnis von dir weitererzählt?

Gute Geheimnisse, schlechte Geheimnisse

Es gibt schöne Geheimnisse. Ein schönes Geheimnis kann zum Beispiel die Geburtstagsüberraschung für einen Freund sein. Diese Geheimnisse sind in Ordnung. Sie machen Freude und sind spannend. Aber es gibt auch ganz schlimme Geheimnisse. So hat man häufig Geheimnisse, um sich selbst zu schützen. Man verbirgt zum Beispiel seine Gefühle, wenn man Stress in der Schule hat. Man erfindet Ausreden oder wird krank, um nicht erklären zu müssen, warum alles schief läuft. Solche dunklen „Bauchwehgeheimnisse" belasten einen. Sie verursachen Angst, Schlafstörungen oder sogar Krankheiten. Schlimme Geheimnisse – dazu gehören auch alle Formen von Gewalt, sexuellem Missbrauch und Drogenerfahrungen – darfst du nicht für dich behalten. Du solltest dir Hilfe suchen und dich an eine Vertrauensperson wenden. Auch wenn dir andere Geheimnisse erzählen, mit denen du dich nicht wohl fühlst, solltest du dich deinen Eltern anvertrauen.

Wie kannst du ein Geheimnis für dich behalten?

- einfach nicht verraten
- Lippen versiegeln lassen
- „nur" dem Tagebuch anvertrauen
- Geheimnis ganz schnell wieder vergessen

PSSSSSSt

Bist du ein guter Geheimnisträger?

Eine Freundin erzählt dir, dass sie heimlich verliebt ist. Was tust du?

A) Ich biete ihr meine Hilfe an.

B) Ich gebe ihrem Schwarm ohne ihr Wissen einen Zettel mit ihrer Telefonnummer.

Wenn du dich mal verplappert hast ...

A) entschuldigst du dich.

B) streitest du erstmal alles ab.

Du erfährst ein Geheimnis, das deinen besten Freund betrifft, er aber nicht wissen soll. Wie reagierst du?

A) Ich behalte das Geheimnis für mich. Auch wenn es mir verdammt schwer fällt.

B) Natürlich erzähle ich meinem Freund davon.

Vertrauen dir deine Freunde häufig Geheimnisse an?

A) Sehr häufig.

B) Eigentlich sehr selten.

AUSWERTUNG:

Überwiegend A:
Dir kann man ohne Bedenken Geheimnisse anvertrauen. Schön, wenn man dich zur Freundin/zum Freund hat!

Überwiegend B:
Du bist eine richtige Plaudertasche. Geheimnisse sind bei dir nicht gut aufgehoben.

Kleiner Tipp!
Fällt es dir schwer, Geheimnisse zu hüten, dann lass dir einfach keine mehr erzählen. Sage offen, dass du dich zu leicht verplapperst.

Wie verfasse ich Botschaften in Geheimschrift?

Warst du schon einmal in der Situation, dass du im Klassenzimmer eine geheime Botschaft weitergeben wolltest, ohne dass der Lehrer etwas davon merkt, und wenn doch, dass er die Nachricht dann nicht lesen kann? Dazu müsstest du deine Botschaft in einer Geheimschrift verfassen, die nur Eingeweihte entschlüsseln können.

Der Zahlen-Code

Mit dem Zahlen-Code kannst du sowohl ganz lange als auch ganz kurze Mitteilungen weitergeben. Dazu ordnest du jedem Buchstaben von A bis Z eine Zahl zu. Das Alphabet hat genau 26 Buchstaben, also brauchst du 26 Zahlen.

A	B	C	D	E	F	G	H	I	J	K	L	M
1	2	3	4	5	6	7	8	9	10	11	12	13

N	O	P	Q	R	S	T	U	V	W	X	Y	Z
14	15	16	17	18	19	20	21	22	23	24	25	26

Das Wort GEHEIM würde dann mit den Zahlen 7-5-8-5-9-13 geschrieben werden.

Die Geheim-Tinte

Geheime Botschaften musst du nicht immer in Geheimschrift verschlüsseln. Du kannst auch mit unsichtbarer Geheim-Tinte schreiben, die nur der eingeweihte Empfänger sichtbar machen kann. Die einfachste Tinte ist Zitronensaft. Dazu musst du den Saft eine Zitrone auspressen. Anschließend tauchst du einen spitzen Gegenstand, zum Beispiel einen Zahnstocher, in den Saft und schreibst deine Nachricht. Diese kann der Empfänger lesen, sobald er das Blatt Papier vorsichtig mit einem Bügeleisen bügelt oder vor eine starke Glühbirne hält.

Kleiner Tipp!
Schreibe deinem Freund besser einen „normalen" Brief und verstecke die Botschaft in den Zwischenräumen. Ein leeres Blatt Papier könnte verdächtig wirken!

HALLO

Die Geheim-Prägung

Für die Geheim-Prägung benötigst du einen Block Papier und einen Bleistift. Du schreibst deine Nachricht auf das Blatt Papier. Dabei ist es wichtig, dass du sehr fest aufdrückst, damit der Stift auf dem Blatt darunter einen Abdruck hinterlässt. Nun wirfst du das Blatt mit der geschriebenen Nachricht weg. Der Empfänger kann die Botschaft sichtbar machen, indem er mit einem flach gehaltenen Bleistift leicht über das Blatt schraffiert, so dass der weiße Text sichtbar wird.

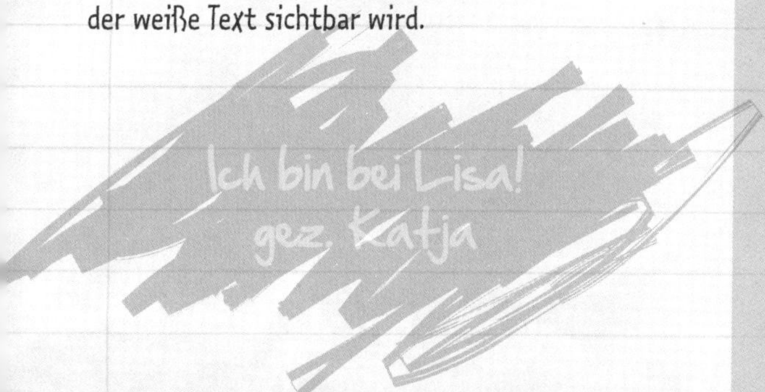

Die Spiegel-Geheimschrift

Die Spiegel-Geheimschrift ist was für echte Profis. Denn sie verlangt viel Übung. Um diese Schrift zu erlernen, benötigst du einen kleinen Spiegel. Normalerweise schreibst du deine Buchstaben, Wörter und Sätze von links nach rechts. Mit der Spiegelschrift ist das genau umgekehrt. Du beginnst am rechten Blattrand und schreibst alle Buchstaben und Wörter seitenverkehrt und linksläufig. Der Spiegel wird dir am Anfang helfen, die Wörter spiegelverkehrt zu schreiben oder die Botschaft lesen zu können.

!tfahcstoB emieheg enie tsi saD.
Spiegel-Geheimschrift

Das ist eine geheime Botschaft!
Entschlüsselte Mitteilung

Der Fünfer-Code

Mit dem Fünfer-Code kannst du in einem völlig belanglosen Text kleine Botschaften verstecken. Hierbei gilt, dass nur jeder fünfte Buchstabe zählt und die entschlüsselte Mitteilung ergibt.

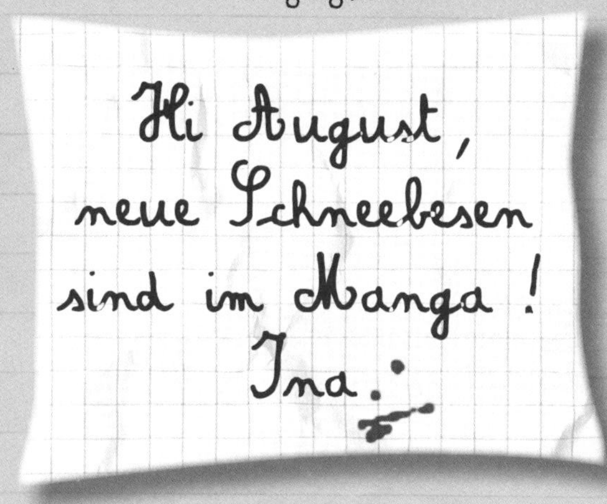

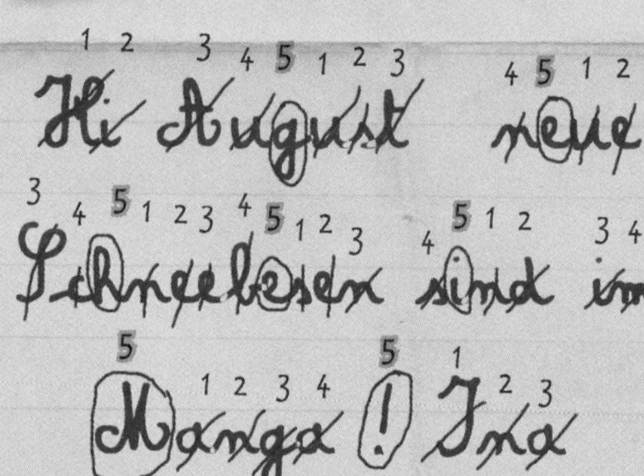

Lösung: GEHEIM!

Kleiner Tipp!
Du kannst auch den Vierer- oder Sechser-Code anwenden. Dann gilt jeder vierte oder sechste Buchstabe!

Wie inszeniere ich ein Geheimtreffen?

Ein heimliches Treffen zwischen zwei Spionen. Nachts. Irgendwo im Nirgendwo. Übergeben werden wichtige Dokumente. Das könnte eine Szene aus einem Spielfilm sein. Oder planst auch du ein geheimes Treffen?

Achtung: Streng geheim!

Datenspionage
Wusstest du, dass man auch im Internet nicht immer unbeobachtet ist? Es gibt Schnüffelprogramme, die sich in den Datenverkehr einklinken können.

Schließlich arrangieren nicht nur Detektive und Spione geheime Treffen, um vertrauliche Nachrichten auszutauschen. Auch Bandenmitglieder müssen sich zum Beispiel immer mal wieder heimlich treffen, um neue Abenteuer und Streiche auszuhecken. Toll ist es, wenn ihr dafür einen alten Bauwagen oder ein Baumhaus habt. Dort könnt ihr dann unbeobachtet quatschen. Aber auch auf Abenteuerplätzen oder in Parkanlagen findet ihr bestimmt versteckte Ecken und Nischen, in denen ihr euch zurückziehen könnt.

Geheimes Treffen im Museum

Auch öffentliche Gebäude sind ideale Orte, um andere Personen heimlich zu treffen. In Museen könnt ihr zum Beispiel ganz unauffällig vor bestimmten Gemälden zusammenkommen. In der Stadtbücherei trefft ihr euch bei den Detektivbüchern. Und im Zoo findet euer Geheimtreffen im Affenhaus oder bei den Raubkatzen statt. Manchmal ist ein Treffen gar nicht notwendig. Es reicht, wichtige Informationen auf geheimem Wege zu übermitteln. In diesem Fall kannst du die Nachricht zum Beispiel in einem „toten“ Briefkasten hinterlegen.

„Tote" Briefkästen und andere geheime Verstecke

Ein „toter" Briefkasten ist – im Gegensatz zu einem normalen Briefkasten – nur dem Absender und dem Empfänger der Geheimnachricht bekannt. Als „toter" Briefkasten ist beispielsweise ein hohler Baum geeignet. Man findet diese Briefkästen aber auch an anderen Stellen, etwa unter losen Steinen, in Mauerspalten, Blumenkästen, Nistkästen oder in Telefonbüchern von öffentlichen Telefonzellen.
Es gibt natürlich noch viele andere Möglichkeiten, Geheimbotschaften völlig unauffällig zu übergeben. Hast du Kaugummis da? Dann kannst du die Nachricht zum Beispiel auf die Innenseite des Alupapiers schreiben. Triffst du nun deinen Partner, so bietest du ihm einfach ein Kaugummi an! Oder du gehst in die Bücherei und versteckst die Botschaft zwischen den Seiten eines Buches. Deine Kontaktperson kommt wenig später, leiht das Buch aus und kann dann zu Hause in aller Ruhe die Zeilen lesen.

geheim!

„Lebendige" Briefkästen

„Lebendige" Briefkästen sind Personen, die Nachrichten übermitteln. In diesem Fall ist es sinnvoll, die Nachricht zur Sicherheit in einer kodierten Schrift zu verfassen.

Weitere geheime Verstecke

- Spülkasten einer Toilette
- doppelter Boden einer Schublade
- in der Schutzkappe eines Kugelschreibers
- unter einem aufgeklebten Heftpflaster

Dosentelefon

Ein Dosentelefon hat viele Vorteile: Es funktioniert ohne Strom, die Telefongespräche kosten kein Geld und ein Abhören der Gespräche ist auch nicht möglich.

Für ein Dosentelefon braucht ihr:
2 leere Konservendosen ohne Deckel, Hammer und Nagel, eine lange Schnur (zum Beispiel Paketschnur)

So baut ihr es:
Schlagt in den Boden jeder Blechdose mit Hammer und Nagel ein kleines Loch. Dann steckt ihr durch die Löcher jeweils ein Ende der Schnur und verknotet diese im Innern der Dose. Schon fertig!

So funktioniert es:
Jeder nimmt eine Dose. Ihr entfernt euch damit so weit, dass die Schnur straff gespannt ist. Einer hält die Dosenöffnung an sein Ohr, der andere an den Mund. Spricht er, werden die Schwingungen über die Schnur zum Ohr des anderen geleitet.

Es ist übrigens auch ohne Probleme möglich, die Schnur mit weiteren Anschlüssen zu versehen!

Wie schütze ich mich vor Gewalt?

Hast du dich auch schon einmal gefragt: Warum ärgern die immer mich? Was kann ich nur tun, damit es aufhört? Du kannst dich wehren! Täter sind nicht unbedingt machtvoll. Erst wenn wir schweigen oder nichts tun, machen wir sie mächtig!

Gewalt hat viele Gesichter

Oft beginnt Gewalt mit Worten, zum Beispiel mit dummen Sprüchen, Beleidigungen oder Ausgrenzung. Worte können so verletzend sein wie Schläge. Aber auch körperliche Gewalt findet häufig in unserer Nähe statt: Schubsen, Fußtritte, Prügeleien. Gewalt kann in der Schule, auf der Straße, in der Freizeit oder in der Familie passieren. Gewalt kann alle treffen: Kinder, Jugendliche und auch Erwachsene. Häufig fängt Gewalt ganz harmlos an. Irgendwann schlägt es um, wird es brutal. Manchmal weiß man nicht genau, ob es sich noch um einen harmlosen Scherz handelt oder ob das schon eine Form von Gewalt ist. Gewalt wird dir angetan, wenn du Nein sagst und der andere trotzdem weitermacht.

Lerne, NEIN zu sagen!
Es erfordert manchmal viel Mut, laut und deutlich NEIN zu sagen. Du kannst das vor einem Spiegel üben!

Nein!

Hol dir Hilfe!

Es ist nie zu spät, sich Unterstützung zu holen! Auch wenn die körperlichen Angriffe, die Beleidigungen oder die Erpressung schon länger andauern, ist das kein Grund zu schweigen. Vertraue dich deinen Eltern, einem Lehrer, einer Freundin oder deinen Geschwistern an und überlegt gemeinsam, was zu tun ist. Du kannst dich auch an die Telefonseelsorge (0800-1110111 oder 0800-1110222) wenden. Dort ist rund um die Uhr jemand zu erreichen. Manche Menschen schämen sich, wenn sie Opfer von Gewalt geworden sind. Oder sie glauben, dass sie selbst Schuld hatten. Aber das stimmt nicht! Verantwortlich für die Gewalt sind immer die Täter, nicht die Opfer.

Stärke dein Selbstbewusstsein!
Wer sich stark fühlt, wird nicht so leicht zum Opfer. Sport zum Beispiel hilft dir, dein Selbstbewusstsein und Selbstwertgefühl zu stärken.

Gute und schlechte Geheimnisse

Es gibt verschiedene Arten von Geheimnissen, riesengroße und klitzekleine, spannende und lustige, aber auch gefährliche und traurige. Es gibt gute Geheimnisse, die du für dich behalten kannst und niemandem zu erzählen brauchst. Aber es gibt auch schlechte Geheimnisse, die du unbedingt anderen erzählen solltest. Viele Täter versuchen, ihr Opfer zur Geheimhaltung zu verpflichten. Dann können sie ungehindert weitermachen. Wenn dir jemand sagt, das wäre ein Geheimnis und du hast dabei ein komisches Gefühl im Bauch, dann weihe unbedingt einen Erwachsenen ein.

Stress im Netz

Auch Bedrohungen oder Demütigungen im Internet (zum Beispiel in Chats) oder per SMS muss man sich nicht gefallen lassen! Opfer finden Unterstützung auf Online-Portalen wie http://www.seitenstark.de/ oder https://www.klicksafe.de/.

10 Tipps gegen Gewalt

1. Traue deinem Gefühl! Angst ist kein Zeichen von Feigheit, sondern ein wichtiges Warnsignal.
2. Bleibe ruhig, provoziere den Täter nicht und lass dich nicht provozieren!
3. Wenn möglich: Geh der Gefahrensituation aus dem Weg. Weiche aus oder lauf weg!

4. Reagiere möglichst schnell auf bedrohliche Situationen. Setze dem Täter so früh wie möglich Grenzen. Sage laut und deutlich „Stopp“! Dabei kannst du deine Hand wie ein Stoppschild nach oben halten.
5. Schau dich nach Hilfe um! Entweder rufe selbst die Polizei über den Notruf 110 oder fordere andere zur Mithilfe auf. Scheue dich nicht, jemanden direkt anzusprechen: „Sie da, in der blauen Jacke, bitte helfen Sie mir. Ich werde bedroht.“
6. Mache dem Täter (oder dem Opfer) klar, dass Hilfe unterwegs ist: „Ich habe die Polizei schon angerufen!“
7. Gehe auf Distanz zum Täter, versuche Abstand zu halten. Sieze den Täter, wenn er erwachsen ist. Dann ist es für umstehende Leute klar, dass dich ein Unbekannter bedroht.
8. Werde laut! Schreie! Kreische! So kannst du Aufmerksamkeit erregen.

9. Präge dir den Täter ein. Wie war er gekleidet? In welche Richtung ist er gelaufen?
10. Handeln statt wegschauen! Wenn du dich in einer gefährlichen Situation befindest, möchtest du auch, dass dir jemand zur Seite steht. Hilf – aber nur ohne dich selbst in Gefahr zu bringen! Kümmere dich um das Opfer!

Vorsicht Gift! Bei welchen Pflanzen muss ich aufpassen?

Es ist nicht leicht, giftige von harmlosen Pflanzen zu unterscheiden. Giftpflanzen haben schließlich keine grell leuchtende Warnfarbe. Am besten schützt dich Wissen: Extrem giftige Pflanzen solltest du einfach kennen!

Die Dosis macht's

Als „Giftpflanzen" werden Bäume, Sträucher und Kräuter bezeichnet, deren Inhaltsstoffe bei Menschen und Tieren zu gesundheitlichen Störungen führen können. Wie giftig eine Pflanze wirkt, hängt außer von ihren Inhaltsstoffen auch von der verzehrten Menge (Dosis) ab. Manche Pflanzenstoffe sind in niedriger Dosis heilsam, in höherer Dosis dagegen giftig.

Gift als Schutz

Für die Pflanzen ist das Gift lebenswichtig, denn so schützen sie sich vor Fressfeinden.

Wo steckt das Gift?

Das Gift steckt nicht immer in der ganzen Pflanze. Es gibt viele Pflanzen, bei denen vor allem die Blätter giftig sind, zum Beispiel bei Maiglöckchen oder Eiben. Beim Alpenveilchen steckt das meiste Gift in der Knolle. Der Weihnachtsstern gibt einen giftigen weißlichen Milchsaft ab. Und bei der Tollkirsche sind die schwarz glänzenden Beeren sehr gefährlich. Schon der Genuss weniger Beeren kann zum Tode führen. Dazu kommen Pflanzen, die auf andere Weise unangenehm sind: Der Riesenbärenklau beispielsweise hat Drüsenhaare, die die Haut reizen und in Verbindung mit Sonnenlicht fürchterliche Ausschläge hervorrufen können. Die Brennnessel ist zwar nicht giftig, aber wenn du sie berührst, fängt deine Haut wie wild an zu jucken.

Giftige Beeren

Keine Beere hängt es an die große Glocke, ob sie giftig ist oder nicht. Du kannst weder nach dem Geruch noch nach dem Geschmack oder der Farbe gehen. Darum: Unbekannte Beeren niemals in den Mund stecken!

Wie kann ich mich schützen?

Du solltest nur die Beeren oder Pflanzenteile essen oder berühren, die du kennst. Ansonsten gilt: Beschauen – und auf keinen Fall kauen! Oft wachsen giftige und ungiftige Pflanzen dicht beieinander und sehen sich sehr ähnlich. So kommt es zum Beispiel immer wieder vor, dass beim Bärlauch-Sammeln versehentlich einige Blätter der hochgiftigen Herbstzeitlosen mitgepflückt werden. Wenn du nur eine Handvoll dieser Stängel verzehrst, schwebst du in Lebensgefahr! Die Gefahr, beim Pflücken daneben zu greifen, ist sehr groß. Darum solltest du Kräuter lieber beim Gemüsehändler kaufen oder im Garten selbst anbauen. Hast du dennoch einen Teil einer giftigen Pflanze verschluckt, musst du sofort einen Arzt oder ein Krankenhaus aufsuchen. Es ist wichtig, die Pflanze oder auch Erbrochenes mitzunehmen, damit das Gift schnell identifiziert werden kann.

Finger weg vom Fingerhut!

Wie viele Giftpflanzen, so ist auch der Fingerhut eine wertvolle Heilpflanze. Der Fingerhut trägt seinen Namen aufgrund der glockenförmigen und fingerhutähnlichen Blüten. Die gesamte Pflanze ist extrem giftig!

Welche Pflanzen sind giftig?

Um diese Pflanzen solltest du am besten einen großen Bogen machen:

Herbstzeitlose

Die Herbstzeitlose ist stark giftig. Sie blüht im Herbst auf Wiesen und Weiden und sieht ähnlich wie ein Krokus aus.

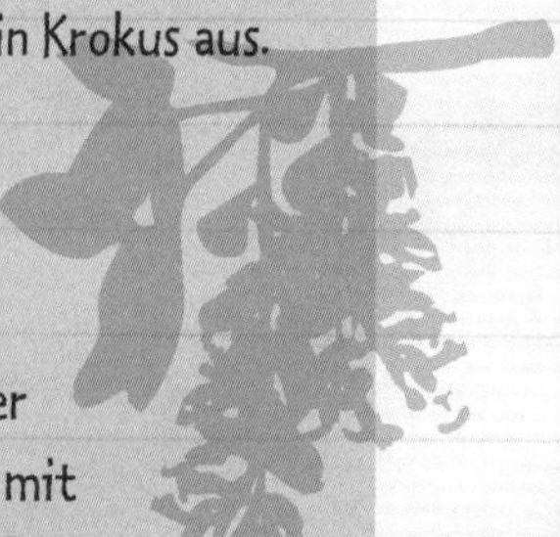

Goldregen

Der Goldregen wächst als Strauch oder Baum in vielen Gärten. Im Mai bekommt er leuchtend gelbe Blüten, im Herbst Hülsen mit Früchten. Alle Teile des Goldregens sind giftig.

Eisenhut

Beim Eisenhut ist es egal, ob er blau oder gelb blüht. Gefährlich sind beide Arten. Früher hat man mit seinem Gift Wölfe und Füchse getötet.

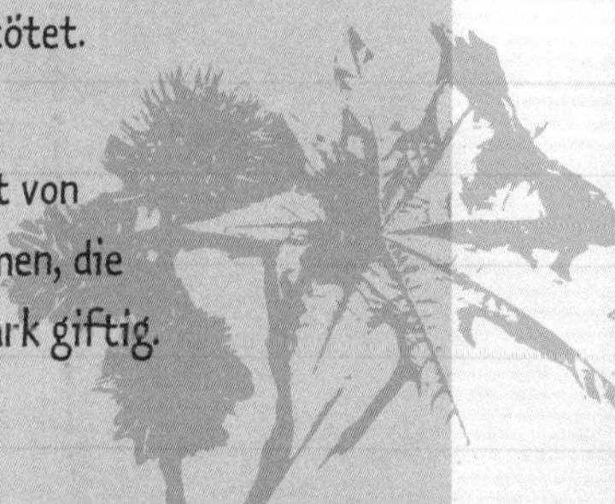

Rizinus

Der Rizinus oder Wunderbaum blüht von August bis Oktober. Die bunten Samen, die sich dann im Herbst bilden, sind stark giftig.

Maiglöckchen

Maiglöckchen sind hübsch, aber gefährlich! Bei einer Vergiftung durch Maiglöckchenblätter kommt es zu starker Übelkeit, Erbrechen und wildem Herzklopfen.

Wie bastle ich schöne Grußkarten?

Wer freut sich nicht über eine schöne Grußkarte im Briefkasten? Wenn du einem lieben Menschen eine Freude bereiten möchtest, dann gelingt dir das mit einer selbst gebastelten Karte ganz bestimmt!

Kleiner Tipp!
Vor dem Knicken des Tonpapiers mit einem spitzen Gegenstand eine Linie ziehen. Das kannst du mit einer Stricknadel, einer Scherenspitze oder einem Lineal machen. So erhältst du einen sauberen Knick.

Die Grundausstattung

Du benötigst Tonpapier oder Tonkarton in unterschiedlichen Farben. Außerdem brauchst du noch eine Schere oder ein Cuttermesser, Klebstoff, einen Bleistift, Farbstifte oder Wasserfarben und eventuell Perlen oder kleine Motive zum Verzieren der Karten.

Kartoffeldruck
Aus Kartoffeln lassen sich Stempel schnitzen, mit denen du deine Karten verzieren kannst. Dafür die Kartoffelstempel kräftig mit Farbe einpinseln.

Postkarte oder Klappkarte

Aus dem Tonpapier die Karten zuschneiden. Normale Postkarten kannst du auf der Vorderseite bekleben oder bemalen und auf der Rückseite beschriften. Besonders schön sieht es aus, wenn du für den Text Gelstifte verwendest. Du erhältst sie im Schreibwarenhandel. Helle Gelstifte schreiben auch auf dunklem Papier. Oder du beklebst die Rückseite der Karte mit weißem Papier und schreibst darauf deinen Gruß. Du möchtest eine Klappkarte haben? Ein A4-Blatt zur Hälfte falten und an dieser Linie schneiden, damit du zwei DIN-A5-Stücke bekommst. Wenn du nun diese Teile wiederum in der Mitte faltest, hast du zwei Klappkarten. Du kannst sie innen direkt beschriften oder du schreibst den Gruß auf ein Einlegeblatt, welches du dann in die Klappkarte legst oder klebst.

Grußkarte mit Blumen

Eine Grußkarte mit Blumen ist schnell gebastelt. Du kannst sie für viele Gelegenheiten verwenden, zum Beispiel als Geburtstagskarte oder zum Muttertag. Als erstes stellst du aus farbigem Tonkarton eine Klappkarte her. Für das Deckblatt gestaltest du ein Stück weißes Papier mit vielen Blumen. Jetzt fehlt nur noch ein kleiner Kieselstein, den du wie einen Marienkäfer bemalst. Den klebst du dann zwischen die Blumen. Wenn du ein Klebekissen verwendest, kannst du das Motiv leicht erhöht auf der Karte anbringen. Auf die Innenseite der Karte kommen die Grüße. Oder wie wäre es mit einem kurzen Gedicht, falls die Karte zum Muttertag bestimmt ist?

Sandkarten

Sandkarten eignen sich gut als Tischdekoration, als Einladungskarte oder auch als Geburtstagskarte.

Zuerst schneidest du wieder das Tonpapier auf die gewünschte Größe zu. Zeichne nun mit einem Bleistift das Motiv auf die Karte. Danach flüssigen Klebstoff möglichst dünn auf die Bleistiftstriche auftragen. Auf diese Klebefläche gibst du feinen Sand (zum Beispiel Vogelsand) und drückst ihn vorsichtig mit dem Finger fest. Du kannst auch farbigen Sand oder Glitzer nehmen. Wenn alles getrocknet ist, nur noch die Sandreste mit einem feinen Pinsel entfernen. Fertig ist deine tolle Sandkarte!

Kartentütchen

Keine Lust auf eine Pappkarte? Dann nimm eine kleine Tüte und fülle sie passend zum Anlass. Mit einer Holzklammer kannst du ein Kärtchen an der Tüte befestigen.

Was ist die beste Verkleidung zu Halloween?

Gespenster, Monster, Hexen, Fledermäuse – am 31. Oktober treffen sich alle unheimlichen Gestalten zur Grusel-Party. Wenn ihr dann noch mit der Androhung „Trick or Treat!" von Haus zu Haus lauft, ist wirklich Halloween!

Ein ganz schnelles Gespensterkostüm

Du brauchst lediglich ein altes weißes Bettlaken. Wenn du das Gespensterkostüm komplett über den Kopf ziehen möchtest, musst du vorher Löcher für die Augen hineinschneiden. Du kannst aber auch den Kopf frei herausschauen lassen. Das ist praktischer, denn dann kannst du Essen und Trinken, ohne das Kostüm ausziehen zu müssen. Dafür musst du ein großes Loch in die Mitte des Lakens schneiden. Nun nur noch den Kopf weiß schminken. Fertig ist das Gespenst! Du kannst dich mit einem großen weißen Tuch, Mullbinden oder Toilettenpapier auch blitzschnell in eine Mumie verwandeln. Wickle Arme und Beine getrennt ein, damit du dich hinterher noch bewegen kannst!

Fliegen und Maden in Eiswürfeln

Fertige für deine Halloweenparty Eiswürfel an, in die du Fliegen aus Rosinen mit einfrierst. Mandelstifte geben tolle Maden ab. Die Eiswürfel in grüner Waldmeisterbrause servieren.

Hilfe, ein Skelett!

Du möchtest eine Verkleidung haben, die so richtig zum Fürchten aussieht. Wie wäre es mit einem Skelettkostüm? Ziehe schwarze Leggings und ein schwarzes Oberteil an. Auf dieser Grundausstattung machst du mit weißer Kreide oder weißem Klebeband die Knochen sichtbar. Nun noch das Gesicht weiß schminken und schwarze Augenhöhlen aufmalen. Übe vor dem Spiegel einen möglichst klapperigen Gang! Vielleicht hängst du dir noch einen Knochen um den Hals (gesäuberter Hähnchenknochen von eurem letzten Mittagessen). Toll sieht es aus, wenn auch vor eurer Eingangstür ein Skelett baumelt. Du kannst es ganz einfach aus Zweigen, Bast und einer Konservendose oder einem Tontopf basteln.

Hex, hex …

Auch ein Hexenkostüm kannst du schnell selber anfertigen. Ziehe einfach verschiedene Röcke übereinander. Vielleicht machst du noch ein paar Löcher in die Röcke oder reißt die Rockenden ein, damit das Kostüm so richtig alt aussieht. Um deine Schultern kannst du Tücher als Stola legen. Auch deine Haare müssen wild aussehen: Toupiere sie mit einer Bürste und sprühe eine Ladung Haarspray hinein. Super sieht es aus, wenn in den Haaren kleine Tiere krabbeln, etwa Spinnen, Fledermäuse oder Eidechsen aus Kunststoff. Jetzt noch schminken. Du kannst dir zum Beispiel die Augen ganz dunkel anmalen oder eine eklige Warze in dein Gesicht schminken. Wenn du dann noch einen Pullover oder ein Kissen als Hexenbuckel unter die Kleidung auf den Rücken schiebst, ist das Kostüm perfekt. Nein, das wichtigste fehlt ja noch: der Hexenbesen! Hex, hex …

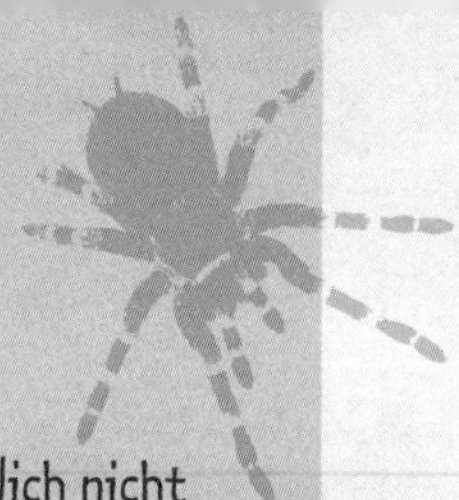

Du spinnst ja!

Auf Halloweenpartys dürfen Spinnen natürlich nicht fehlen. Sie hängen überall herum und sammeln Klatsch und Tratsch für die Hexen.

So spinnst du:

Ziehe schwarze Leggings und ein schwarzes Oberteil an. Spinnen haben acht Beine. Stopfe drei schwarze Nylonstrumpfhosen aus, zum Beispiel mit Tüchern, anderen Strumpfhosen oder dunklen Handtüchern. Befestige die Strumpfhosen mit Sicherheitsnadeln an deinem Hosenbund. Mit deinen eigenen Beinen hast du nun insgesamt acht Spinnenbeine.

Jetzt nur noch einen schwarzen Haarreifen aufsetzen und daran zwei Pfeifenreiniger als Fühler festmachen. Vielleicht malst du noch ein Spinnennetz auf dein Oberteil und in dein Gesicht und befestigst eine Plastikspinne auf deiner Schulter. Ich glaube, du spinnst!

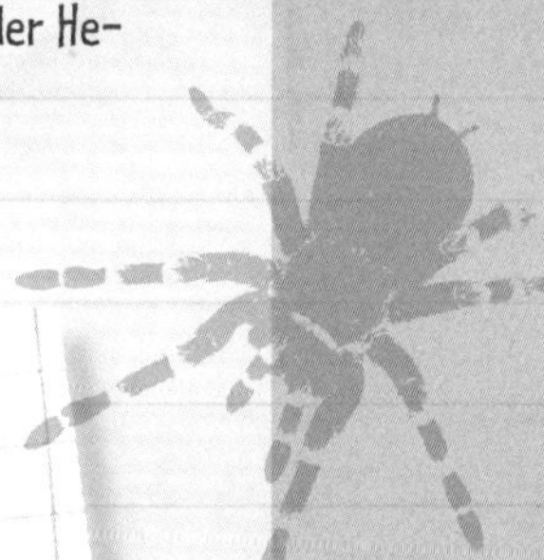

„Trick or Treat?"
Ihr zieht von Haus zu Haus mit dem Spruch „Trick or Treat". „Treat" ist das Naschzeug, das ihr haben wollt. Falls ihr es nicht bekommt, droht dem Besitzer des Hauses ein „Trick", ein kleiner Streich.

Fledermaus-Kostüm
Fledermäuse ziehen sich möglichst dunkel an. Über die Augen kommt eine aus schwarzer Pappe geschnittene kleine Maske mit Augenlöchern und kleinen Ohren. Aus dunklem Stoff oder einem großen schwarzen Müllsack schneidest du dir die Fledermausflügel.

Kürbis-Laterne
Einen Kürbis aushöhlen. Von außen eine Gruselfratze einritzen und ausschneiden (geht gut mit einem Teppichmesser). Jetzt nur noch eine Kerze hineinstellen – fertig ist die Kürbis-Laterne.

Wie kann ich mit Handzeichen geheime Botschaften übermitteln?

Es gibt verschiedene Möglichkeiten, sich lautlos mit Freunden zu verständigen. Du kannst durch Gesten und Blicke stille Nachrichten austauschen. Oder du sprichst einfach mit deinen Händen!

Das Fingeralphabet

Beim Fingeralphabet werden Buchstaben mit den Fingern einer Hand nachgebildet. Für Menschen, die gehörlos sind, ist das Fingeralphabet eine Ergänzung zur Gebärdensprache. Sie brauchen es zum Beispiel, um Namen oder Fremdwörter zu buchstabieren, für die es keine eigene Gebärde gibt. Auch für Hörende ist es nicht schwer, die Fingersymbole zu erlernen:

Eure eigene Fingersprache

Das Hand- oder Fingeralphabet zu beherrschen, ist eine feine Sache. Doch du solltest nicht vergessen, dass auch andere diese Symbole kennen. Entwickle doch gemeinsam mit deinen Freunden eine eigene Fingersprache. Dann kann euch wirklich niemand mehr durchschauen!

Blicke und Gesten

Vereinbare mit deinen Freunden Gesten oder Blicke, die unschuldig aussehen, aber eine geheime Botschaft haben. Der rechte Zeigefinger liegt auf der Nasenspitze – das könnte beispielsweise bedeuten: „Folge mir unauffällig nach draußen".

Das Handalphabet

Für das Handalphabet brauchst du deine beiden Hände. Dieses ABC ist leicht zu lernen, da die Buchstaben den „echten" Buchstaben sehr ähnlich sind. Man kann es prima in der Schule einsetzen – aber lass dich nicht erwischen!

Nützliche Hände

Ob ein Monat 30 oder 31 Tage hat, kannst du an deinen Fingerknöcheln abzählen.

Balle deine Hände so zur Faust, dass die Fingerknöchel nach oben zeigen. Links außen beginnen: Der erste Fingerknöchel steht für den Januar mit 31 Tagen. Die folgende Vertiefung steht für den Februar mit weniger als 31 Tagen (28 beziehungsweise 29 Tage). Der nächste Fingerknöchel steht wiederum für den März, der 31 Tage hat. Das machst du mit der linken Hand so lange, bis du beim Monat Juli angekommen bist.

Mit dem linken Zeigefinger zählst du nun die Fingerknöchel der rechten Hand ab. Dabei gilt die alte Regel: Ein Knöchel steht für einen Monat mit 31 Tagen, der Bereich zwischen den beiden Knöcheln steht für einen Monat mit nur 30 Tagen. Du startest mit dem Monat August (31 Tage) und endest beim Dezember (ebenfalls 31 Tage).

Wie setze ich Heilpflanzen richtig ein?

Die Natur ist eine riesige Apotheke. Viele Pflanzen sind nicht nur unbeschreiblich schön, sondern richtig heilsam. Doch Vorsicht: Es gibt auch Heilpflanzen, die bei hoher Konzentration und Dosierung unverträglich sind oder sogar giftig wirken!

Seit Jahrtausenden geschätzt

Lavendel

Schon seit Jahrtausenden nutzen die Menschen die heilende Wirkung von Pflanzen. Vor allem in Klostergärten wurde das Wissen über deren Heilkräfte gesammelt und bewahrt. Die Mönche überlieferten auch viele Rezepturen. Manchmal verwendeten sie nur die Blüten der Heilpflanzen, ein anderes Mal die Blätter oder auch die Knollen. Die Klosterapotheken standen in hohem Ansehen. Früher stellte man fast alle Heilmittel aus Pflanzen her. Und auch heute noch liefern Pflanzen Rohstoffe für viele Medikamente. So verwendet man etwa Efeu immer noch gegen Keuchhusten und die Ringelblume bei schlecht heilenden Wunden.

Fast vergessenes Wissen

Als im letzten Jahrhundert die chemische Medizin Einzug hielt, geriet das Wissen über die Heilkräfte von Pflanzen zum Teil in Vergessenheit. Heute werden zwar die meisten medizinischen Wirkstoffe synthetisch hergestellt, aber auch Heilpflanzen werden wieder verstärkt eingesetzt und erforscht.

Richtig dosieren!

Heilpflanzen müssen richtig dosiert werden, damit sie heilen und lindern. Nur wenige Heilpflanzen wie Minze oder Kamille sind völlig gefahrlos. Viele Heilmittel wirken nachteilig oder sogar giftig, wenn man zu viel davon einnimmt. So ist der in Herzmitteln verwendete Fingerhut beispielsweise extrem giftig. Erst in der richtigen niedrigen Dosierung entfaltet er eine heilende Wirkung.

Kamille

Ein echter Geheimtipp – die Zwiebel!

In der Küche wird die Zwiebel geschätzt. So manches Gericht schmeckt nur halb so gut, wenn keine Zwiebeln drin sind. Doch auch aus gesundheitlichen Gründen sollte man viel öfter zu dieser Heilpflanze greifen. Wenn du zum Beispiel Ohrenschmerzen hast, kannst du eine Zwiebel klein hacken und in ein Taschentuch einwickeln. Dieses Päckchen musst du nun mit Hilfe eines Pflasters, eines Haarbandes oder einer Mütze auf deinem schmerzenden Ohr befestigen. Die Zwiebel zieht den Schmerz aus dem Ohr. Besonders über Nacht wirkt der Ohrwickel Wunder. Einziger Nachteil: Es stinkt ziemlich! Zwiebeln helfen auch bei Insektenstichen. Einfach eine Zwiebel halbieren und auf den Insektenstich legen.

Gesunder Löwenzahn

Der Löwenzahn ist nicht nur wunderschön, er dient auch als Heilpflanze. Du kannst die Löwenzahnblätter waschen, klein schneiden und als Salat zubereiten (vielleicht noch mit Zwiebeln und Radieschen, mmh!). Löwenzahn fördert den Stoffwechsel und verleiht deinem Körper neue Energie.

Ein richtiges Zauber-Kraut

Im Sommer kannst du Pfefferminzblätter pflücken und diese im Salat oder zum Erdbeereis genießen. Aus den frischen oder getrockneten Blättern kannst du auch einen köstlichen Tee herstellen. Einfach die Blätter mit kochendem Wasser übergießen und den Tee vor dem Trinken ein paar Minuten ziehen lassen. Pfefferminze wirkt krampflösend und wird darum häufig zur Behandlung von Bauchschmerzen eingesetzt.

„Traum-Kissen" mit Heilkräutern

Auch viele Kräuter haben eine Heilwirkung. Die ätherischen Öle der Heilkräuter entfalten ihre wohltuende Wirkung, wenn man sie einatmet. Ein Kissen mit Heilkräutern ist schnell hergestellt. Wenn du darauf deinen Kopf bettest, wirst du bestimmt richtig gut schlafen!

Als erstes musst du verschiedene Heilkräuter sammeln und trocknen. Eine beruhigende Wirkung haben zum Beispiel Salbeiblätter, Lavendel- und Kamilleblüten, Baldrian, Beifuss und Melisse. Zerkleinere nun die getrockneten Kräuter, mische sie gut und stopfe alles in ein dichtes Leinen- oder Baumwollkissen. Dein „Traum-Kissen" sollte nur locker gefüllt sein. Wenn der Duft zu stark ist, kannst du das Kissen einfach nochmals in einen Überzug stecken.

Im Laufe der Zeit lässt der Geruch und damit auch die Wirkung der Kräuter und Blüten nach. Spätestens nach einem Jahr solltest du dein Kräuterkissen erneuern.

Wie richte ich mein eigenes Herbarium ein?

Möchtest du lernen, wie man Pflanzen bestimmt? Dann gibt es nichts Nützlicheres als ein Herbarium. Sammle einfach Blätter, Nadeln, Samen, Zweige, Blüten, Früchte oder auch Rinde und Gräser. Damit kannst du für jede Pflanze eine Kennkarte erstellen.

Was du brauchst

Zum Sammeln brauchst du ein Taschenmesser, Schachteln oder Taschen für die Pflanzenteile sowie ein kleines Heft für den Transport der Blätter. Nimm einen Bleistift und einen Notizblock mit, damit du Datum und Fundort gleich notieren kannst. Vielleicht möchtest du auch den Umriss der Bäume oder die Form einer Frucht aufzeichnen, wenn sie zum Einkleben zu groß ist. Für dein Herbarium benötigst du einen Ordner, Papierbögen und eventuell gelochte Klarsichthüllen. Lege auch Klebstoff, Klebeband, eine kleine Pinzette und selbstklebende Etiketten bereit.

Kleiner Tipp!
Die gesammelten Pflanzenteile sollten sauber (frei von Erdresten) und unversehrt sein.

Pressen und Trocknen

Der erste Schritt ist das Pressen und Trocknen der Pflanzen. Dafür gibt es spezielle Pflanzenpressen. Diese sind jedoch sehr teuer. Aber du kannst dir auch mit einigen Bögen Papier und einem Stapel Bücher behelfen. Lege ein Laubblatt oder eine Blüte zwischen zwei weiße Papierbögen (oder zwischen Löschpapier) und beschwere diese mit dicken Büchern. Nach einigen Tagen sind deine gesammelten Fundstücke trocken. Fleischige Pflanzenteile wie Früchte oder Wurzeln werden zum Trocknen halbiert.

Bitte beachte!
Nicht gesammelt werden dürfen geschützte Pflanzen, gefährdete Arten sowie Pflanzen, die am jeweiligen Standort nur in wenigen Exemplaren vorkommen. Auch giftige Pflanzen solltest du lieber stehen lassen. Mach doch einfach eine Skizze oder ein Foto von ihnen!

Wie du dein Herbarium anlegst

Ordne als erstes deine getrockneten Fundstücke. Lege sie dann vorsichtig mit der Pinzette auf einen Papierbogen und befestige sie mit Klebstoff oder Klebeband. Manche Früchte sind zu groß, um sie einzukleben. Zeichne sie oder klebe nur Teile auf, zum Beispiel eine Zapfenschuppe oder einen Samen. Auch bei Nadeln oder Blättern ist es schön, wenn du die Form des Zweiges dazuzeichnest.

Die Pflanzenbestimmung

Jetzt kommt ein ganz wichtiger Teil: die Pflanzenbestimmung. Wenn alles trocken ist, klebst du ein Etikett auf jede Seite deines Herbariums und notierst darauf deine Beobachtungen. Unbedingt berücksichtigen solltest du den Namen der Pflanze und die Benennung des aufgeklebten Teils. Manchmal musst du wahrscheinlich ein Bestimmungsbuch zu Rate ziehen oder einen Gärtner oder Floristen befragen. Wenn du magst, schiebst du noch jeden Bogen in eine Klarsichthülle. Nun werden die Seiten in einem Ordner abgeheftet oder in einer Mappe abgelegt. Besonders schöne Pflanzen kannst du auch einrahmen und als Kunstwerk in dein Zimmer hängen. Oder du bastelst mit ihnen tolle Grußkarten oder Lesezeichen.

Eine Pflanzenpresse bauen

Du kannst dir eine einfache Pflanzenpresse auch selber bauen. Dafür brauchst du zwei Sperrholzbretter, vier Flügelschrauben und jede Menge Wellpappe.

Die Holzbretter geben den stabilen Rahmen der Presse ab. Wenn du sie bunt anmalst oder beklebst, sehen sie gleich viel besser aus! Die Ecken der Bretter müssen mit Bohrlöchern versehen werden. Bitte dafür einen Erwachsenen um Hilfe.

Zwischen die Holzbretter kommt die passend zurechtgeschnittene Wellpappe. Nun die beiden Bretter mit den Flügelschrauben, die du durch die Bohrlöcher steckst, fest zusammenschrauben. Nicht vergessen: Vorher die Pflanzen, die du gesammelt hast, in die Presse legen!

Du kannst statt der Schrauben auch einen starken Bindfaden fest um die Bretter wickeln.

Was sind die besten Hof- und Straßenspiele?

Wenn die Sonne scheint, geht es ab nach draußen. Aus Steinen, Seilen, Kreide und ein paar Regeln entstehen die tollsten Spiele. Und das Beste ist: Sobald du draußen springst und lachst, kommen bestimmt noch andere Kinder dazu und wollen mitspielen!

Hüpfkästchen

Ein Stück Kreide, ein kleiner Platz – und fertig ist das Hüpfspiel. Mit Straßenkreide zeichnet ihr auf dem Boden ein Spielfeld auf. Jetzt müsst ihr euch auf eine Hüpfreihenfolge einigen, zum Beispiel erste Runde auf beiden Beinen, zweite Runde auf dem rechten und dritte Runde auf dem linken Bein. Oder ihr werft ein Steinchen in eines der Felder, hüpft auf einem Bein dorthin und versucht, den Stein in das nächste Feld zu schubsen. Wenn ihr „Himmel und Hölle" spielt, müsst ihr die Hölle überspringen. Im Himmel dürft ihr ruhig mit beiden Beinen zugleich aufkommen und eine kurze Rast einlegen.

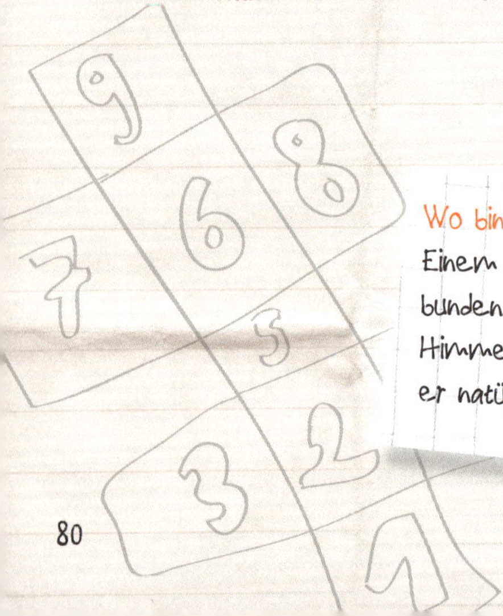

Wo bin ich nur?

Einem Mitspieler werden die Augen verbunden. Nun muss er blind von der Erde zum Himmel und zurück hüpfen. In die Hölle darf er natürlich nicht hineinspringen!

Seilspringen

Seilspringen kannst du alleine oder mit mehreren Kindern. Anfänger springen mit beiden Beinen gleichzeitig. Könner hüpfen nur auf einem Bein, machen einen kleinen Zwischenhüpfer, springen im Laufen über das Seil, kreuzen die Arme oder springen rückwärts. Hast du ein langes Seil? Während zwei Spieler das Seil schwingen, muss der Springer einige Übungen machen. Die Seildreher sagen dazu die passenden Sprüche auf, zum Beispiel: „Teddybär, Teddybär, mach dich krumm! Teddybär, Teddybär, dreh dich um! Teddybär, Teddybär, zeig deinen Schuh (auf einem Bein hüpfen und einen Schuh vorzeigen)! Teddybär, Teddybär, bau ein Haus (Hände über dem Kopf zu einem Dach formen)! Teddybär, Teddybär, spring hinaus (aus dem Seil hinauslaufen)!"

Gummitwist

Nimm aus Omas Nähkörbchen ein langes Hosengummi und knote es an den Enden zusammen. Zwei Kinder stellen sich schulterbreit in das Gummi und gehen ein Stück auseinander. Der Raum zwischen den Bändern heißt Gasse. Jetzt müsst ihr euch nur noch auf eine Sprungfolge einigen und schon geht es los: vorwärts, seitwärts oder rückwärts in die Gasse springen, mit jedem Fuß auf einem Gummi landen, zunächst auf das erste, dann auf das zweite Band springen ... Begonnen wird in Knöchelhöhe, schwieriger wird es in Waden-, Knie- und Oberschenkelhöhe. Seid ihr richtig fit? Dann legt das Gummi auch um die Hüften! Wenn ihr zu zweit spielt, benötigt ihr zum Befestigen des Gummis ein Straßenschild oder eine Mülltonne. Du kannst Gummitwist aber auch alleine spielen. Zwei Stühle können dann zum Beispiel die Standspieler ersetzen.

Wer ist der Esel?

Ihr werft euch nacheinander einen Ball zu. Wer schlecht zuspielt oder nicht gleich fängt, muss „E" rufen. Macht der gleiche Spieler einen zweiten Fehler, schreit er „S", beim dritten „E" und beim vierten „L". Wer als erster „Esel" buchstabiert hat, scheidet aus.

Buchstabenhüpfen

Auf das Pflaster werden 26 Kästchen aufgezeichnet. Darin werden alle Buchstaben des Alphabets ungeordnet hineingeschrieben. Nun springt ihr von Feld zu Feld und sagt jedes Mal ein Wort, das mit dem entsprechenden Buchstaben anfängt. Ihr könnt auch mit Sachgebieten arbeiten: Pflanzen, Tiere, Fortbewegungsarten, Namen ...

Drei in einer Reihe

Dieses Spiel kannst du fast überall spielen: im Sand, auf der Terrasse, auf dem Kiesweg, in der Wiese. Einen Spielpartner findest du bestimmt schnell!

Vor Spielbeginn musst du ein Spielfeld mit drei mal drei Feldern auslegen. Für die Abgrenzungen der einzelnen Spielfelder kannst du Äste oder dickere Blütenstängel nehmen. Als Spielsteine – jeder Spieler braucht fünf Steine – eignen sich viele Dinge, zum Beispiel Kastanien, Fichtenzapfen, Steine, Holzstückchen oder Murmeln.

Und so wird gespielt: Die Spieler legen abwechselnd ihre Steine in ein leeres Feld. Gewonnen hat, wer als Erster eine 3er-Reihe (waagerecht, senkrecht oder diagonal) mit seinen Steinen setzen konnte. Kann keiner mehr setzen und hat keiner eine Reihe geschafft, gilt das Spiel als unentschieden. Viel Spaß!

Das Spiel kann man auch mit Zettel und Stift spielen. Auf einem Spielfeld mit neun Kästchen müssen die Spieler jeweils drei Kreuze oder Kreise in einer Reihe einsetzen.

Wie baue ich ein Iglu?

Wahrscheinlich denkst du, in einem Iglu muss es eisig kalt sein. Doch im Vergleich zu einem Zelt ist es darin gemütlich warm und sehr hell. Um ein Iglu zu bauen, benötigst du eine Schneeschaufel, eine Schneesäge, viel Ausdauer und einige Freunde, die dir helfen.

Schnee ist nicht gleich Schnee

Für ein Iglu braucht ihr sehr viel Schnee. Leider liegt nicht immer der passende Schnee. Frisch gefallener Pulverschnee ist nicht geeignet. Der ideale Schnee für ein Iglu ist kompakt und griffig. Wenn du auf ihm stehen kannst und kaum einsinkst, dann ist er ideal. Ist der Schnee zu weich, könnt ihr ihn verdichten. Dafür müsst ihr den Schnee mit Schneeschuhen festtreten und einige Zeit ruhen lassen.

Zwischenunterkünfte

Die Inuit haben früher oft mehrere Iglus durch Gänge und Tunnel miteinander verbunden. Sie nutzten die Schneehäuser auf ihren langen Jagdreisen als Zwischenunterkünfte. Die meiste Zeit lebten die Inuitfamilien allerdings in Lehm- oder Steinhütten, die mit dicken Fellen ausgelegt waren.

Ein Haus aus Schnee

Bevor ihr mit dem Bau loslegt, solltet ihr mit einem Stock oder einer Schnur einen Kreis im Schnee markieren: Hier soll das Iglu entstehen. Baut es nur nicht zu groß. Ein Iglu zu bauen macht Spaß, ist aber auch ganz schön anstrengend! Nun müsst ihr möglichst große Blöcke aus dem Schnee heraussägen oder herausschneiden. Alle Blöcke müssen die gleiche Höhe haben und sollten nicht zu schwer sein: Ihr müsst sie ja noch tragen können! Die ersten Blöcke reiht ihr nebeneinander auf der Kreislinie an. Achtet darauf, dass die Blöcke gegeneinander geneigt sind. Auf diese Weise stützen sie sich gegenseitig. Da ein Iglu kugelförmig ist, müsst ihr in jeder folgenden Reihe weniger Schneeblöcke verwenden. Spiralförmig baut ihr Reihe um Reihe auf.

Fertig ist das Iglu!

Etwa nach der dritten Reihe müsst ihr den Eingang ausschneiden. Dieser sollte nicht größer als ein Schlupfloch sein. Ihr könnt auch noch einen kleinen Tunnel vor den Eingang mauern, damit Wind und Kälte nicht eindringen können. Der Schlussblock ist das Dach des Iglus. Jetzt müsst ihr nur noch alle Ritzen mit Schnee abdichten. Damit ihr genügend frische Luft bekommt, sollte euer Iglu aber immer ein offenes Loch haben. Ihr werdet staunen: Allein durch eure warme Atemluft erwärmt sich das Innere des Iglus rasch.

Iglu-Zelte

Es gibt auch Zelte, die die Form eines Iglus haben. Man nennt sie Iglu-Zelte. Sie lassen sich besonders schnell aufbauen.

Ein Iglu aus Würfelzucker

Im Winter draußen ein Iglu bauen? Ist dir viel zu kalt! Dann wäre ein Iglu aus Würfelzucker vielleicht eine prima Alternative für dich:

Vorab musst du zwei Eiweiß und drei Tassen Puderzucker zu Zuckerguss verrühren. Das ist dein Mörtel. Als Unterlage für dein Iglu könnte ein kleiner weißer Teller dienen. Lege darauf mit den Würfelzuckerstückchen den runden Grundriss des Iglus aus. Jetzt etwa zehn Reihen übereinander setzen. Jeden Würfel vorher kurz in Zuckerguss tunken. Achte darauf, dass sich die Form nach oben hin verjüngt. Du kannst die Würfelzuckerstückchen bei Bedarf zurechtfeilen.

Den restlichen Zuckerguss am Ende über das Iglu gießen. Wahrscheinlich erscheint es dir trotzdem noch recht wackelig. Nur Geduld, der Zuckerguss braucht einige Zeit, bis er hart wird. Besonders schön sieht dein Iglu aus, wenn du es zum Schluss mit Puderzucker bestreust. Vielleicht verzichtest du auf das Dach und stellst ein Teelicht in dein Schneehaus. Das gibt ein tolles Licht!

Du kannst für dein Iglu auch Ziegel aus Styropor verwenden. Dann brauchst du einen Klebstoff, der das Styropor nicht auflöst.

Vorsicht, Einsturzgefahr!

Auch wenn euer großes Iglu noch so stabil wirkt: Eine gewisse Einsturzgefahr besteht immer! Deswegen sollte stets einer von euch draußen Wache halten.

Wie baue ich einfache Instrumente?

Besonders im Wald wirst du viele Materialien finden, mit denen du Geräusche machen kannst. Du kannst zum Beispiel Steine oder Stöcke aneinander schlagen oder mit trockenem Laub rascheln. Wie wäre es mit einem einzigartigen Waldkonzert? Im Wald gibt es zudem eine Menge Dinge, aus denen du verschiedene Instrumente bauen kannst.

Graspfeife und Eichelpfeife

Für eine Graspfeife brauchst du nur einen langen, flachen Grashalm. Lege ihn zwischen deine parallel gehaltenen Daumen und spanne ihn stramm. Wenn du nun auf die Kante des Grashalms bläst, fängt der Halm an zu vibrieren und erzeugt ein Pfeifgeräusch. Fleißig trainieren – dann kannst du bald ganze Lieder auf einem Grashalm spielen! Und so funktioniert die Eichelpfeife: Du klemmst den Fruchtbecher einer Eichel zwischen Zeige- und Mittelfinger. Balle eine Faust und puste von der Seite in den Fruchtbecher. Heraus kommt ein schöner Ton.

Glockenspiel

Nimm Blumentöpfe verschiedener Größe und hänge sie umgekehrt an einen Faden. An der einen Seite des Fadens musst du ein Holzklötzchen befestigen. Das erzeugt den Ton.

Trommel

Für eine Trommel brauchst du eine leere Waschpulvertrommel, Fensterleder und einen Gummiring oder eine Schnur. Das Fensterleder wird rund geschnitten, kurz in kaltes Wasser getaucht und ausgewrungen. Es muss ganz durchfeuchtet sein. Jetzt stellst du die Trommel fest auf den Boden und spannst über die offene Seite vorsichtig das Fensterleder. Befestigt wird es mit dem Gummiring oder der Schnur. Mit einem Helfer geht das viel leichter! Du kannst die Trommel noch anmalen, bekleben oder mit Federn verzieren. Auch aus Blumentöpfen oder Konservendosen lassen sich kleine Trommeln fertigen. Für die Schlegel nimmst du kurze Äste, die du an einem Ende mit Stoffresten und Schnur fest umwickelst.

Waldxylophon

Binde verschieden lange Äste mit Schnüren oder Kordel frei hängend an einen Ast. Du kannst auch aus Ästen ein Gestell bauen, an das du die Hölzer dann hängst. Ein festes Stück Holz dient als Schlägel. Durch die unterschiedliche Länge klingt jeder Ast anders. Probiere es mal aus! Für ein liegendes Waldxylophon legst du verschieden dicke, entrindete Äste auf zwei lange, parallel angeordnete Stämme. Mit zwei Schlagstöcken kannst du sie anschlagen und ihnen Töne entlocken.

Gänsehautmusik

Auch mit Gläsern kannst du richtig schöne Musik machen. Stelle mehrere Gläser nebeneinander und fülle sie mit unterschiedlich viel Wasser. Fahre jetzt langsam mit einem angefeuchteten Finger am Rand eines Glases entlang. Du kannst höhere oder tiefere Töne erzeugen – je nachdem, wie viel Wasser im Glas ist.

Löwenzahntrompete

Etwa fünf Zentimeter von einem Löwenzahnstängel flach drücken. Das ist dein Mundstück, in das du kurz und kräftig hineinblasen musst. Anfangs kommen recht merkwürdige Geräusche dabei heraus. Doch mit etwas Übung ertönt ein richtiger Trompetenton!

Regenmacher

Möchtest du dir ein außergewöhnliches Instrument bauen, einen Regenmacher? Damit kannst du zwar keinen Regen herbeilocken, dafür aber regenähnliche Geräusche erzeugen.

Du brauchst eine lange Pappröhre oder ein dickes hohles Bambusrohr. Mit einem Hammer schlägst du Nägel spiralförmig in dieses Rohr. Die Nägel gleichmäßig über die Rolle verteilen. Ganz wichtig: Die Länge der Nägel muss so gewählt werden, dass sie die Rolle knapp nicht zweimal durchstoßen. Nun eine Seite der Röhre mit Karton, Leder, Stoff oder Paketklebeband verschließen. Für die Füllung nimmst du entweder getrockneten Mais, Erbsen, Reiskörner oder kleine Kieselsteine. Fülle die Körner oder Steine in die Röhre und verschließe auch die zweite Öffnung. Schon ist dein Regenmacher fertig und kann nach Belieben mit Farbe, Filz, Perlen oder Lederbändern verziert werden.

Wenn du die Röhre umdrehst, fallen die Körner oder Kieselsteine langsam von einem Ende zum anderen. Dadurch entsteht das angenehme Geräusch, das an Regentropfen erinnert. Das Klangspektrum reicht von einem feinen Nieselregen bis hin zu einem mächtigen Platzregen.

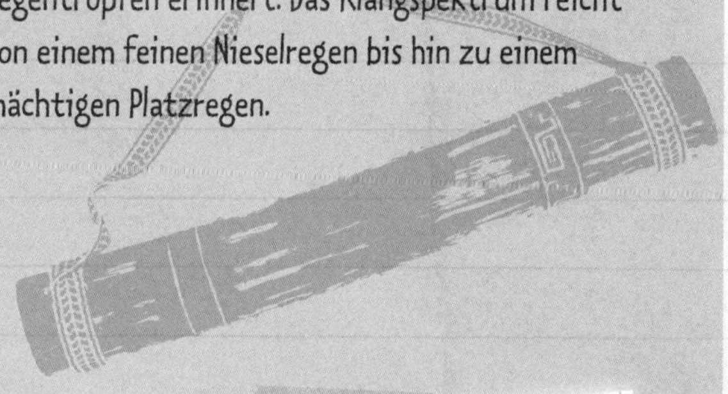

Rasselsäckchen

In ein Stück Stoff Münzen, Murmeln oder Nägel legen. Oben zubinden oder zunähen – fertig!

Wie finde ich Informationen im Internet?

„Guck doch mal im Internet nach!" Ob für die Hausaufgaben oder zur Vorbereitung von Referaten: Das Internet ist der ideale Ort, um sich zu informieren. Zu fast jedem Thema findest du dort etwas – wenn du weißt, wie und wo du suchen musst!

Wegweiser im Internet-Dschungel

Das Internet ist das größte Nachschlagewerk der Welt. Es wächst und wächst und wächst. Täglich kommen neue Seiten hinzu, andere verschwinden oder werden geändert. Klar, dass es da kein vollständiges Inhaltsverzeichnis geben kann, über das du zu den gesuchten Informationen gelangen könntest. Diese Aufgaben übernehmen Suchmaschinen. Sie durchforsten das Internet nach neuen oder veränderten Seiten, laden Informationen herunter und speichern diese in riesigen Datenbanken ab. Hier werden sie zum Abruf bereitgehalten. Mit Hilfe solcher Suchmaschinen kannst du in Sekundenschnelle Internetseiten zu einem bestimmten Thema finden.

Sortierung
Manche Suchmaschinen sortieren ihre Ergebnisse alphabetisch, andere nach Wichtigkeit oder nach Datum.

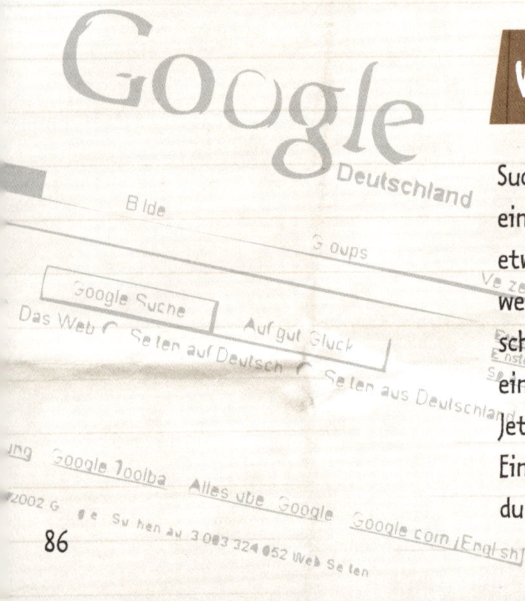

Wer gezielt sucht, findet schneller

Suchmaschinen haben eine Maske mit einem Feld, in das du einen Suchbegriff eingeben kannst. Du musst dir genau überlegen, was du wissen möchtest. Wenn du etwas über deine Lieblingssportart erfahren willst, ist es oft nicht ausreichend, wenn du zum Beispiel nur „Fußball" eingibst. Dann wird dir nämlich jede Suchmaschine eine riesige Zahl von Treffern liefern. Gib am besten mehrere Stichwörter ein. Etwa so: Fußball, Bundesliga, Tabelle. Anschließend klickst du auf „Suchen". Jetzt wird das Programm die entsprechenden Seiten für dich zusammensuchen. Einfach auf die Links klicken, die die Suchmaschine ermittelt hat, und schon hast du vor dir auf dem Bildschirm die aktuelle Fußball-Bundesligatabelle.

Suchmaschinen für Kinder

Viele Seiten, die „normale" Suchmaschinen wie „Google" oder „Yahoo" auswerfen, sind für Kinder unverständlich. Es kann zudem vorkommen, dass du bei deiner Suche auf Seiten stößt, die Gewalt verherrlichen oder aus anderen Gründen für dich nicht geeignet sind. Denn im Internet schwirrt wirklich viel Mist herum! Wie gut, dass es spezielle Suchmaschinen für Kinder und Jugendliche gibt. Hinter ihnen steckt eine Redaktion, die alle Inhalte prüft und so aufbereitet, dass Kinder etwas damit anfangen können. Diese Suchmaschinen finden zu fast allen Themen passende Seiten:

www.helles-koepfchen.de
www.blinde-kuh.de
www.kindernetz.de
www.milkmoon.de

6 goldene Suchmaschinen-Regeln

- Verlass dich nicht auf eine Quelle! Suchmaschinen finden bei gleichen Suchwörtern oft ganz unterschiedliche Internetseiten.
- Beachte bei der Eingabe im Suchfeld die Groß- und Kleinschreibung und die korrekte Schreibweise.
- Verwende möglichst mehrere Suchbegriffe, um die Anzahl der Treffer einzugrenzen. Je genauer du fragst, desto besser die Funde.
- Lies den Vorschau-Text, der bei jedem Suchergebnis erscheint, vor dem Anklicken gut durch. Häufig erkennt man schlechte Suchergebnisse.
- Achte auf versteckte Werbung! Werbung ist nicht immer als solche gekennzeichnet, sondern kann sich in den gefundenen Seiten verstecken. Klicke nicht auf Werbe-Links: Sie liefern meist keine unabhängigen Informationen.
- Vertraue nicht jeder Information! Prüfe genau, wer für die Inhalte verantwortlich ist, bevor du dir eine Meinung bildest.

Querverweise
Viele Webseiten bieten Querverweise, sogenannte Links. Diese können eine große Hilfe bei der Suche nach Informationen sein. Leider führen die Links häufig ins Leere. Da gibt es nur eine Möglichkeit: ausprobieren!

Holzaug, sei wachsam!
Die ersten Links müssen nicht immer die besten sein. Firmen bezahlen häufig dafür, dass sie möglichst weit oben landen.

Was sind Metasuchmaschinen?
Metasuchmaschinen suchen nicht selber, sondern befragen mehrere andere Suchmaschinen gleichzeitig. Dadurch lässt sich eine Menge Zeit sparen.

Wie finde ich einen Weg aus dem Irrgarten?

Wie findet man in das Zentrum eines Irrgartens? Und noch wichtiger: Wie findet man nur wieder hinaus? Wenn du ganz ohne Plan mittendrin steckst, kann das zu einer echten Überlebensfrage werden!

Irrgarten und Labyrinth

Viele Leute sagen zum Irrgarten auch Labyrinth. In einem Labyrinth gibt es aber nur einen Weg, der zur Mitte und wieder hinaus zum Eingang führt. Dieser Weg verläuft zwar häufig in zahlreichen Windungen. Die Besucher werden aber geführt und können sich nicht verirren. Ein Irrgarten besteht dagegen aus Sackgassen, Kreuzungen und Umwegen. Die Besucher müssen selbst den richtigen Weg finden. Und das Verirren macht gerade den Reiz des Irrgartens aus. Doch es gibt einige Tricks, die dir helfen, den Weg nach draußen zu finden.

Die Irrwege markieren

Hast du einen Plan des Irrgartens, dann kannst du so vorgehen: Färbe alle Wege, die in eine Sackgasse führen, mit einem Stift ein. Hinterher bleiben nur noch die Gänge übrig, die ins Zentrum und wieder hinaus führen. Diese Methode funktioniert jedoch nicht immer. Bei Irrgärten mit vielen Gabelungen ist der Weg nicht immer eindeutig.

Hand an der Wand

Für einen einfachen Irrgarten gilt: Du musst direkt nach dem Betreten deine linke Hand an die linke Wand (oder die rechte Hand an die rechte Wand) legen. Beim Durchwandern des Irrgartens darfst du deine Hand nicht von der Wand lösen. Irgendwann wirst du an dein Ziel gelangen. Diese Methode funktioniert aber nur, wenn die Wände oder Hecken des Irrgartens ein zusammenhängendes Netz bilden. Hängen dagegen nicht alle Heckenteile zusammen, so entstehen „Inseln“, um die herum du dich dann – wenn du Pech hast – immer wieder im Kreis bewegst.

Der Weg ist das Ziel

Außerdem gibt es noch recht komplizierte mathematische Methoden, um den richtigen Weg durch einen Irrgarten zu finden. Du kannst auch einen Kompass einsetzen oder dich an einem außerhalb des Irrgartens stehenden Gegenstand orientieren, zum Beispiel an einem großen Baum. In vielen Irrgärten steht in der Mitte ein Aussichtsturm, der einen Blick über das verzweigte Wegenetz ermöglicht. Und noch ein ganz heißer Tipp: Einfach losgehen! Wenn es nicht mehr weitergeht, musst du zurückgehen und einen neuen Weg einschlagen.

Eigene Labyrinthe und Irrgärten anlegen

Auf einem freien Platz kannst du Labyrinthe oder Irrgärten aus Sand oder Sägespänen anlegen. Dazu brauchst du nur eine Plastiktüte, bei der du unten eine Ecke abschneidest. Das ist dein Streuer. Labyrinthe aus Ästen oder Kieselsteinen sind etwas länger haltbar. Auf ungemähten Wiesen steht das Gras manchmal mannshoch. Hier kannst du Gänge „niedertrampeln“. Vorher natürlich die Erlaubnis einholen! Es ist sinnvoll, immer einen Plan zu zeichnen, nach dem du das Wegenetz anlegst.

Das Spielen im Labyrinth oder Irrgarten macht viel Spaß. Du kannst dort zum Beispiel eine Schnitzeljagd veranstalten. Auf kleinen Zetteln, die du unter Steine legst, könntest du die Fragen hinterlegen. Diese müssen deine Mitspieler zuerst beantworten, ehe sie zur nächsten Station weitergehen dürfen.

Nur nicht den Faden verlieren

Die griechische Sage erzählt, die kluge Ariadne habe Theseus einen roten Faden zugesteckt. Mit Hilfe dieses Fadens fand Theseus den Weg durch das Labyrinth. Wozu er bei einem einzigen Weg überhaupt einen Faden benötigte, ist bis heute ungeklärt. Aber bis heute ist der rote Faden ein Symbol dafür, den Überblick zu bewahren.

Symbol für den Lebensweg

Auch unser Lebensweg führt nicht immer direkt ans Ziel. In Märchen, Mythen und Sagen sind Labyrinth und Irrgarten häufig Symbole für den schwierigen, verschlungenen Lebensweg des Menschen.

Wie werde ich zum echten Jongleur?

Bälle und Keulen fliegen durch die Luft, ziehen elegant ihre Bahnen und werden sicher aufgefangen. Das Publikum sieht gespannt zu und ist begeistert. Die Grundtechnik des Jonglierens ist gar nicht so schwer. Mit ein bisschen Übung kannst du es auch bald.

Jonglieren mit einem Ball

Du beginnst mit einem Ball. Deine beiden Hände befinden sich in der Höhe der Hüften. Wirf den Ball nun in einem Bogen, dessen höchster Punkt ein wenig über deinem Kopf liegt, von der einen Hand in die andere. Nicht die Flugbahn des Balles mit den Augen verfolgen. Am besten schaust du nach oben, zum höchsten Punkt, den der Ball erreicht. Ist der Ball in deiner zweiten Hand angekommen, wirfst du ihn im gleichen Bogen wieder zurück. Du solltest so lange mit nur einem Ball üben, bis diese Bewegung ganz locker und gleichmäßig abläuft. Erst dann geht es an die nächste Übung. Jetzt nimmst du in jede Hand einen Ball und hältst ihn jeweils zwischen dem kleinen und dem Ringfinger in der Handfläche fest. Du hast also noch drei Finger frei, mit denen du den dritten Ball auffangen kannst, den du jetzt wieder wie vorher von einer Hand in die andere und zurück wirfst.

Jonglieren mit zwei Bällen

Einen Ball wirfst du von rechts nach links im gewohnten Bogen. Wenn der Ball seine höchste Stelle erreicht hat, musst du den zweiten Ball in einem etwas kleineren Bogen in entgegengesetzte Richtung werfen (von links nach rechts). Die beiden Bälle dürfen sich nicht berühren. Erst wenn du die Würfe so hinbekommst, dass dir keiner der beiden Bälle herunterfällt, solltest du weitermachen.

Kaskade

Die beschriebene Grundform des Jonglierens mit drei Bällen nennt man Kaskade. Daraus lassen sich weitere Tricks entwickeln. Für Säulen etwa wirfst du die Bälle senkrecht in die Luft. Sie sehen dann aus wie Säulen, die nebeneinander stehen. Du wirfst dabei zwei Bälle mit deiner rechten Hand und einen Ball mit der linken Hand.

Jonglieren mit drei Bällen

Jetzt kommt der krönende Abschluss! Der erste Ball fliegt im Bogen von rechts nach links. Hat der Ball seinen höchsten Punkt erreicht, fliegt der zweite Ball in entgegengesetzter Richtung los. Hat der zweite Ball den höchsten Punkt seines Bogens erreicht, wirfst du den dritten Ball wieder von rechts nach links. Hat dieser Ball den höchsten Punkt erreicht, fliegt der nächste Ball wieder von links nach rechts und so weiter. Geübte Jongleure können das stundenlang machen. Du solltest am Anfang immer nur so oft werfen, wie du auch sicher fangen kannst.

Wichtige Jonglier-Tipps

- Benutze kleine, weiche Bälle zum Jonglieren. Diese liegen gut in der Hand.
- Die Hände möglichst an der gleichen Stelle lassen. Die Oberarme liegen am Körper. Sie sollen sich beim Jonglieren kaum bewegen.
- Die Jongliergegenstände sollten immer gleich groß und gleich schwer sein.
- Auch Tücher sind zum Üben gut, weil sie langsamer fliegen.
- Wirf die Jongliergegenstände nicht zu hoch.
- Wenn du vor einer Wand übst, vermeidest du ständiges Vorwärtsgehen.
- Und zum Schluss: Lächeln, Verbeugen und Applaus genießen!

Kraftjongleure

Wusstest du, dass es auch Kraftjongleure gibt? Sie jonglieren ausschließlich mit schweren Gegenständen wie Eisenkugeln oder Wagenrädern. Fußjongleure arbeiten mit den Füßen oder mit Händen und Füßen gleichzeitig.

Vom Anfänger zum Könner

Ein geübter Jongleur kann seine Kunststücke mit so ziemlich jedem Gegenstand vollführen, rohen Eiern oder brennenden Fackeln zum Beispiel. Für den Anfang solltest du aber besser Jonglierbälle benutzen!!!

Wie werde ich ein richtig guter Kletterer?

Geht es dir auch so? Kaum sieht man einen großen Baum, schon ertappt man sich bei dem Gedanken: Wie komme ich da wohl am besten hinauf? Damit der Kletterausflug wirklich Spaß macht, solltest du einige Dinge beachten.

Alles ablegen!

Lege vor dem Klettern alles ab, was dich behindern oder sogar gefährden könnte, also den Rucksack, den Schal, die Jacke oder den Mantel. So wichtig der Fahrradhelm auch im Straßenverkehr ist – an Spielgeräten und Kletterbäumen sollte er abgenommen werden. Du könntest mit dem Helm in einer Astgabelung hängen bleiben und dich strangulieren. Armbanduhren, Ketten, Kordeln oder Schlüsselbänder können beim Klettern ebenfalls gefährlich werden, denn auch damit bleibst du leicht irgendwo hängen. Also ab damit!

Wann man nicht auf einen Baum klettern sollte!

- wenn ein Bär hinter dir her ist (der kann nämlich auch klettern!)
- wenn man Höhenangst hat
- wenn es ein Gewitter gibt
- wenn es stürmt
- wenn der Baum morsch ist
- wenn die Holzfäller unterwegs sind

Auf Bäume klettern

Jeder Baum ist anders. Bevor du einen Baum bekletterst, solltest du ihn dir genau anschauen: Ist er überhaupt ausreichend fest und standsicher? Welche Äste können dir Halt geben? Achte auf totes Holz und abgestorbene Äste, die du auf keinen Fall betreten solltest. Von nassen oder moosbewachsenen Ästen kannst du leicht abrutschen. Und denke nicht nur an den Auf-, sondern auch an den Abstieg. Schließlich willst du nicht nur flink auf den Baum hinauf-, sondern auch sicher wieder herunterklettern. Hast du eine prima Route für den Aufstieg gefunden, so merke sie dir gut. Dann kannst du schnell wieder hinuntersteigen, wenn Gefahr droht, deine Mutter ruft oder der Hunger dich nach Hause treibt.

Mutig hinauf

Nicht jeder Baum hat tief herabwachsende Äste, an denen du dich leicht hochziehen kannst. Fehlen dem Baum im unteren Bereich Äste, kannst du dir mit einem Stock einen der höheren Äste angeln und ihn auf Griffweite herunterziehen. Auch ein schräg an den Baum gestellter großer Ast ist eine gute Kletterhilfe. Oder ihr helft euch mit Räuberleitern hoch. Ein Baum, den man ideal beklettern kann, hat viele Seitenäste. Diese bieten dir gute Stand- und Haltemöglichkeiten. Beim Hochklettern kannst du wie die Bergsteiger nach dem Drei-Punkte-System vorgehen: Deine beiden Beine und ein Arm oder beide Arme und ein Bein sind immer am Baum und sorgen für einen stabilen Stand. Der freie Arm oder das freie Bein sucht einen neuen Ast. Du bist ein richtiger Kletterfan? In Kletterhallen, Kletterwäldern oder Seilgärten kannst du deine Kletterkünste erproben.

Ein Seilgarten

Falls ihr mehrere Kletterbäume in eurem Garten habt, kannst du dir einen richtigen Seilgarten bauen. Überlege gemeinsam mit deinen Eltern, welche Bäume sich für die Kletteranlage anbieten.

Für den Seilgarten musst du ein Seil zum Stehen und Gehen und darüber ein Seil zum Festhalten von Baum zu Baum spannen. Achte darauf, dass die Stehseile nicht viel mehr als einen Meter über dem Boden verlaufen. Man kann ja nie wissen!

Damit die Bäume keinen Schaden nehmen, solltest du die Seile von Zeit zu Zeit an anderen Stellen festbinden. So bleiben die Bäume gesund und dein Seilgarten interessant, weil er sich immer wieder verändert.

Viel Spaß beim Klettern!

Arbeit in luftiger Höhe

Auch Bäume müssen gepflegt werden. Baumpfleger klettern in die Bäume, um zum Beispiel tote Äste und Zweige zu entfernen, die bei stürmischem Wetter Passanten gefährden könnten.

Geschickte Kletterkünstler

Katzen sind hervorragende Kletterkünstler. Sie klettern rückwärts vom Baum und setzen dabei ihre Krallen als Steighaken ein.

Welche Knoten gehen niemals auf?

Einen Schuh zubinden, ein Geschenk verpacken, einen Drachen bauen, Räuber verschnüren – Knoten sind richtig praktisch. Auch Kletterer, Segler, Angler, Camper und Pfadfinder wären ohne Knoten ziemlich aufgeschmissen!

Stopp – ein Knoten

Stopperknoten brauchst du zum Beispiel, wenn du beim Tauziehen oder Klettern ein Seil durch Knoten griffiger machen möchtest. Ein einfacher Stopperknoten ist der Achtknoten. Schwung nach rechts, Schwung nach links – fertig ist er! So knotest du den Achtknoten:

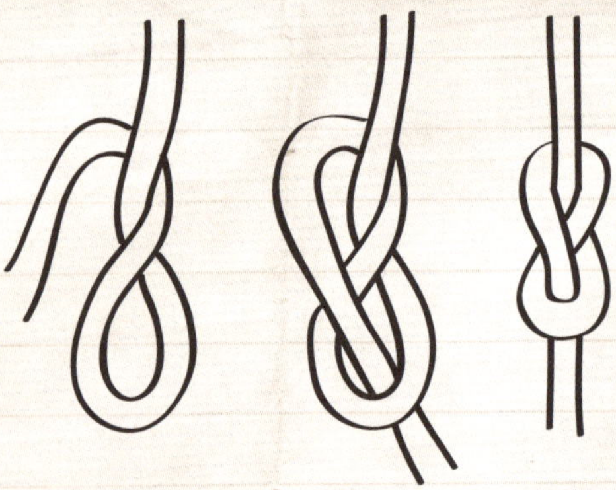

Schwer zu öffnen – der Schlaufenknoten

Einen Schlaufenknoten kannst du zum Aufhängen von Gegenständen benutzen. Er ist auch eine praktische Steighilfe beim Klettern. So knotest du ihn:

1. Nimm die Schnur doppelt und bilde ein Auge.
2. Führe nun das Schlaufenende zweimal durch das Auge.
3. Bestimme die richtige Schlaufengröße und ziehe den Knoten zu.

Tauziehen über einem Planschbecken

Willst du deine Stopperknoten gleich testen? Zwei Mannschaften treten beim Tauziehen gegeneinander an. In der Mitte steht ein mit Wasser gefülltes Planschbecken. Nun heißt es, die anderen in das Becken zu ziehen!

Ein richtiger Seemannsknoten – der Palstek

Der Palstek ist bei Seeleuten äußerst beliebt. Man kann damit etwas festbinden, das auf keinen Fall verlorengehen soll. Beim Knüpfen des Knotens hilft dir eine Eselsbrücke: „Ein Krokodil kommt aus dem Teich, kriecht um den Baum und taucht dann wieder unter." So geht der Palstek:

1. Zuerst legst du eine Schlaufe (das ist der Teich). Dann führst du das Krokodil (also ein Ende der Schnur) im Kreis, bevor du es von unten durch die Schlaufe schiebst.
2. Lege das „Krokodil-Ende" der Schnur hinter dem anderen Ende (dem Baum) herum und stecke es von oben wieder in die Schlaufe.
3. Jetzt nur noch fest zuziehen. Achte darauf, dass die Schlaufe die gewünschte Größe behält.

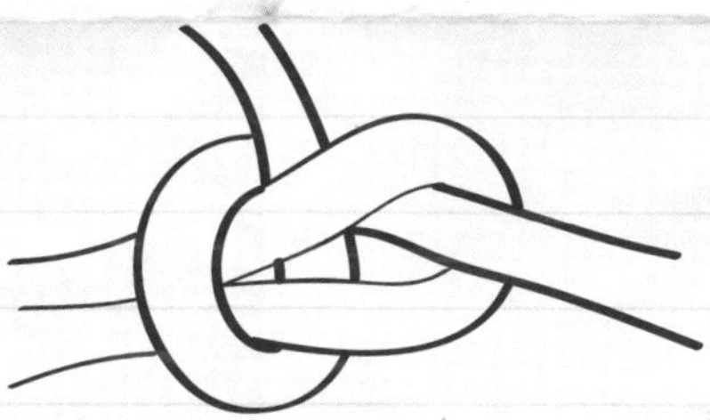

Eine Strickleiter bauen

Mit einer Strickleiter kommst du hoch hinaus – etwa in dein Baumhaus oder auf einen tollen Kletterbaum. Mithilfe des Strickleiterknotens kannst du aus zwei Seilen und mehreren etwa gleich langen, stabilen Hölzern deine eigene Strickleiter bauen:

Lege ein Auge (Kreis) in die Schnur.
Bilde mit dem oben liegenden Ende eine Schlaufe und ziehe sie von hinten nach vorne durch das Auge.
Durch diese Schlaufe steckst du jetzt ein Holz als Leitersprosse und ziehst die Schlaufe fest.
Auf diese Weise wird jede Sprosse an beiden Seiten festgeknotet. Befestige die Knoten möglichst gleichmäßig an den Sprossen.

Ganz wichtig: Das geschlossene Ende des Auges muss immer oben liegen. Wenn du die Strickleiter anders herum aufhängst, ist der Knoten nicht stabil!

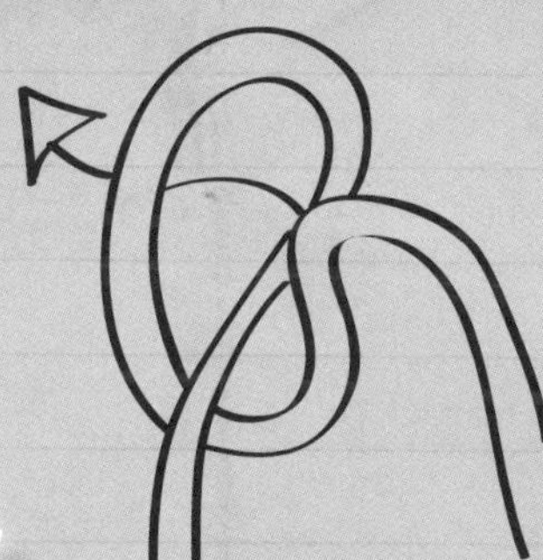

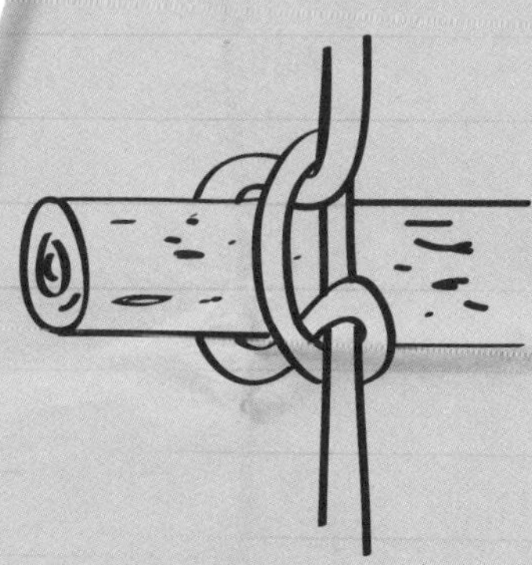

Einhändig Schuhe zubinden

Schaffst du es, mit nur einer Hand deine Schuhe zuzubinden? Das ist richtig schwierig! Etwas einfacher wird es, wenn zwei Personen sich die Schuhe gemeinsam binden, aber jeder darf nur eine Hand nehmen. Auch das erfordert viel Geschick und vor allem gute Zusammenarbeit.

Knotentrick

Kreuze deine Arme und führe eine Schnur über beziehungsweise unter den Armen durch. Bewege nun den rechten Arm nach rechts und den linken Arm nach links – schon ist ein Knoten in der Schnur!

Was gehört zu einem Lagerfeuer?

So ein Lagerfeuer ist wirklich nützlich: Es hält uns warm und man kann über den Flammen grillen. Außerdem gibt uns das Feuer Sicherheit vor wilden Tieren. Obwohl bei uns ja eigentlich gar keine wilden Tiere leben. Aber man weiß ja nie ...

Eine Feuerstelle errichten

Hast du einen geeigneten Platz gefunden, der von allem Brennbaren weit genug entfernt ist? Falls die Stelle bewachsen ist, musst du mit einem Spaten die Humus- oder Grasschicht abtragen. Am besten, du lagerst die ausgestochene Schicht in der Nähe. Wenn das Lagerfeuer erloschen ist, kannst du sie wieder an ihre alte Stelle legen. Jetzt noch die Feuerstelle mit Steinen begrenzen, dann kann es losgehen!

Bitte unbedingt beachten!
Lagerfeuer sind im Wald nicht erlaubt. Du musst die Aktion vorher mit dem Forstamt oder dem Besitzer und der Feuerwehr absprechen. In manchen Wäldern gibt es Waldgrillplätze. Hier kannst du vorhandene Feuerstellen nutzen.

Das Feuer entfachen

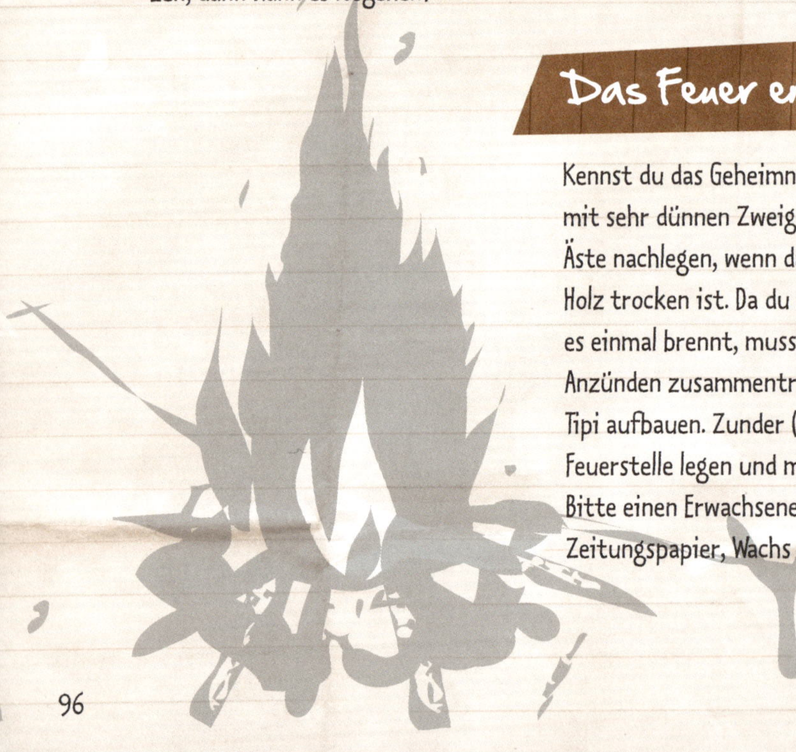

Kennst du das Geheimnis eines gut brennenden Feuers? Du musst mit sehr dünnen Zweigen beginnen und dann schrittweise größere Äste nachlegen, wenn das Feuer entfacht ist. Wichtig ist, dass das Holz trocken ist. Da du das Feuer nicht mehr verlassen darfst, wenn es einmal brennt, musst du das ganze Brennmaterial schon vor dem Anzünden zusammentragen. Am besten die Zweige wie ein Indianer-Tipi aufbauen. Zunder (Reisig, trockenes Gras, Rinde) in die Mitte der Feuerstelle legen und mit einem Streichholz in Brand setzen. Bitte einen Erwachsenen um Hilfe! Hilfreich beim Anzünden sind Zeitungspapier, Wachs von Kerzenresten oder Grillkohle.

Über der Glut grillen

Wir haben Hunger, Hunger, Hunger ... Kein Problem! Wenn man wartet, bis die Flammen kleiner sind und sich Glut bildet, kann man prima über dem Lagerfeuer grillen. Lust auf Stockbrot? Dafür musst du Brotteig (bestehend aus Mehl, Hefe, Wasser und einer Prise Salz) schlangenförmig um eine sauber geschnitzte Spitze eines Stockes wickeln. Das Brot über der Glut backen. Wenn es goldbraun aussieht, ist es fertig und lässt sich leicht vom Stock lösen. Lecker sind Käse-Spieße. Dafür Brot und Käse abwechselnd auf einen Stock pieksen und über der Glut (nicht über den Flammen!) erwärmen, bis der Käse schmilzt. Du kannst auch Kartoffeln in die Glut legen, Bratäpfel machen oder Gemüse und Fleisch auf Stöcke stecken und grillen. Denk immer daran, dass ein Lagerfeuer viel heißer ist als ein Küchenherd. Du musst das Essen vorsichtig zubereiten und die Stöcke regelmäßig drehen.

Feuer-Regeln

Da Lagerfeuer nicht ungefährlich sind, gelten ein paar Regeln, die du genau beachten musst.

- ✓ Es muss ständig eine erwachsene Aufsichtsperson anwesend sein.
- ✓ Spaten, Wasser oder Sand bereitstellen, um im Ernstfall eingreifen zu können.
- ✓ Das Feuer bleibt immer innerhalb des Steinkreises. Keine glühenden Stöcke aus dem Feuer herausnehmen.
- ✓ Am Feuerplatz nicht laufen, drängeln oder schubsen.
- ✓ Möglichst keine Kleidung aus Kunststoff tragen.
- ✓ Das Feuer nicht zu groß werden lassen – es muss beherrschbar bleiben.
- ✓ Das Feuer muss bis zum Erlöschen der Glut beaufsichtigt werden.
- ✓ Vor dem Verlassen des Feuers muss dieses restlos heruntergebrannt und mit Wasser oder nasser Erde gelöscht sein.
- ✓ Bei Waldbrandgefahr kein Feuer machen.

Das Feuer löschen

Wenn das Feuer niedergebrannt ist, gießt du Wasser darüber. Du kannst auch Sand oder Erde zum Löschen benutzen. Bevor du die Feuerstelle verlässt, solltest du mit einem Stock oder dem Fuß vorsichtig die Asche durchwühlen, um sicherzugehen, dass nichts mehr glüht.

Lagerfeuerromantik

Was kann man am Lagerfeuer so alles machen? Wie wäre es mit plaudern, singen, Geschichten erzählen, kleine Sketche aufführen oder einfach träumen und genießen?

Wie schreibe ich einen tollen Liebesbrief?

Gibt es da jemanden, für den du schwärmst? Du traust dich aber nicht, ihn oder sie direkt anzusprechen? Wie wäre es mit einem romantischen Liebesbrief?

Ein schöner Brief

Eine E-Mail oder eine SMS sind wirklich keine Alternativen zu einem handgeschriebenen Liebesbrief. Dein Schwarm bekommt vielleicht täglich Dutzende von elektronischen Nachrichten. Aber wie oft erhält er schon einen handgeschriebenen Brief? Solch ein Brief ist viel persönlicher! Wenn du dann noch schönes Briefpapier verwendest und den Brief mit einem Tintenfüller schreibst, ist er wirklich etwas ganz Besonderes!

Hol dir Anregungen

Schöne Liebesbriefe behält man häufig sein Leben lang. Deshalb solltest du dir zum Schreiben Zeit nehmen. Verschreiber und Korrekturen haben in einem solchen Brief nichts zu suchen! Am besten, du schreibst den Brief vor. Erst wenn du dir über die Formulierungen sicher bist, schreibst du ihn in aller Ruhe auf das „gute" Papier. Dein Herz schlägt bis zum Hals und gleichzeitig hast du Schmetterlinge im Bauch? Aber wie kann man das alles nur in Worte fassen? Du musst kein großer Dichter sein, um einen schönen Liebesbrief hinzukriegen. Es genügt völlig, wenn du sagst, was du denkst und fühlst – in einer netten, freundlichen Art und Weise. Hol dir ruhig Anregungen aus Büchern oder dem Internet. Sag deinem Schwarm einfach: Du bist einzigartig! Vielleicht klebst du noch ein paar gepresste Blümchen hinzu oder legst ein Bild von dir bei. Lass den Brief über Nacht ruhen und lies ihn dir am nächsten Tag noch einmal durch. Fühlt er sich noch immer gut und richtig an – dann schick ihn los!

Ab die Post!

Am besten, du verschickst deinen Liebesbrief mit der Post. Zu Hause kann ihn dein Schwarm dann in aller Ruhe und vor allem ALLEIN lesen. Du kannst den Brief natürlich auch heimlich in seine oder ihre Tasche stecken. Doch dann besteht die Gefahr, dass die ganze Clique von deinen Gefühlen erfährt! Die mutigste Variante: Gehe hin und drück ihm oder ihr den Brief in die Hand.

Liebeszauber

Möchtest du einen geliebten Menschen verzaubern? Wer weiß, vielleicht ist es ja möglich, dem Schicksal ein wenig nachzuhelfen! Zuallererst stellt sich dir natürlich die Frage: Liebt er oder sie mich überhaupt? Nimm eine Margeritenblüte und zupfe ein Blütenblatt ab. Dazu sprichst du: „Er liebt mich." Dann zupfst du das nächste Blütenblatt ab und sagst: „Er liebt mich nicht." Das, was du beim letzten Blütenblatt sagst, soll zutreffen. Wenn dir das Ergebnis nicht passt, kannst du es ja einfach noch einmal probieren ...
Wird ein Briefbogen mit duftendem Lavendel eingerieben und mit karminroter Tinte beschrieben, sollen sich alle darin geäußerten Wünsche erfüllen. Oder wie wäre es mit einem Liebesbad? Dafür brauchst du Badesalz, einen Tropfen Rosenöl, einen Tropfen Jasminöl und getrocknete Rosenblütenblätter. Alle Zutaten in das warme Wasser geben. Nun in der Wanne entspannen und vom Liebsten träumen!

Im Traum erschienen

Früher pflückten sich Mädchen in der Mittsommernacht (um den 24. Juni) einen Bund Johanniskraut und legten ihn sich unter das Kopfkissen. Im Traum sollen sie dann ihren zukünftigen Ehemann gesehen haben.

Was gehört auf jeden Fall in einen Liebesbrief?

- Eine nette, nicht zu kitschige Anrede („Lieber Moritz" ist besser als „Mein über alles geliebter Moritz").
- Eine kurze Erklärung, wer DU bist.
- Eine Beschreibung deiner Gefühle – verzichte aber auf unnötige Übertreibungen.
- Irgendetwas, was dir eine Antwort einbringen wird, denn darauf wirst du zitternd warten (du kannst zum Beispiel einen Treffpunkt vorschlagen oder um eine schriftliche Antwort bitten).
- Deine Unterschrift (und vielleicht noch ein Lippenstift-Kuss).

Ganz schön mutig!

Egal, ob deine Liebe erwidert wird oder nicht: Sei stolz auf dich und deinen schönen Liebesbrief. Sollte dein Schwarm negativ auf den Brief reagieren, ist das auch kein Beinbruch. Wahrscheinlich ist er einfach nicht der richtige Partner für dich!

Wie forme ich Tiere aus Luftballons?

Mit viel Fantasie und etwas Geschick kannst du aus Luftballonschlangen lustige Hunde, Kaninchen, Mäuse, Herzen oder andere tolle Figuren formen und knoten.

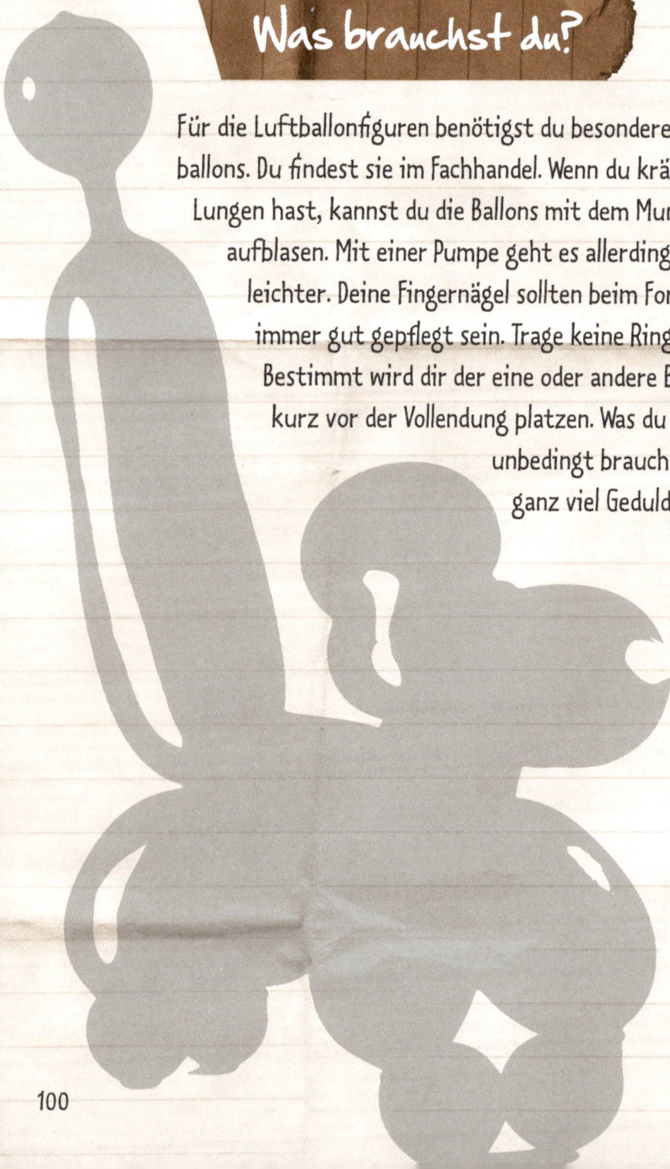

Was brauchst du?

Für die Luftballonfiguren benötigst du besondere Luftballons. Du findest sie im Fachhandel. Wenn du kräftige Lungen hast, kannst du die Ballons mit dem Mund aufblasen. Mit einer Pumpe geht es allerdings viel leichter. Deine Fingernägel sollten beim Formen immer gut gepflegt sein. Trage keine Ringe. Bestimmt wird dir der eine oder andere Ballon kurz vor der Vollendung platzen. Was du also unbedingt brauchst: ganz viel Geduld!

Luftballons rasieren

Einen Luftballon gut aufblasen, dick mit Sahne oder Rasierschaum einschmieren und dann mit einem Trockenrasierer im Wettkampf rasieren. Welcher Ballon platzt zuerst?

Tiere formen

Lass immer das Ende des Luftballons unaufgeblasen, damit der Ballon nicht platzt, wenn du fast fertig bist. Die einzelnen Abschnitte (Blasen) erhältst du, indem du den Ballon an bestimmten Stellen mehrmals drehst. Da sich die Einschnürung beim Loslassen schnell wieder auflöst, musst du sie anfangs noch festhalten. Einfache Tiere werden immer nach dem gleichen Schema gebaut: Angefangen an der Knotenseite des Ballons bildest du zuerst die Schnauze, dann die Ohren, den Hals, die Vorderbeine, den Körper und schließlich die Hinterbeine. Je nach Tier folgt nun noch der Schwanz. Am besten, du merkst dir diese Reihenfolge.

Ich schenk dir ein Herz

Aus Luftballons kann man nicht nur Tiere formen. Suchst du noch ein Geschenk für einen lieben Menschen? Ein Luftballonherz kriegst du ganz schnell hin! Als erstes bläst du den Ballon fast bis zum Schluss auf und verknotest ihn. Nun musst du aus dem Schlauch einen Ring formen und beide Enden miteinander verknoten. Um die Herzform zu erhalten, biegst du die Mitte herunter und hältst das gezogene Stück fest in der Hand. Jetzt musst du „pumpen", das heruntergezogene Stück mit der Hand richtig quetschen. Das bitte mehrmals machen, damit an dieser Stelle im Ballon ein Knick entsteht. Und fertig ist das Herz!

Ritterkampf mit Luftschwertern

Mit Schwertern aus Luftballons kann man tolle Ritterkämpfe veranstalten. Der Ritter, dessen Luftschwert als erstes platzt, hat verloren.

Wasserbombenzielwurf

Die Mitspieler stellen sich in eine Reihe und halten ihre Wasserbomben (mit Wasser gefüllte Luftballons) in der Hand. Los geht's! Wer das Ziel (zum Beispiel einen Eimer oder das Geburtstagskind) am häufigsten trifft, hat gewonnen.

Bastelanleitung für ein Luftballontier

Hast du Lust, einen witzigen Hund aus einem Luftballon zu formen? Halte dich einfach an die Anleitung, dann hast du den Dreh bald raus! Schnell sind auch andere Tiere geformt: Für einen Hasen drehst du große Ohren, eine Giraffe braucht natürlich einen langen Hals.

Wie zeichne ich Mangas?

Wenn du japanische Comics liebst und gerne zeichnest, solltest du dir die folgenden Tipps auf keinen Fall entgehen lassen. Viel Spaß beim Mangazeichnen!

Made in Japan

Das Wort „Manga“ setzt sich aus den japanischen Wörtern „man“ für „spontan“ und „ga“ für „Bild“ zusammen. Mangas sind also „Schnellbilder“, schnell gezeichnet und zur schnellen Lektüre bestimmt. Die Japaner lieben ihre Mangas. Es gibt sie in Japan für alle Altersgruppen. Selbst viele Gebrauchsanleitungen sind in Mangaform gezeichnet. Mittlerweile haben Mangas weltweit eine riesige Fangemeinde. Auch bei uns verschlingen viele Kinder und Jugendliche die fantasievollen Bildergeschichten.

Riesige Kulleraugen

Es gibt unterschiedliche Manga-Stile. Sehr beliebt ist der Shojo-Stil. Shojo-Figuren sind dir bestimmt schon einmal aufgefallen: Sie sind jung und niedlich, haben große, leuchtende Augen und bunte Haare, sofern die Zeichnungen koloriert sind. Während bei einigen Stilen Schlachten und Kampfszenen im Vordergrund stehen, geht es bei Shojo vor allem um Freundschaft und Abenteuer. Die Hauptpersonen können Zaubermädchen mit magischen Kräften, junge Helden, süße Chibis (ganz kleine, lustige Figuren), kämpferische Samurai oder auch pelzige Gestalten sein.

Von hinten nach vorne
Die meisten Manga-Hefte sind in Schwarz-Weiß gehalten. Sie werden wie in Japan von hinten nach vorne und von rechts nach links gelesen.

Animes
Animes sind verfilmte (animierte) Mangas. Längst haben sie auch bei uns das Fernsehen erobert. Bekannt sind zum Beispiel die Anime-Trickfilme „Sailor Moon“, „Dragonball“ und „Yu-Gi-Oh!“.

Frei erfundene Geschichten

Mangas sind in der Regel frei erfundene Geschichten. Sie spielen natürlich oft in Japan. Aber auch andere Länder und Zeitalter können im Mittelpunkt der Geschichten stehen. Zahlreiche Mangas beschäftigen sich mit dem Schulalltag und der ersten großen Liebe. In vielen Geschichten spielt das Reich der Fantasie eine wichtige Rolle. Dann sind Feen, Elfen und zahlreiche weitere Fabelwesen mit von der Partie. Häufig wird ein normales Menschenmädchen von einer bösen Macht entführt und muss im Feenreich viele spannende Abenteuer bestehen, ehe es zurück nach Hause findet. Alles ist erlaubt! Darum müssen auch deine Manga-Figuren nicht realistisch sein. Dennoch sollten sich die Charaktere stimmig und glaubwürdig verhalten. Schließlich soll deine Geschichte die Leser ja unterhalten!

Ausstattung

Es ist nicht notwendig, dass du dir für deine Mangas teure Zeichengeräte kaufst. Wie gut ein Bild aussieht, hängt vor allem von der Zeichnerin oder vom Zeichner ab! Du kannst einen Bleistift zum Vorzeichnen und Bunt- oder Filzstifte zum Umranden und Ausmalen nehmen. Profizeichner (Mangaka) nehmen Tinte und Tusche.

Zeichentipps

Mit ein bisschen Talent und viel Übung kannst du deine Lieblingsmangas nachzeichnen oder eigene Figuren entwerfen:

- Erstelle zuerst immer eine grobe Skizze mit Bleistift von der Figur, die du zeichnen möchtest.
- Beginne mit dem Kopf. Die Augen sind das wichtigste Merkmal einer Manga-Figur. Je größer die Augen sind, desto süßer wirkt die Figur. Um der Figur Leben einzuhauchen, zeichnest du in die Augen einen Glanzpunkt.

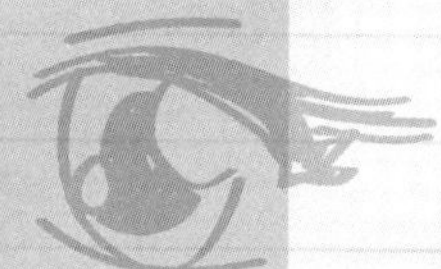

- Superlanges Haar verleiht einer Figur ein märchenhaftes Aussehen.
- Nach dem Kopf widmest du dich den Konturen des Körpers. Manga-Figuren sind schlank und haben lange Gliedmaßen.
- Schatten sind wichtig, damit eine Figur plastisch wirkt.
- Wenn du Pastelltöne verwendest: Beginne immer mit den hellen Farben. Erst danach folgen die dunkleren Flächen.
- Orientiere dich anfangs an den Figuren aus Büchern und Filmen und versuche, nach und nach deinen eigenen Stil zu finden.

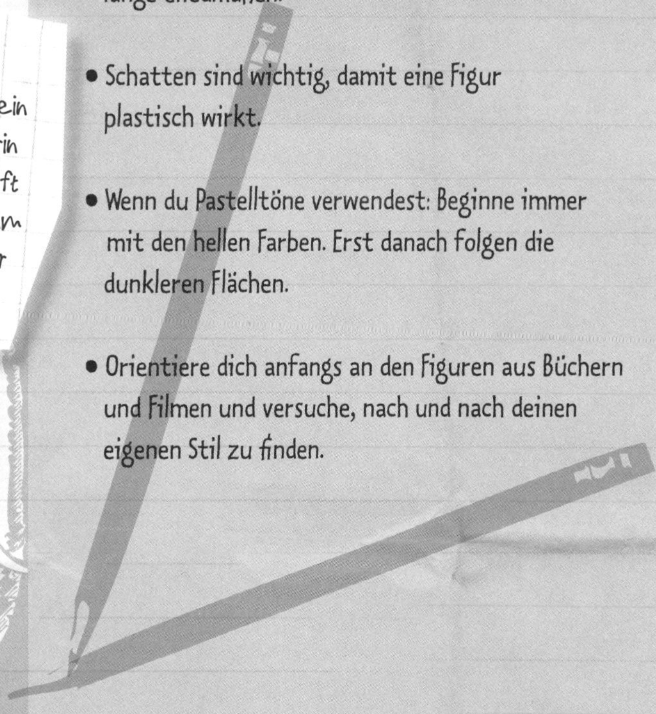

Wie mache ich meine eigene Marmelade?

Was schmeckt besser als selbst gemachte Erdbeermarmelade? Marmelade kochen ist einfach und macht richtig viel Spaß. Außerdem ist ein Glas selbst gekochte Marmelade ein tolles Geschenk! Das folgende Rezept funktioniert nicht nur mit Erdbeeren, sondern auch mit Himbeeren, Blaubeeren, Johannisbeeren und anderen Früchten.

Du brauchst:

- Erdbeeren (je nach Einkochmenge: 1 bis 2 Kilogramm)
- Gelierzucker
- Schraubgläser mit Deckel
- ein Messer
- einen großen Kochtopf
- einen Rührlöffel
- ein Sieb
- einen Soßenlöffel

Los geht's!

- Wasche die Erdbeeren gründlich ab und gib sie zum Abtropfen in ein Sieb.
- Nun zupfe die Kelche ab und schneide die Erdbeeren klein oder püriere sie mit einem Pürierstab oder einem Mixer. Dann wird die Marmelade besonders fein.
- Gib jetzt die Erdbeeren mit dem Gelierzucker in einen Kochtopf und vermische beides miteinander. Der Topf sollte möglichst nur bis zur Hälfte gefüllt sein – schnell ist die Masse übergekocht oder heiße Marmelade herausgespritzt.
- Bringe das Ganze zum Kochen und rühre dabei gelegentlich alles um.
- Wenn die Marmelade kocht, musst du sie ungefähr vier Minuten kräftig umrühren. Nimm dann den Topf vom Herd.
- Fülle die noch heiße Marmelade mit dem Soßenlöffel in Gläser und verschließe diese fest mit den Schraubdeckeln.
- Beschrifte zum Schluss die kalten Gläser. Denk an das Datum, damit du weißt, wann du die Marmelade gekocht hast!

Kleiner Tipp!

Selbst gemachte Marmelade verfärbt sich mit der Zeit leicht ins Bräunliche. Kein Problem, sie schmeckt trotzdem noch gut! Wenn du die Marmeladengläser kühl und dunkel lagerst (etwa in einer Speisekammer oder im Keller), verzögert sich die Verfärbung.

Erdbeermarmelade verfeinern

Du kannst die Erdbeeren zusammen mit Bananen pürieren. Das ergibt dann eine leckere Erbeer-Bananen-Marmelade. Besonders edle Marmelade erhältst du durch den Zusatz von Vanille. Dafür schneidest du eine Vanilleschote auf der Längsseite auf. Gib die Zutaten (Erdbeeren, Vanillemark und Gelierzucker) in einen Topf und lass alles unter ständigem Rühren aufkochen.

Hast du Lust zum Experimentieren? Du kannst die Erdbeeren auch mit anderen Früchten wie zum Beispiel Rhabarber, Kirschen oder Nektarinen kombinieren. Ein Schuss Zitronensaft, etwas Ingwer, grüne Pfefferkörner oder eine entkernte und fein gehackte Chilischote sorgen für interessante Geschmackserlebnisse.

Wichtig!
Die Marmelade nach dem ersten Öffnen im Kühlschrank aufbewahren!

Ein paar Grundregeln

- Nur reife Früchte verwenden, unreife haben zu wenig Aroma.
- Die Früchte gut säubern, alle Schadstellen entfernen.
- Kleine Erdbeeren sind meist aromatischer als die dicken.
- Ganz wichtig: immer rühren, rühren, rühren!
- Kurz vor Ende der Kochzeit kannst du eine Gelierprobe machen: Einen Teelöffel der heißen Marmelade auf einen möglichst kalten Unterteller tropfen lassen. Wird die Masse fest, ist alles gut. Bleibt das Kleckschen aber flüssig, muss das Ganze noch ein bis zwei Minuten kochen.
- Die Marmelade in heiß ausgewaschene Gläser geben, damit der Temperaturunterschied nicht so groß ist.
- Bei Gläsern mit Twist-Off-Deckeln den Deckel sofort auflegen und die Gläser auf dem Kopf stehend erkalten lassen.
- Du musst nicht gleich drei Dutzend Gläser füllen. Wenn du nur wenig Obst verarbeiten möchtest, kannst du das auch problemlos machen.

Gelierzucker
Der Klassiker heißt 1:1. Das bedeutet, auf einen Teil Früchte kommt ein Teil Zucker. Bei einem Kilogramm Früchte sind das also 1000 Gramm Zucker. Wenn du es weniger süß willst, kannst du einfach weniger Gelierzucker verwenden (2:1 oder vielleicht sogar 3:1).

Wie stelle ich marmoriertes Papier her?

Manche Zeilen sollte man einfach auf besonders schönes Papier schreiben, zum Beispiel Geburtstagsgedichte, Weihnachtswünsche, Einladungen oder Liebesschwüre. Marmoriertes Papier kannst du mit wenig Aufwand selbst herstellen.

Du brauchst:

- Keramikkaltfarben in Gläschen
- Zeichenpapier
- Zahnstocher
- eine ausgediente breite Schüssel
- Zeitungspapier als Unterlage

Marmorieren in Minutenschnelle

1. Lege das benötigte Material auf einem mit Zeitungspapier abgedeckten Tisch bereit und fülle die Schüssel mit kaltem Wasser.

2. Für jedes Farbgläschen brauchst du einen Zahnstocher. Diesen tauchst du jeweils in ein Farbgläschen. Dann berührst du mit den Zahnstochern ganz leicht die Wasseroberfläche, so dass ein Farbtropfen ins Wasser gleiten kann. Da Keramikkaltfarben nicht wasserlöslich sind, vermischen sie sich nicht mit dem Wasser, sondern schwimmen auf der Wasseroberfläche.

3. Mit einem weiteren sauberen Zahnstocher ziehst du nun die schwimmenden Farbtropfen so ineinander, dass ein tolles Muster entsteht.

4. Lege jetzt eine Seite des Papiers flach auf die Wasseroberfläche. Das Papier nimmt sofort das Farbmuster auf und macht auf diese Weise die Wasseroberfläche wieder sauber. Weiter geht es mit neuen Farben und neuen Mustern!

Mit Murmeln marmorieren

Lege ein weißes Blatt Papier in einen Schuhkarton. Jetzt einige dicke Kleckse Fingerfarbe auf das Papier geben. Eine Murmel in den Karton legen und alles kräftig rütteln. Die Murmel rollt nun durch die Farben und marmoriert das Papier. Sieht toll aus und macht riesigen Spaß!

Tipps rund ums Marmorieren

Am besten ziehst du zum Marmorieren ein altes Hemd oder einen Malkittel an. Beim Marmorieren mit Keramikkaltfarben solltest du zügig arbeiten, damit die Farbe nicht auf der Wasseroberfläche fest wird. Falls das doch einmal passiert: Nimm einfach ein altes Blatt Papier, „kehre“ die Farbe damit zusammen und schon kannst du weitermachen. Du kannst zum Marmorieren auch spezielle Marmorierfarben oder Künstlerölfarben verwenden, die du mit Terpentinöl verdünnst. Einen tollen Effekt erzielst du, wenn du die Farben nicht mit Zahnstochern, sondern mit einem grob gezinkten Kamm zu Mustern verziehst. Deine fertigen Kunstwerke kannst du zum Trocknen auf eine Zeitung oder einen Wäscheständer legen. Anschließend das Papier mit Büchern beschweren und ordentlich glätten.

Strohhalm- und Zahnbürstenbilder

Du brauchst dafür Plakat- oder Wasserfarbe, Papier, mehrere Pinsel, viel Wasser, Zeitungspapier als Unterlage und natürlich Strohhalme und eine alte Zahnbürste.

Für ein Strohhalmbild kleckst du stark verdünnte Farbe mit einem Pinsel auf weißes oder farbiges Papier. Dann pustest du mit einem Strohhalm die flüssige Farbe quer über das Blatt. Richtig toll wird dein Bild, wenn du mehrere Farben kombinierst.

Für ein Zahnbürstenbild tauchst du eine alte Zahnbürste in verdünnte Farbe. Nun ganz langsam einen Finger über die Borsten ziehen, so dass die Farbe über das Blatt spritzt. Feine Spritzer entstehen auch, wenn du die Zahnbürste über ein Sieb (zum Beispiel ein Teesieb) reibst.

Mama bekommt von mir ein Strohhalmbild zum Geburtstag!

Kleisterbilder

Färbe den Kleister ein (zum Beispiel mit Lebensmittelfarbe, Seidenmalfarbe oder Abtönfarben). Nun die Kleisterfarbe auf Karton oder festes Papier streichen und mit den Fingern, Zahnstochern oder einer alten Gabel verschieben. Gut trocknen lassen!

Einzigartige Kunstwerke

Aus marmoriertem Papier kannst du wunderschöne Grußkarten, Briefpapier, Geschenkanhänger oder Lesezeichen herstellen. Du kannst damit auch Briefumschläge basteln, Adressbüchlein einbinden oder sogar Ostereier gestalten.

Wie kann ich das Morsealphabet nutzen?

Du kannst dich auch ohne Handy, Telefon oder Computer über weite Entfernungen unterhalten. Wie das funktionieren soll? Mit Hilfe des Morsealphabets! Probier es mal aus!

Striche und Punkte

Vor ungefähr 150 Jahren erfand der Amerikaner Samuel Morse das nach ihm benannte Morsealphabet. Es besteht nur aus Strichen und Punkten. Meistens werden die Morsezeichen gefunkt. Dazu werden die Zeichen von einem Morsegerät in Signale umgewandelt: Ein Strich wird ein langes Signal, ein Punkt ein kurzes Signal. Du kannst die Morsezeichen aber auch mit einer Taschenlampe blinken. Ein Punkt bedeutet dann, dass du die Lampe nur ganz kurz aufblinken lässt. Für die Striche lässt du die Taschenlampe länger an. Wenn du das Morsealphabet klopfst oder pfeifst, besteht es aus kurzen und langen Tönen.

E

S.O.S.
Drei kurz – drei lang – drei kurz: Bestimmt kennst du dieses berühmte Zeichen des Morsealphabets. S.O.S. ist englisch und bedeutet: „Save Our Souls". Übersetzt heißt das: „Rettet unsere Seelen". Der S.O.S.-Notruf gilt in allen Ländern, egal welche Sprache dort gesprochen wird.

Lang - kurz - lang - kurz

Ein „E" beispielsweise wird mit einem einzigen kurzen Aufblinken der Taschenlampe gemorst, ein „N" mit einem langen und einem kurzen Blinken. Zwischen den Buchstaben musst du Pausen von etwa zwei Punktlängen einlegen. Zwischen den einzelnen Wörtern werden Blinkpausen von etwa fünf Punktlängen gemacht. Noch werden dich die verschiedenen Zeichen bestimmt verwirren. Doch je mehr du übst, umso leichter fällt es dir bald! Am Anfang ist es ratsam, die empfangenen Morsezeichen auf einem Zettel aufzuschreiben und erst später in Ruhe zu übersetzen. Verstehst du diese Nachricht?

Lösung:

· –·–· ···· –   –·–· ––– ––– ·–··

Geheime Botschaften morsen

Früher war das Morsen in der Schifffahrt sehr gebräuchlich. Heute ersetzen Funk, Fernschreiber und Telefon das Morsegerät. Das Morsealphabet wird nur noch gelegentlich im Seefunk und von Funkamateuren verwendet. Die Pfadfinder benutzen die Zeichenschrift allerdings noch recht häufig. Mit einer Taschenlampe, einer lauten Trillerpfeife oder per Klopfzeichen kannst du in der Morsesprache deinen Freunden Dinge mitteilen, die sonst niemand verstehen kann.

Das Morse-Quiz

Hast du Lust auf ein Morse-Quiz? Der Spielleiter sucht sich einen Platz, von dem Leuchtsignale gut zu erkennen sind. Zwei oder mehr Mannschaften verteilen sich in etwa gleich großem Abstand von ihm im Gelände. Der Spielleiter morst nun Wörter oder Sätze in die Dunkelheit, die die Gruppen entziffern müssen. Die Mannschaft, die zum Schluss die meisten Signale richtig entschlüsselt hat, hat gewonnen.

Rauchzeichen
Auch mit Rauchzeichen kann man sich über große Entfernungen hinweg verständigen. Wer das Morsealphabet kennt, kann bei klarer Sicht mit Qualmwolken ganze Texte übermitteln.

Das Morsealphabet

Buchstabe	Code
A	· –
B	– · · ·
C	– · – ·
D	– · ·
E	·
F	· · – ·
G	– – ·
H	· · · ·
I	· ·
J	· – – –
K	– · –
L	· – · ·
M	– –
N	– ·
O	– – –
P	· – – ·
Q	– – · –
R	· – ·
S	· · ·
T	–
U	· · –
V	· · · –
W	· – –
X	– · · –
Y	– · – –
Z	– – · ·

Morsen per Klopfzeichen
Wasser- und Heizungsrohre sind zum Morsen ideal: Mit ihnen kannst du in beide Richtungen morsen. Einfach mit einem harten Gegenstand auf das Rohr klopfen.

Welche Naht hält am längsten?

Nähen ist gar nicht so schwer! Du brauchst dafür eine Nähnadel, Nähgarn und eine Schere. Achte darauf, dass du möglichst gleich lange und gleich feste Stiche machst. Dann hält die Naht am besten und sieht einfach hübscher aus!

Vorstiche

Die einfachsten Stiche sind Vorstiche, auch Heftstiche genannt. Die Nadel wird fortlaufend ein- und wieder ausgestochen, so dass eine „gestrichelte" Linie entsteht. Du kannst diesen Stich von rechts nach links oder von links nach rechts arbeiten. Achte auf möglichst gleichmäßige Stiche und Abstände, damit du später eine klare Linie erhältst. Vorstiche eignen sich auch gut zum Sticken.

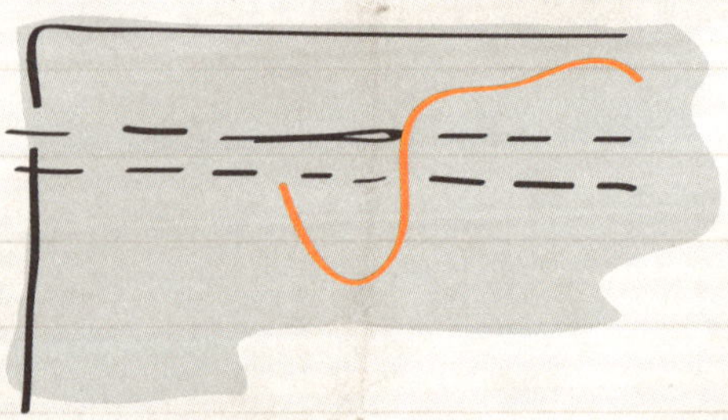

Steppstiche

Steppstiche sind sehr haltbare Stiche. Je enger du die Stiche arbeitest, desto fester wird die Naht. Die Stiche werden so aneinandergereiht, dass der Eindruck entsteht, als handle es sich um eine durchgehende Linie. Arbeite von rechts nach links. Bei einer Naht, die du mit Steppstich nähst, sind die Stiche auf der Rückseite des Stoffes länger als die auf der Vorderseite.

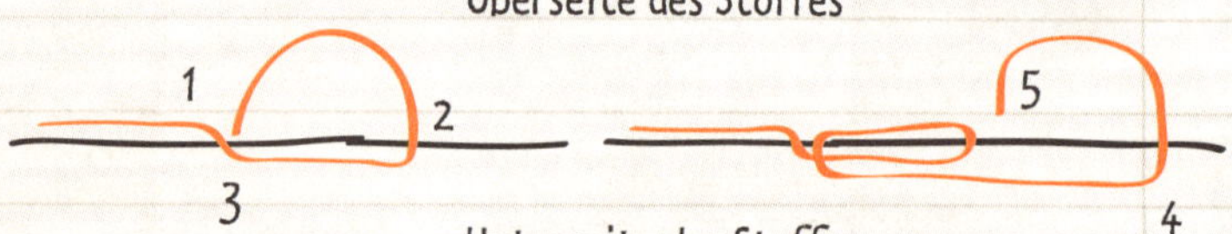

Doppelt hält besser

Doppelnähte sorgen für eine lange Haltbarkeit. Du findest sie zum Beispiel häufig bei T-Shirts am Ärmel und am Saum.

Hexenstiche

Beim Hexenstich wird über Kreuz gearbeitet. Diesen Stich haben bereits die Wikinger benutzt! Wichtig ist bei diesem Stich eine gleichmäßige Länge und Neigung im Fadenlauf, da sonst das schöne Stichmuster verwischt. Mit dem Hexenstich kann man gut Säume festnähen.

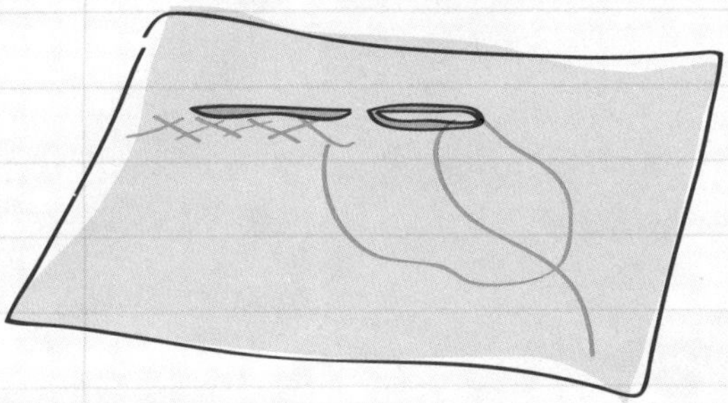

Einen Knopf annähen

Schneide dir einen Faden und mache an dem einen Ende einen Knoten. Das andere Ende fädelst du durch das Nadelöhr. Steche nun von unten nach oben durch den Stoff hindurch, dann durch ein Loch des Knopfes. Zurück geht es durch das andere Loch des Knopfes und dann wieder durch den Stoff. So geht das immer weiter, bis der Knopf richtig fest auf dem Stoff angenäht ist!

Duftsäckchen nähen

Duftsäckchen sind kleine mit Kräutern, getrockneten Blüten oder Früchten gefüllte Kissen, die sich wunderbar als Geschenk für einen besonderen Menschen eignen. Du kannst das Duftsäckchen aber auch selbst nutzen, damit zum Beispiel in deinem Zimmer immer ein Wohlgeruch in der Luft liegt oder deine Socken im Schrank gut riechen.

Für die Herstellung eines Duftsäckchens brauchst du:

- ein Stück Stoff (15 x 15 cm)
- Nadel
- Faden
- Geschenkband
- getrocknete Lavendelblüten.

Als erstes faltest du den Stoff einmal. Nun eine kurze und eine lange Seite zunähen. Eine kurze Seite bleibt zum Befüllen offen. Und die andere lange Seite ist durch das Falten ja bereits geschlossen. Stülpe jetzt das Säckchen einmal um. Die Nähte sind nun innen und dein Duftsäckchen sieht gleich viel schöner aus! Fülle das Säckchen höchstens bis zur Hälfte mit den Lavendelblüten. Zum Schluss mit einer hübschen Schleife verschließen.

Mmh, das duftet!

Wie erforsche ich die Natur mit allen Sinnen?

Wir möchten dich einladen zu einer abenteuerlichen Entdeckungsreise durch die Natur. Öffne all deine Sinne. Erlebe, erforsche und erfahre die Natur mit den Augen, mit den Ohren, mit der Nase, mit den Händen und sogar mit den Füßen!

Mit den Füßen sehen

Suche dir eine Stelle, wo der Boden möglichst abwechslungsreich beschaffen ist. Ziehe deine Schuhe und Strümpfe aus und lass dir von einem Begleiter die Augen verbinden. Du wirst nun an der Hand vorsichtig über einen Parcours geführt. Die Barfußstrecke könnte zum Beispiel über Moos, Gras, Wurzelwerk, Fichtennadeln oder durch eine kleine Wasserlache führen. Du wirst staunen, wie empfindsam Füße sein können!

Ast-Puzzle
Sammle verschiedenartige Zweige und zerbrich sie in mehrere Teile. Alle Bruchstücke gut durchmischen und auf einen Haufen legen. Ein Mitspieler muss nun die zerbrochenen Zweige wieder zusammensetzen.

Zur Ruhe kommen
Lege dich auf den Waldboden und schaue in den Himmel. Sei ganz ruhig! Betrachte die Wolken und achte auf das Flüstern der Bäume, das Flattern der Vögel und das Rauschen des Windes.

Genau hinschauen

Wir ertrinken fast in einer Flut von Bildern und Farben. Knallrote Warnschilder, bunte Reklametafeln, gelbe Wegweiser und aufdringliche Leuchtschriften drängen uns ihre Botschaften auf. In der Natur gibt es viele Dinge, die erst auf den zweiten Blick ins Auge fallen. Lege mit einer Schnur einen geschlossenen Kreis über ein abwechslungsreiches Stück Natur. Innerhalb des Kreises können Wurzeln, blühende Blumen, Steine, Moos, Laub oder Tannenzapfen liegen. Präge dir die Minilandschaft genau ein. Nun drehst du dich um und ein Mitspieler verändert einige Dinge innerhalb des Kreises. Findest du heraus, was verändert wurde?

Ertasten

Stecke in einen Baumwollbeutel ganz verschiedene Dinge aus Wald und Wiese: Federn, Eicheln, eine Klette, kleine Äste, Schneckenhäuser, Fichtenzapfen, Kastanien – fast alles ist erlaubt. Ist der Beutel gefüllt, darf ein Mitspieler behutsam den Inhalt ertasten. Wird er die Beutelgeheimnisse erfühlen?

Baumsäfte hören

Der Baum ist ein lebendes Wesen. Er ernährt sich: Das aus dem Boden aufgenommene Wasser strömt zu den Blättern und der Nährsaft, der in den Blättern produziert wird, strömt zurück in alle Teile des Baumes. Die Ströme eines Baumes hörst du am besten im Frühjahr. Lege dein Ohr dicht an den Stamm eines Baumes und lausche. Schließe dabei am besten deine Augen.

So duftet der Frühling

Das Frühjahr kannst du nicht nur sehen und hören – du kannst es sogar riechen. Im Wald riecht es besonders intensiv, denn die frischen Blätter und all die vielen Pflanzen, die zu neuem Leben erwachen, verbreiten einen unverwechselbaren Duft. Atme den Geruch von feuchter Erde, frischen Blättern und Blüten tief ein. Im Herbst riecht es im Wald ganz anders: Oft ein bisschen muffig nach feuchtem Moos, verwelkten Blättern und Pilzen.

Über Stock und Stein

Hast du schon einmal versucht, irgendwo auf einer Wiese oder im Wald ein Gesellschaftsspiel zu erfinden? Es geht ganz einfach:

Einige gleich große Steine bilden das Spielfeld. Eicheln, Kastanien oder Zapfen sind die Spielfiguren. Nur einen Würfel musst du dir von zuhause mitbringen.

Nun geht es darum, ein möglichst abwechslungsreiches Spielfeld aufzubauen, das von den Mitspielern mit den Spielfiguren bewältigt werden muss. Eine Fallgrube (kleines Loch) könnte zum Beispiel bedeuten, dass die Spielfigur an den Ausgangspunkt zurück muss. Eine Wippe aus einem Ast und einem Stein heißt: Du musst eine Runde aussetzen. Vielleicht kannst du sogar einen kleinen Fluss gestalten, der übersprungen werden muss. Oder einen Berg, auf den die Figuren mühsam kraxeln müssen. Deiner Fantasie sind keine Grenzen gesetzt!

Spüre, wie die Natur dich streichelt

Jeder sammelt verschiedene Naturgegenstände, zum Beispiel Grashalme, Federn, Blätter, Moos oder Äste. Es bilden sich Paare. Einer der beiden legt sich auf den Rücken und schließt die Augen. Der andere streicht nun mit den gesammelten Gegenständen vorsichtig über die Wangen oder Arme der liegenden Person.

Wie kann ich mit Naturfarben malen und färben?

Die Natur steckt voller Farben. Besonders im Frühjahr ist die Welt um dich herum richtig bunt: Denk nur an gelbe Tulpen, blauen Flieder oder die Blüten der Obstbäume. Diese bunte Vielfalt kannst du dir auch in dein Zimmer holen, indem du Tücher, Kissen oder T-Shirts mit Pflanzenfarben neu einfärbst.

So erhältst du Naturfarben

Das brauchst du:

- viele Zwiebelschalen
- einige Rotkohlblätter
- 1 Rote Bete
- 1 Messer
- 3 kleine Töpfe
- 1 Glas
- Wasser
- 1 Abtropfsieb

So gehst du vor:
Schneide die Rotkohlblätter und die Rote Bete in lange Streifen. Fülle die Zwiebelschalen, den Rotkohl und die Rote Bete in je einen Topf. Gib in den Zwiebeltopf drei Gläser Wasser, in den Rotkohltopf zwei Gläser Wasser und in den Rote-Bete-Topf nur ein Glas Wasser. Bringe nun das Wasser in den Töpfen zum Kochen. Nachdem es etwa 5 Minuten gekocht hat, schaltest du den Herd aus. Lass aber die Töpfe noch weitere 5 Minuten auf dem Herd stehen. Nun mit dem Abtropfsieb die Zwiebelschalen, den Rotkohl und die Rote Bete aus dem Topf holen. Am besten gleich in den Müll damit! In den Töpfen sind nun herrliche Naturfarben zurückgeblieben: Das Zwiebelwasser ist gelb-braun, das Rotkohlwasser lila-blau und das Rote-Bete-Wasser leuchtend rot.

Mit diesen Farben kannst du Stoffe färben. Oder du machst bunte Eier. Lege dafür die Eier einfach in die Farbtöpfe und koche sie darin 10 Minuten. Viel Spaß beim bunten Treiben!

Wie kommt die Farbe an den Stoff?
Durch das Kochen werden die Farbstoffe aus den Pflanzen gelöst. Diese Farbstoffe legen sich dann an die Stofffasern an.

Pflanzenfarben zum Malen

Du möchtest mit Pflanzenfarben malen? Dafür musst du eine Sorte Pflanzenteile, zum Beispiel gelben Löwenzahn, mit etwas Wasser in einem Topf zu einer breiigen Masse verrühren. Koche diesen Brei etwa 10 Minuten lang bei mittlerer Hitze. Dabei immer umrühren. Wenn die Masse abgekühlt ist, gießt du den Sud erst durch ein grobes, dann durch ein feines Sieb. Übrig bleibt die Pflanzenfarbe, die du in einem kleinen Gläschen aufbewahren kannst. Einige Pflanzen musst du erst mit dem Mörser fein reiben, bevor du sie mit Wasser anrühren kannst.

Batiken

Batiken macht Spaß! Man weiß nie genau, was am Ende dabei herauskommt. Zum Batiken musst du den Stoff oder das T-Shirt vor dem Färben mit Gummis oder Bändern abbinden. Dazu werden einzelne Stoffstücke fest umwickelt, verknotet oder gedreht. Wenn du zu lose abbindest, nimmt der Stoff darunter noch Farbe auf. Aber dort, wo du den Stoff fest abgebunden hast, kann die Farbe nicht gleichmäßig eindringen. Das ergibt hinterher die tolle Batikoptik. Du kannst beim Batiken auch Wäscheklammern einsetzen, um das Muster zu beeinflussen. Nimm besser Plastikwäscheklammern, denn die nehmen die Farbe nicht an.

Färbepflanzen

In den Blüten, Blättern, Früchten, Rinden und Wurzeln unserer Pflanzen sind färbende Substanzen enthalten. Damit kannst du Ostereier oder Stoffe einfärben. Diese Farben erhältst du zum Beispiel aus folgenden Pflanzen:

Gelb-grün färbende Pflanzen:
zum Beispiel Birkenblätter, Distel, Kamille, Rhabarber, Rosskastanien

Grün färbende Pflanzen:
zum Beispiel Beifuß (grün-braun), Brennnesselblätter, Brombeerblätter, Himbeerblätter, Spinat

Rot färbende Pflanzen:
zum Beispiel Ahornrinde, Dahlien (rote Blüten), Fichtenzapfen, Himbeere, Rosenblätter (rote Blüten)

Blau färbende Pflanzen:
zum Beispiel Heidelbeeren, Liguster, Rittersporn, Rotkohl, Wacholder (Nadeln)

Braun färbende Pflanzen:
zum Beispiel Eichenrinde, Erle, Henna, Walnuss, Zwiebel

Beizen
Um wasch- und lichtechte Farben zu erhalten, müssen Stoffe vor dem Färben gebeizt werden. Als Beize kannst du zum Beispiel Alaun verwenden. Das Alaun wird in heißem Wasser aufgelöst und der Stoff darin etwa 30 Minuten eingeweicht.

Immer mit Schürze und Handschuhen!
Hänge dir bei allen Färbevorgängen eine Schürze um und trage Gummihandschuhe. Die Naturfarben lassen sich nur schwer entfernen! Zubereitete Pflanzenfarben sind nur begrenzt haltbar und verblassen viel schneller als gekaufte Farben.

Wie führe ich ein Naturtagebuch?

Auf jedem noch so kleinen Fleckchen Natur gibt es spannende und interessante Dinge zu entdecken. Erforsche die Natur über einen längeren Zeitraum und halte deine Beobachtungen in einem Naturtagebuch fest.

Deine Forscherausrüstung

Wenn du die Natur erkunden willst, brauchst du vor allem deine Augen. Wer mit offenen Augen durch die Natur geht, entdeckt wunderschöne und außergewöhnliche Dinge. Mach dir in einem kleinen Block Notizen zu deinen Beobachtungen und sammle Gegenstände, die du später in dein Naturtagebuch einkleben möchtest. Zum Transportieren deiner Fundstücke sind kleine Umschläge sehr praktisch. Eine Pinzette hilft dir beim Aufheben leicht zerbrechlicher Dinge. Mit einer Lupe werden auch kleinste Details gut sichtbar. Vielleicht hast du sogar einen Fotoapparat, um die Schönheit der Natur festzuhalten? Mit einem Fernglas kannst du weit entfernte Tiere ganz nah sehen.

Wachstumsbericht
Du kannst auch Pflanzen bei ihrer Entwicklung beobachten. Vielleicht zeichnest du die verschiedenen Stadien des Wachstums in dein Naturtagebuch ein?

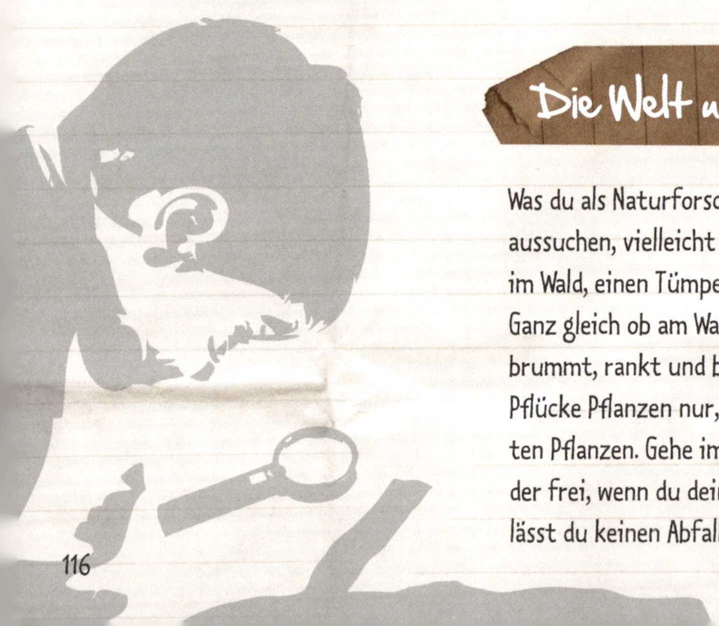

Die Welt um dich herum

Was du als Naturforscher unter die Lupe nehmen möchtest, kannst du dir selber aussuchen, vielleicht die Pflanzen in eurem Schulgarten, einen Ameisenhaufen im Wald, einen Tümpel, einen schönen Baum oder ein Vogelnest in eurem Garten? Ganz gleich ob am Wasser, im Park, im Wald oder im Gartenbeet – überall krabbelt, brummt, rankt und blüht es! Du solltest aber einige Naturschutzregeln befolgen: Pflücke Pflanzen nur, wenn genug davon vorhanden sind. Sammle keine geschützten Pflanzen. Gehe immer sorgfältig mit gefangenen Tieren um. Lass die Tiere wieder frei, wenn du deine Beobachtungen abgeschlossen hast. Und selbstverständlich lässt du keinen Abfall in der Natur zurück.

Dein Naturtagebuch

Alle spannenden Beobachtungen und Erlebnisse trägst du in dein Naturtagebuch ein. Dabei ist deine Kreativität gefragt – du kannst malen, schreiben, dichten, basteln, einkleben und vieles mehr! Nimm am besten ein Buch mit festem Einband und Ringheftung, damit du die Seiten mühelos umblättern kannst. Etwas dickeres Papier eignet sich besser zum Malen und Kolorieren. Beginne jeden Eintrag mit dem Datum. Du kannst auch noch notieren, wie das Wetter war und was du an jenem Tag gemacht hast:

Sonntag, 8. November 2009, etwas Regen.
Ich war mit Freunden im Park. Dort habe
ich diese tollen Blätter gefunden.

Blätter oder Blüten solltest du erst trocknen und pressen, ehe du sie in dein Tagebuch einklebst. Du kannst auch interessante Fundstücke wie Federn oder Samen einkleben. Trage immer ein, woher die Funde stammen und beschrifte sie.

Naturschaukästen

Du hast viel zu viele Fundsachen für dein Naturtagebuch? Aus leeren Streichholzschachteln kannst du ganz leicht Schaukästen herstellen, in denen du deine Schätze präsentieren kannst.

Rinde – die Haut des Baumes

Besonders wenn die Bäume im Winter ohne Laub dastehen, kommt ihre Rinde gut zum Vorschein. Jeder Baum hat eine eigene Rindenstruktur. Du kannst für dein Naturtagebuch festhalten, welche Rinde ein Baum hat, indem du Abreibungen davon anfertigst.

Wickle einen Bogen starkes, aber nicht zu dickes Papier um einen Baumstamm. Du kannst das Papier mit Bindfaden oder Abdeckband befestigen. Oder du drückst es einfach mit einer Hand fest an den Baum. Jetzt reibst du vorsichtig mit Wachsmalkreide über das Papier. Das Rindenmuster des Baumes überträgt sich auf das Blatt.

Notiere auf dem fertigen Abdruck noch Datum, Fundort, die Höhe am Baumstamm, Baumart und eventuell weitere besondere Merkmale.

Herbstliche Frottage

Du kannst ebenfalls die Struktur von Blättern sichtbar machen. Lege Blätter mit den Adern nach oben zwischen alte Zeitungen und einem Blatt Papier. Nun mit Ölkreide oder weichen Wachsmalstiften fest über die Blätter reiben.

Was muss ich bei einen Notfall tun?

Ein Sturz beim Skaten oder Radfahren, eine schlimme Verbrennung, ein Unfall beim Training – manchmal muss blitzschnell gehandelt werden. Auch du solltest wissen, was im Notfall zu tun ist.

Nasenbluten stoppen

Nasenbluten entsteht, wenn eines der kleinen Blutgefäße in der Nasenschleimhaut platzt. Jetzt nicht den Kopf nach hinten lehnen oder hinlegen. Besser ist es, wenn du sitzt oder stehst. Ein Handtuch oder einen Lappen mit kaltem Wasser befeuchten und als Umschlag an den Nacken legen. Außerdem mit Daumen und Zeigefinger beide Nasenflügel fest zusammenpressen. Dadurch werden auch die Blutgefäße in der Nase zusammengepresst und die Blutung wird gestoppt. Hört das Nasenbluten nicht auf, solltest du unbedingt einen Arzt aufsuchen.

Hundebisse

Bissverletzungen durch Tiere sollten immer ärztlich behandelt werden. Besonders bei wild lebenden Tieren besteht die Gefahr einer Tollwut-Übertragung.

Wichtige Telefonnummern

Notruf: 112
Polizei: 110
Giftnotzentrale München: 089/19240

Verbrennungen und Verbrühungen

Je schneller du die Brandwunde kühlst, desto weniger wird die Haut beschädigt. Halte die Wunde mindestens 20 Minuten lang unter fließendes, etwa 20 Grad kühles Wasser. Danach die Wunde mit einem Brandtuch oder sauberen Tüchern verbinden. Du darfst keine Brandsalbe auf die frische Wunde geben. Verboten sind auch Mittel, wie man sie früher empfohlen hat, zum Beispiel Butter, Puder oder Mehl. Sie verkleben die Wunde, die dann noch stärker schmerzt. Bei Verbrennungen, die größer als eine 2-Euro-Münze sind, solltest du nach der Erstversorgung einen Arzt aufsuchen.

Schnittwunden

Kleinere Schnittwunden kurz bluten lassen, damit der Schmutz aus der Wunde entfernt wird. Danach den Schnitt mit einem Pflaster oder Verband abdecken. Bei größeren Schnittwunden unbedingt einen Arzt aufsuchen.

Sonnenbrand

Schnell raus aus der Sonne! Bei einem leichten Sonnenbrand kannst du zur Kühlung Eisstückchen, kalte Kompressen und kaltes Wasser verwenden. Auch Quarkwickel, Gurkenscheiben oder auf die Haut gestrichener Joghurt können die gereizten Hautstellen kühlen. In Apotheken gibt es kühlende Salben. Bei einem schlimmen Sonnenbrand solltest du auf jeden Fall einen Arzt aufsuchen. Lass es gar nicht dazu kommen! Halte dich im Schatten auf und creme dich regelmäßig mit Sonnencreme ein.

Sportverletzungen

Du bist beim Training umgeknickt? Dein Freund hat einen Tritt oder Schlag abbekommen? Ein Knochen oder ein Gelenk schwillt an? Sofort das Training unterbrechen. Das Wichtigste ist, dass die verletzte Stelle nicht mehr bewegt wird. Wenn möglich, den schmerzenden Körperteil hochlegen und kühlen. Einen Arzt aufsuchen. Bei schweren Stürzen auf den Rücken sollte der Betroffene nur von einem Notarzt bewegt werden, da die Gefahr einer Wirbelsäulenverletzung besteht.

Zahnverlust

Durch einen Sturz kann es zu einer Zahnverletzung kommen. Meist sind die oberen Schneidezähne betroffen. Einen ausgeschlagenen Zahn kann der Zahnarzt häufig wieder einsetzen. Achte darauf, dass du den Zahn nur im Bereich der Zahnkrone und nicht an der Wurzel anfasst. Jetzt schnell zum Zahnarzt oder in eine Zahnklinik. Am besten wird der Zahn in einer Zahnrettungsbox (gibt es in der Apotheke) oder in Milch, Speichel oder einer Kochsalzlösung transportiert.

Die fünf „W"-Fragen

Wenn du einen Notruf absetzt, solltest du folgende Informationen parat haben:

Wo ist es passiert?
Nenne Ort, Straße, Hausnummer, Stockwerk ...

Was ist passiert?
Beschreibe kurz die Notfallsituation.

Wie viele Menschen sind verletzt oder erkrankt?
Diese Angaben sind wichtig, um genügend Fahrzeuge und Personal einsetzen zu können.

Welche Verletzungen oder Erkrankungen haben sie?
Sind die Personen zum Beispiel in einem lebensgefährlichen Zustand?

Warte nun auf Rückfragen!
Auch wenn das keine Frage ist: Lege erst auf, wenn das Gespräch von der Leitstelle beendet wurde!

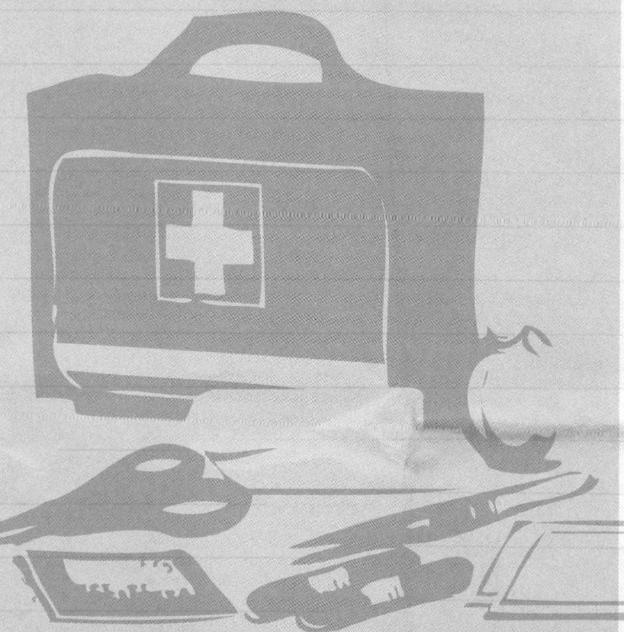

Wie bastle ich den weltbesten Papierflieger?

Papierflieger zu bauen und auf die Reise zu schicken – das macht nicht nur im langweiligen Matheunterricht Spaß! Hier erfährst du einige Tricks, wie du die Flieger am besten zum Gleiten bringst. Guten Flug!

So wird gefaltet

Krumm und schief gefaltete Papierflieger bleiben nicht lange in der Luft. Deine Papierflieger fliegen nur dann gut, wenn du sie sorgsam und akkurat faltest. Alle Faltungen müssen mit dem Lineal oder einem Fingernagel glatt gestrichen werden, damit keine Wülste entstehen und das Papier glatt anliegt. Manchmal lässt sich mit ein wenig Klebstoff nachhelfen.

Ein Mobile aus Papierfliegern
Du hast viele wunderschöne Papierflieger? Baue aus ihnen doch ein Mobile! Dann können sie bei jedem Luftzug fröhlich umhertanzen.

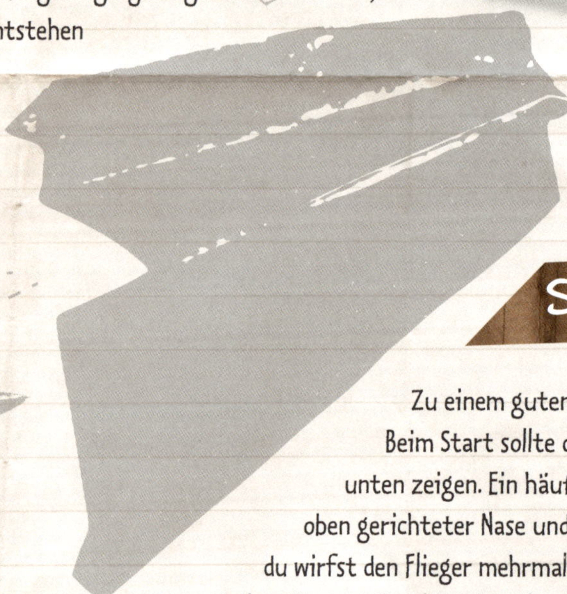

So wird geworfen

Zu einem guten Gleitflug gehört die richtige Wurftechnik. Beim Start sollte der Papierflieger mit der Nase leicht nach unten zeigen. Ein häufiger Fehler ist es, den Flieger mit nach oben gerichteter Nase und zu wenig Schub zu werfen. Am besten, du wirfst den Flieger mehrmals mit sanftem Schwung nach vorne und hältst ihn zum Vergleich jeweils an verschiedenen Stellen des Rumpfes fest. Auf diese Weise findest du die beste Griffposition heraus. Soll dein Flieger dagegen möglichst lange in der Luft bleiben, musst du ihn kräftig nach oben werfen. Wenn du eine Stoppuhr, Papier und Bleistift bereitlegst, kannst du deine Bestzeiten notieren.

Kleiner Tipp!
Wusstest du, dass einfache Modelle meist am besten fliegen?

Hilfe, er fliegt nicht!

Achte darauf, dass die Tragflächen deines Papierfliegers symmetrisch und gleich groß geformt sind. Nur wenn dein Flieger stabil ist, gleitet er richtig. Eine leichte Y- oder V-Form erhöht die Flugstabilität. Die meisten Papierflieger fliegen beim ersten Start selten gut. Der erste Start soll nur zeigen, wie sich der Flieger verhält: Stürzt er vielleicht steil ab oder segelt er schon anmutig in die Ferne? Gib also nicht zu schnell auf! Hast du das Problem gefunden, kannst du den Flieger verbessern. Schon eine leichte Veränderung des Tragflächenwinkels kann die Flugleistung stark beeinflussen. Zu einem Sturzflug kommt es, wenn der Flieger nach unten gelenkt wird. Dann ist entweder die Nase zu schwer oder die hintere Hälfte ist zu leicht. Ein wirksames Gegenmittel ist, die Hinterkanten der Tragflächen noch oben zu biegen.

Lustig-bunte Papierflieger

Du kannst deine Papierflieger aus Druckerpapier, Kopierpapier, buntem Zeitschriftenpapier, gemustertem Geschenkpapier, Einwegtischdecken und natürlich auch aus Schulheftseiten herstellen. Nicht geeignet sind zu schlaffe oder zu schwere Papiere.

Neue Papierflieger entwerfen

Mit viel Geduld und etwas Glück wird es dir bestimmt gelingen, einen eigenen Papierflieger zu entwickeln. Probier es einfach aus: Außer ein paar Bögen Papier hast du schließlich nichts zu verlieren!

Ein blitzschneller Papierflieger

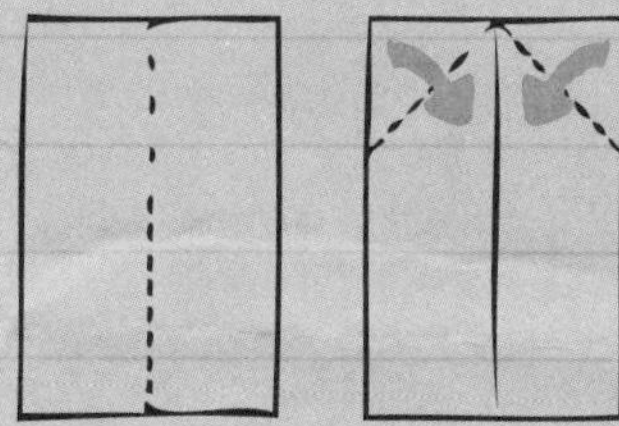

Für diesen schnellen Flieger brauchst du einen Bogen Papier im DIN A4-Format:

Falte das Blatt Papier der Länge nach und entfalte es wieder. Knicke die linke und die rechte Ecke bis zur Mittellinie.

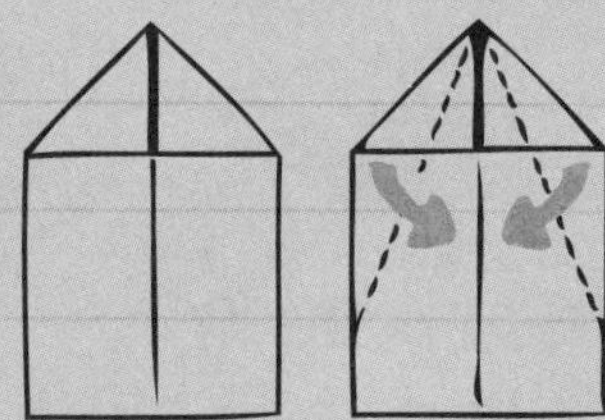

Falte die so entstandene obere linke und rechte Ecke erneut zur Mittellinie.

Falte den Flieger der Länge nach zusammen, so dass beide Hälften aufeinanderliegen.

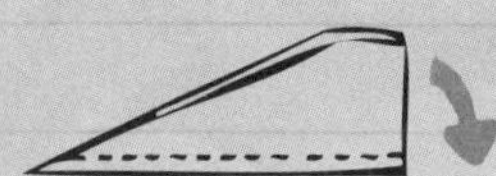

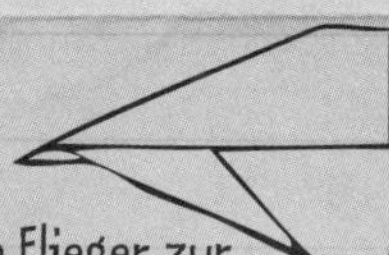

Drehe den Flieger zur Seite, so dass er quer vor dir liegt. Falte nun den oberen Flügel entlang der gestrichelten Linie. Verfahre ebenso auf der anderen Seite.

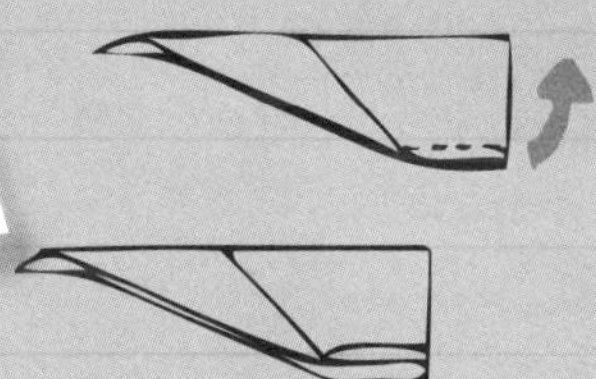

Falte nun die kurze untere Kante entlang der gestrichelten Linie nach oben. Drehe den Flieger und falte auch die zweite kurze Seite nach oben.

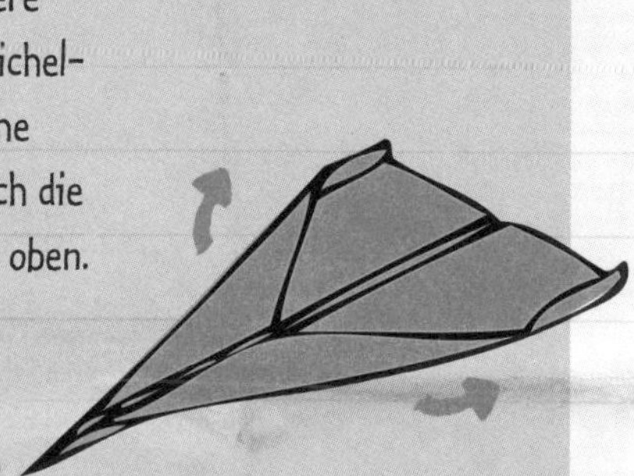

Abschließend klappst du beide Flügel zu einer geraden Fläche hoch und richtest die Seitenkanten auf.

Fertig ist dein Papierflieger!

Was gehört zu einer gelungenen Party?

Du planst eine coole Party und willst alle deine Freunde dazu einladen? Ein paar Dinge solltest du beachten, damit deine Feier ein voller Erfolg wird!

Ein Motto

Wenn du Zeit hast und deine Freunde richtig beeindrucken möchtest, stellst du deine Party am besten unter ein Motto. Dann ist es für dich auch leichter, die dazu passenden Spiele, kleinen Preise und die Dekoration vorzubereiten. Brauchst du noch ein witziges Motto?

- Hut ab: Jeder bringt einen Hut mit
- Weltraumparty: Außerirdische entdeckt!
- Gruselkabinett: Hexen, Vampire, Monster ...
- Zirkus: Vorhang auf und Manege frei!
- Wasserparty (im Sommer)
- Safariparty mit gefährlichen Abenteuern
- Discoparty mit Casting und Karaoke-Singen
- Ein Buchstabe aus dem Alphabet (such dir einen Buchstaben aus)

Großzügig planen
Überlege dir mehr Spiele, als es Zeit dafür gibt. Viele Spiele funktionieren oft nicht so, wie sie geplant waren!

Dekoration
Aus mehrfach gefaltetem Papier kannst du witzige Girlanden schneiden. Auch farbige Luftballons und viele Luftschlangen peppen deinen Party-Raum auf.

Planung und Vorbereitung

Je besser vorbereitet du bist, desto gelassener kannst du deiner Feier entgegen sehen. Wie viele Freunde willst du einladen? Wann, wo und wie lange wollt ihr feiern? Zu jeder Party gehört eine schöne Einladung. Wenn du sie nicht selbst basteln oder am Computer erstellen magst, kannst du sie auch kaufen. Am besten verteilst du die Einladungen schon zwei Wochen vor dem Fest. Die Personen, die sich etwa vier Tage vor der Party noch nicht bei dir gemeldet haben, fragst du besser noch einmal persönlich, ob sie kommen oder nicht. Du solltest dir auch rechtzeitig überlegen, was du an Essen und Getränken anbieten möchtest. Wenn es sehr heiß ist und ihr euch viel bewegt, brauchst du vor allem reichlich Getränke!

Spiele, Spiele, Spiele

Bereite schon vor deiner Party eine Liste mit Spielen vor, die ihr machen könnt. Du brauchst Spiele zum Einstieg, damit sich deine Freunde gleich bei dir wohl fühlen. Lustige und spannende Spiele sorgen für richtig gute Stimmung! Gut sind zudem ein paar ruhige Spiele für den Ausklang des Festes. Kann man bei den Spielen etwas gewinnen? Die Preise müssen nicht teuer sein. Es können kleine Geschenke sein, die du zum Beispiel auf dem Flohmarkt gekauft hast. Oder du nimmst Werbegeschenke wie Stifte, Frisbees, Wasserbälle oder Schlüsselanhänger. Und sicherlich freuen sich deine Freunde auch über Süßigkeiten!

Wie viele Gäste?

Wie viele Freunde willst du einladen? Ein guter Tipp: Genauso viele Gäste, wie Kerzen auf der Torte brennen! Und bitte Erwachsene oder ältere Geschwister, dir bei der Durchführung der Party zu helfen.

Spiele für deine Party

Nur Mut!

Du schreibst schon vor der Party kleine Aufgaben auf Zettel. Jeder Partygast zieht dann einen Zettel, liest ihn laut vor und erfüllt die Aufgabe, zum Beispiel mit geschlossenem Mund singen, eine fürchterliche Grimasse ziehen, einen Witz erzählen oder ein ekliges Rezept erfinden.

Immer der Größe nach

Verbindet euch die Augen und fangt euch gegenseitig. Jetzt müsst ihr versuchen, euch der Größe nach aufzustellen: Der kleinste Gast kommt nach vorne, der größte Gast nach hinten.

Ballonjagd

Bindet euch mit einer Schnur einen Luftballon an den Fuß (er muss den Boden berühren). Ziel ist es, die Luftballons der anderen zerplatzen zu lassen. Dabei ist fast alles erlaubt: springen, kneifen, treten ...

Schuhwettlauf

Jeder zieht einen Schuh aus und legt ihn hinter die Ziellinie auf den Schuhberg. Los geht's! Mit einem Bein hopst ihr zum Ziel, nehmt euren Schuh, zieht ihn an und rennt zum Ausgangspunkt zurück. Wer ist am schnellsten?

Zeitungstanz

Jeder Gast erhält einen Doppelbogen Zeitungspapier, auf dem er steht und tanzt. Wird die Musik gestoppt, falten alle Gäste ihren Bogen zur Hälfte. Nach jeder Musikunterbrechung wird das Spiel schwieriger. Wer die Grenzen seiner Zeitung übertritt, scheidet aus. Wer ist am Ende übrig?

Was gehört zur Grundausstattung eines Pfadfinders?

Ein echter Pfadfinder braucht vor allem Herz, Hand und Verstand. Viel mehr eigentlich nicht. Und doch gibt es einige Dinge, die das Pfadfindersein leichter und schöner machen!

Die Kluft

Einige Pfadfinderbünde haben eine bestimmte Kleiderordnung. Dadurch wird das Zusammengehörigkeitsgefühl gestärkt und besser sieht es oft auch aus! Trage zu deiner Kluft gute Wanderstiefel.

Das Allzeit-Bereit-Päckchen

Mit dem AZB-Päckchen ist eine kleine Notfallausrüstung gemeint. Damit bist du auf unvorgesehene Situationen immer gut vorbereitet. Pack die folgenden Gegenstände am besten in eine wasserdichte Gürteltasche: Taschenmesser, Streichhölzer oder Feuerzeug, Kerze, biegsamen Draht, Nähzeug, Telefonkarte und Kleingeld, Heftpflaster, Desinfektionsmittel, Baumwolltuch, Papier und Bleistift sowie Traubenzucker und/oder Schokoriegel.

Die wichtigsten Telefonnummern

Damit du in einem Notfall Hilfe herbeiholen kannst, solltest du immer eine Liste mit den wichtigsten Telefonnummern bei dir führen. Notiere dir die Telefonnummer deiner Eltern oder die Nummer sicher erreichbarer Verwandter. Wichtig sind auch die Telefonnummern von Ärzten und/oder Krankenhäusern in der Nähe, von Rettungsdiensten, der Polizei, der Feuerwehr und eventuell von der Berg- und/oder der Wasserwacht. Ganz moderne Pfadfinder haben all diese Nummern bereits in ihrem Handy gespeichert! Damit dir in einem echten Notfall schnell geholfen werden kann, solltest du deine Blutgruppe kennen und deinen Impfpass und eventuell einen Allergiepass bei dir tragen.

Gerüstet für jedes Abenteuer

Deine weitere Ausrüstung hängt natürlich davon ab, wie lange und wo du unterwegs sein wirst. Auch die Jahreszeit und das Klima solltest du berücksichtigen. Mit der richtigen Ausrüstung wird es für dich dann kein Problem sein, mehrere Tage in der Wildnis zu verbringen. Denke aber auch an das Koschi! Jeder Pfadfinder weiß sofort, was damit gemeint ist. Das ist das Kochgeschirr! Ein gutes Koschi muss stabil und leicht sein. Wie umfangreich das Kochgeschirr ist, hängt wiederum davon ab, wie lange du in der Natur sein wirst. Eine Trinkflasche solltest du aber immer dabei haben. Ohne Nahrung kann ein Mensch eine ganze Zeit lang überleben, ohne Wasser aber nur wenige Tage. Keine Angst, ganz so schlimm wird es wohl nicht werden. Falls du auch an einen Kompass und an eine aktuelle Land- oder Wanderkarte denkst!

Rucksack

Pfadfinder sind oft von zu Hause weg. Damit du dein Hab und Gut vernünftig verstauen kannst, brauchst du einen großen Wanderrucksack.

Pack-Regeln

Kennst du die drei goldenen Pack-Regeln?

- Weniger ist mehr.
  Beschränke dich auf das Notwendigste!

- Gute und gepflegte Ausrüstung spart überflüssigen Reservekram.

- Eine gute Packtechnik spart enorm viel Platz!
  Das Gewicht sollte so verteilt sein, dass der Schwerpunkt an deinem Rücken und in Schulterhöhe liegt. Stopfe Packlöcher mit Socken oder anderem Kleinkram aus. Kleine Packbeutel sorgen für Ordnung im Rucksack.

Noch ein Pack-Tipp!
Packe nichts Hartes in den Rückenbereich.
Und achte auf eine sinnvolle Packreihenfolge:
Was häufig gebraucht wird, kommt nach oben oder außen.

Ein kuscheliger Schlafsack

Warum du einen guten Schlafsack brauchst, kannst du dir sicherlich denken! Damit die Nächte nicht zu ungemütlich werden, solltest du dir auch eine Isomatte anschaffen. Achte beim Kauf auf die Größe und das Gewicht: Schließlich musst du die Sachen irgendwie in oder an deinen Rucksack bekommen und auch tragen!

Was muss ein echter Pfadfinder wissen?

Als Pfadfinder muss man einiges wissen, um in der Antarktis nicht von einem Löwen gefressen zu werden …

Von Kartenlesen bis Hüttenbauen

Was erwartet einen bei den Pfadfindern? Was lernt man dort? Erfahrene Pfadfinder wissen zum Beispiel, wie man Knoten knüpft, ein Floß baut, Feuer macht, ein Zelt aufstellt, einen Rucksack vernünftig packt, ein Iglu oder eine Hütte baut, Karten liest und Wegzeichen oder Tierfährten deutet. Doch bei den Pfadfindern wird auch gespielt, getobt, gekocht, gelacht, gemalt und gebastelt. Dort findet man neue Freunde und macht viele Entdeckungen. Lass dich überraschen!

Eine tolle Idee!

Die Pfadfinderbewegung wurde 1907 von dem englischen General Robert Baden-Powell ins Leben gerufen.

Pfadfinder kennen sich aus in der Natur

Pfadfinder versuchen, im Einklang mit der Natur zu leben. Fern von Computerspielen, Handys und Fernsehen machen sie Geländespiele im Wald und orientieren sich mit Karte und Kompass. Pfadfinder wissen, wie man sich in der Natur zurechtfindet. Sie lieben die Natur. Deswegen sind sie auch oft draußen anzutreffen: bei Zeltlagern, Kanufahrten, Wanderungen, Lagerfeuern oder auf Fahrradtouren. Dabei lernen sie verschiedene Länder und Landschaften kennen. Außerdem bemühen sie sich, aktiven Umweltschutz zu betreiben. Denn ein echter Pfadfinder schützt die Natur! Wenn du keine bestehende Pfadfindergruppe findest oder dich keiner anschließen möchtest, dann versuche, ein paar Freunde zu gewinnen, mit denen du ein Lager aufbauen und einige Tage in der freien Natur verbringen kannst.

Das Pfadfindergesetz

Das Pfadfindergesetz besteht aus 10 Punkten.
Jeder Pfadfinder sollte es kennen:

1. Auf die Ehre eines Pfadfinders ist Verlass.
2. Der Pfadfinder ist treu.
3. Der Pfadfinder ist hilfsbereit.
4. Der Pfadfinder ist Freund aller Menschen und Bruder aller Pfadfinder.
5. Der Pfadfinder ist höflich und ritterlich.
6. Der Pfadfinder schützt Pflanzen und Tiere.
7. Der Pfadfinder ist gehorsam.
8. Der Pfadfinder lacht und pfeift in allen Lebenslagen.
9. Der Pfadfinder ist fleißig und sparsam.
10. Der Pfadfinder ist rein in Gedanken, Worten und Werken.

Die gute Tat
Als Pfadfinder solltest du jeden Tag daran denken, eine gute Tat zu tun.

Wichtige Wegzeichen

Wegzeichen dienen dazu, anderen Pfadfindern die Marschrichtung anzuzeigen oder verschlüsselte Botschaften zu übermitteln. Pfadfinder erstellen diese Zeichen mit Sachen, die gerade zur Verfügung stehen, zum Beispiel Steine, Stöcke oder Papier.

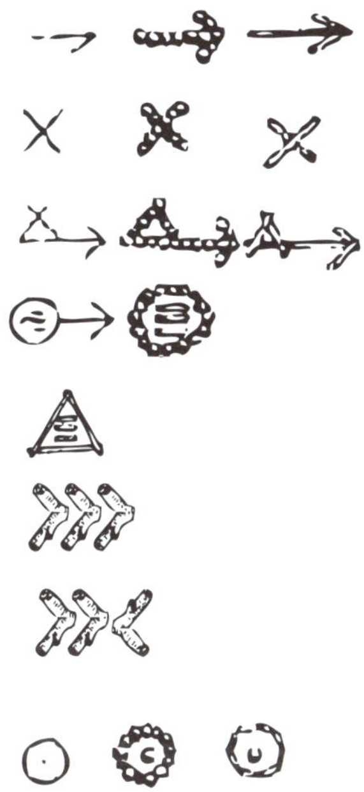

Folge diesem Weg!
Diesem Weg nicht folgen!
Weg zum Lagerplatz
Trinkwasser
Kein Trinkwasser!
Freunde
Feinde
Wir haben unsere Aufgabe erledigt und sind nach Hause gegangen.

Der Pfadfindergruß
Die rechte Hand wird bis zur Schulterhöhe gehoben. Die drei mittleren Finger bleiben gestreckt, der Daumen wird über den kleinen Finger gelegt.

Altersstufen
Die jüngsten Pfadfinder (0-6 Jahre) heißen Biber. Dann kommen die Wölflinge (7 bis 11 Jahren), die Pfadfinder (12 bis 16 Jahre) und die Rover (ab 17).

Wie gehe ich mit Pfeil und Bogen um?

Früher wurden Pfeil und Bogen als Jagd- und Kriegswaffen benutzt. Heute ist das Bogenschießen ein beliebter Freizeitsport. Beim Bogenschießen wird sehr viel Wert auf Haltung, Konzentration und Technik gelegt.

Ins Schwarze treffen

Bogenschützen müssen Pfeile auf eine Zielscheibe schießen, die in einer bestimmten Entfernung aufgebaut ist. Bei Weltmeisterschaften werden insgesamt 144 Pfeile aus verschiedenen Distanzen geschossen. Die Zielscheibe ist in Ringe eingeteilt. Das schwarze „Bullseye" in der Mitte zählt zehn Punkte. Je weiter außen der Schütze trifft, desto weniger Punkte bekommt er. Für einen Treffer im äußersten Ring gibt es nur noch einen Punkt.

Immer das Ziel im Auge

Bogenschießen ist ein ruhiger Sport. Konzentriert stehen die Schützen an der Schusslinie. Sie blicken auf das Ziel, heben den Bogen an und spannen – Schuss. Dabei darf sich der Bogenarm nicht im geringsten bewegen. Nicht die Kraft, sondern die Technik ist entscheidend. Bogenschützen wiederholen immer wieder ein und denselben Bewegungsablauf Der Griff in den Bogen, der Griff in die Sehne und der Stand sollen immer identisch ausgeführt werden. Das schafft man nur durch langjähriges Training

Holz, Metall oder Karbon?

Viele traditionelle Schützen verwenden auch heute noch Holzbögen und Holzpfeile. Beim olympischen Bogenschießen sind die Bögen aus Metall oder auch aus Karbon. Technisch besonders anspruchsvoll sind die sogenannten Compoundbögen, die in Wettbewerben eine eigene Klasse darstellen.

Richtig atmen, besser schießen

Das richtige Atmen ist beim Bogenschießen ganz wichtig, denn es trägt wesentlich zur Konzentration bei. Viele Menschen atmen zu sehr in die Brust statt in den Bauchraum. Kontrolliere deine Atmung, indem du die Hände auf deinen Bauch legst. Beim Einatmen muss sich deine Bauchdecke nach außen wölben, beim Ausatmen sinkt sie wieder nach innen. Wenn du das einige Male wiederholst, spürst du, wie du automatisch ruhiger wirst. Nun tief einatmen, den Bogen spannen und dann den Pfeil, nachdem du ein wenig ausgeatmet hast, in Richtung Ziel sausen lassen.

Auf festen Stand achten

Wichtig beim Bogenschießen ist eine gerade Körperhaltung. Deine Füße stehen schulterbreit auseinander, dein Körpergewicht ist auf beide Beine verteilt. Finde einen festen, sicheren Stand. Man richtet den Körper immer im rechten Winkel zum Ziel aus. Rechtshänder drehen sich nach links zum Ziel. Die Bogenhand weist in Zielrichtung. Linkshänder drehen sich nach rechts.

Sicherheitsregeln

Bogenschießen ist ein faszinierender, aber auch nicht ganz ungefährlicher Sport. Du darfst mit Pfeil und Bogen nie auf Menschen oder Tiere schießen! Achte beim Schießen immer darauf, dass alle Personen, die dir zuschauen, hinter dir stehen! Schieße nur auf Zielscheiben, die für das Bogenschießen geeignet sind. Keine unkontrollierbaren Hochschüsse! Sind mehrere Bogenschützen beieinander, darf nur gemeinsam geschossen werden. Hinterher werden auch gemeinsam die Pfeile eingesammelt.

Pfeil und Bogen selber herstellen

Mit etwas Geschick kannst du dir aus einem Zweig und einer Paketschnur einen schönen Bogen basteln.

Suche dir für deinen Bogen einen langen, biegsamen Zweig (zum Beispiel Haselnuss oder Weide). An beiden Enden des Zweiges musst du mit deinem Taschenmesser eine Kerbe schnitzen. Dort wird die Schnur festgeknotet. Dabei den Bogen etwas biegen. Achte darauf, dass die Schnur genug Spannung hat.

Jetzt für die Pfeile gerade Äste suchen und die Rinde abschaben. Das Ende der Äste erhält eine Kerbe für die Schnur. Auf diesen Kerben wird dann das Seil vom Bogen gespannt.

Forme aus Watte noch dicke Bällchen und stecke sie auf die Pfeilspitze. Jetzt um die Watte eine Serviette legen und diese mit zwei Gummis befestigen. Wenn du magst, kannst du unter die Gummis einige Federn stecken. Fertig sind wunderschön bunte und ungefährliche Pfeile!

Die richtige Entfernung

Zu Beginn solltest du nicht weiter als drei bis vier Meter von der Zielscheibe entfernt stehen. Wenn du sicherer geworden bist, kannst du die Entfernung langsam steigern.

Wie bestimme ich Pflanzen und Bäume?

Pflanzen und Bäume zu bestimmen macht einen Riesenspaß. Es ist eine richtige Detektivarbeit: Du musst dir viel Mühe geben, denn die kleinsten Details sind wichtig. Doch dafür gibt es auch eine Menge zu entdecken!

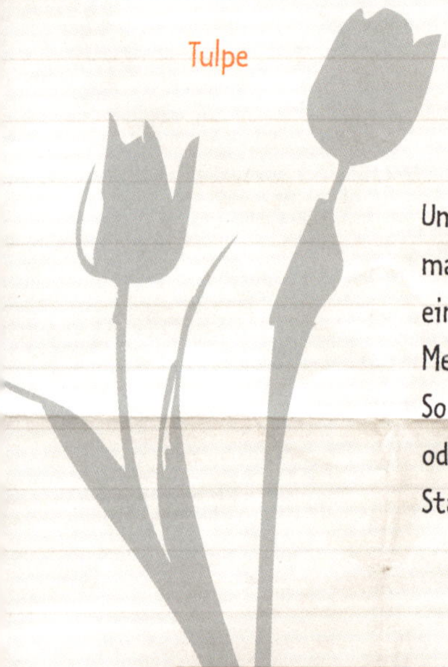

Tulpe

Ahorn

Die Blüte

Um eine Pflanze oder einen Baum bestimmen zu können, musst du sie auf verschiedene Merkmale hin untersuchen. Einige Merkmale sind leicht zu erkennen. Viele Pflanzen, darunter auch einige Baumarten, haben beispielsweise Blüten. Diese helfen dir beim Bestimmen. Wichtige Merkmale sind die Blütenfarbe, die Blütenform, die Blütezeit und die Anzahl der Blütenblätter. So kannst du zum Beispiel anhand der typischen Blütenform sofort eine Rose von einer Tulpe oder Nelke unterscheiden. Kleiner Tipp: Sollte eine Pflanze noch nicht blühen, so merke dir ihren Standort und suche sie nach einiger Zeit wieder auf.

Die Früchte

Klein und handlich

Es gibt Bestimmungsbücher im Hosentaschenformat. Damit sind Sonntagsspaziergänge garantiert keine langweilige Angelegenheit mehr!

Die Frucht ist der Teil der Pflanze, der den Samen bis zur Reife umschließt. Viele Pflanzen kannst du anhand der Früchte sicher bestimmen. Die meisten Pflanzen tragen ihre Früchte im Herbst. Also dann nichts wie raus in die Natur und staunen und sammeln! Hagebutten, Bucheckern, Eicheln und Kastanien wirst du bestimmt sofort erkennen. Doch was ist das für eine Frucht? Nimm eine heruntergefallene Frucht mit nach Hause und bestimme sie mit Hilfe eines Bestimmungsbuches. Viele Früchte fallen mit ihren leuchtenden Farben schnell ins Auge und locken zum Verzehr. Nicht vergessen: Du darfst nur solche Früchte essen, die du sicher kennst oder bestimmen kannst!

Die Blätter

Pflanzen atmen und ernähren sich mit Hilfe ihrer Blätter. Wenn du dich im Wald umschaust, siehst du überall Blätter: herzförmige Lindenblätter, längliche Buchenblätter mit gezacktem Rand, sehr große Kastanienblätter oder Nadeln von Nadelbäumen – denn auch das sind Blätter, nur in einer sehr spitzen, robusten Form. Anhand der Blätter kannst du Bäume und Sträucher bestimmen. Schaue dir nicht nur die Blattform und den Blattrand genau an. Bei einigen Baumarten musst du auch die Blattstellung am Zweig betrachten. Stehen die Blätter in Gruppen oder einzeln? Sitzen sie abwechselnd am Zweig oder stehen sie sich paarweise gegenüber? Darum ist es häufig besser, anstelle eines einzelnen Blattes einen kleinen Zweig vom Baum mitzunehmen. Bestimmungsbücher stellen die Bäume mit ihren wichtigsten Merkmalen vor. Meistens richtet sich die Einteilung nach der Anordnung und Form der Blätter.

Riesige Blätter

Zusammengesetzte Blätter können sehr groß werden. Die Blätter der afrikanischen Raffiapalme werden bis zu 25 Meter lang! Zum Vergleich: Ein erwachsener Blauwal ist auch etwa 25 Meter lang.

Linde

Eiche

Stockschlange

Um ihren Körper zu erwärmen, liegen Schlangen gerne in der Sonne. Steif wie ein Stock. Mache es umgekehrt: Suche einen gekrümmten Stock im Wald und verwandele ihn in eine Schlange.

Hast du einen tollen Stock gefunden? Dann brich alle kleinen Äste ab und entferne die lockere Rinde. Säubere den Stock mit Sandpapier und glätte raue Stellen. Jetzt kannst du ihn mit Farbe bemalen. Nachdem der erste Anstrich getrocknet ist, zeichnest du noch ein Gesicht und verzierst den Schlangenkörper mit bunten Ringeln, Tupfern oder anderen Mustern.

Nun fehlt nur noch eine kleine Zunge aus Filz. Sieht richtig gefährlich aus, deine Stockschlange!

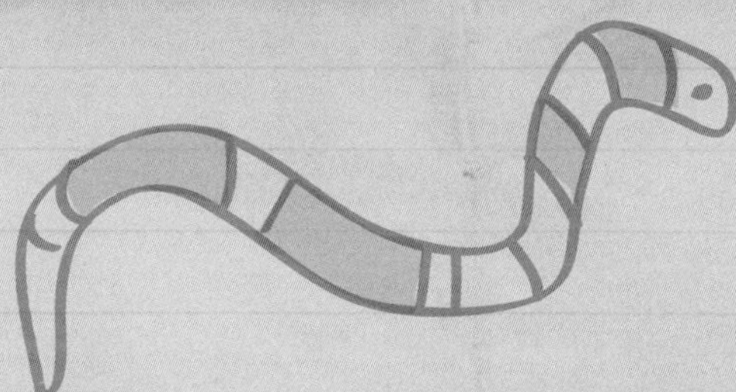

Lustige Namen

Manche Pflanzen haben wirklich witzige Namen! Kennst du zum Beispiel den Klappertopf, den Stinkbaum, die Hundszunge oder das Hasenohr? Vielleicht findest du ja heraus, warum sie so heißen.

Was gehört zu einem gelungenen Picknick?

Endlich schönes Wetter: Wie wäre es mit einem gemütlichen Picknick für dich und deine Freunde? Notfalls kannst du auch deine Eltern oder Geschwister mitnehmen. Unter freiem Himmel schmeckt es einfach allen besser!

Dass muss mit

- Decke (am besten eine, die auf der Unterseite eine Thermofolie hat)
- Picknickkorb mit Leckereien
- Getränke (eventuell in einer Kühlbox)
- Plastikteller und Plastikbecher (sind leicht und unzerbrechlich)
- Taschenmesser
- Holzbrettchen
- Servietten und/oder Handtuch
- Mülltüte
- Sonnenschutz (Creme, Hut, Brille)

Goldene Picknick-Regel
Alles, war ihr mitgebracht habt, nehmt ihr auch wieder mit nach Hause!

Was kommt in den Korb?

Gut ist alles, was man direkt aus der Hand essen kann: Laugenbrezeln, lecker belegte Brote oder Sandwiches, Muffins, Müsliriegel, kleine Frikadellen oder gebratene Hähnchenschenkel. Praktisch sind Lebensmittel, die ihre Verpackung gleich mitliefern, zum Beispiel Äpfel, Bananen oder hart gekochte Eier. Lecker sind auch Gemüsesticks: Paprika, Möhren, Gurke oder Kohlrabi in dicke Streifen geschnitten. Du wirst erstaunt sein, wie sehr frische Luft den Appetit anregt. Nimm also reichlich Proviant mit! Zum Trinken eignen sich kalter Früchtetee, Saftschorlen und Mineralwasser. Diese Getränke löschen euren Durst am besten. Auch gefrorene Fruchtsäfte, die unterwegs langsam auftauen, sind super Durstlöscher!

Leckere Käse-Gemüse-Spieße

Fehlt dir noch ein leckeres Rezept für vier Kinder? Einfach herzustellen sind Spieße mit Käse und Gemüse. Du brauchst etwa 200 Gramm Gouda oder Emmentaler am Stück, eine kleine Salatgurke, vier kleine Möhren, ein paar Cocktailtomaten, Paprika und zwei Scheiben Vollkornbrot. Bestreiche das Brot dünn mit Butter. Nun das Gemüse waschen und eventuell abschälen. Alles in mundgerechte Stücke schneiden und die Sachen abwechselnd auf die Spieße stecken. Guten Appetit! Du möchtest deinen Freunden etwas Raffiniertes anbieten? Dann umwickle doch einmal dünne Brotstangen mit Schinken. Wenn du magst, steckst du noch etwas Rucola dazwischen.

Auf der Wiese

Versucht doch einmal, mit euren nackten Füßen Gras zu rupfen. Wer hat am Ende den größten Haufen?

Was schmeckst du?

Wie wäre es mit einem Büffet der besonderen Art? Dafür musst du verschiedene Lebensmittel vorbereiten und in kleinen Gefäßen mitnehmen. Ihr habt einen schönen Platz auf einer Wiese, an einem Fluss oder einem Baggersee gefunden? Dann kann es losgehen: Deine Freunde schließen die Augen und werden von dir vorsichtig gefüttert. Nun müssen sie erraten, um welche Kostprobe es sich handelt.

Was kannst du anbieten?

Süßes – Zuckerwürfel, Melonenstückchen
Salziges – Salzbrezeln, salziges Popcorn
Saures – Essiggurken, Zitronenscheiben
Scharfes – Peperoni, scharfe Chips

Du solltest deinen Freunden natürlich nur essbare und ungefährliche Produkte geben!

Weißt du, wie man die Sinne täuschen kann? Verbinde einem Freund die Augen und klemme ihm eine Wäscheklammer auf die Nase. Jetzt wird er nicht mehr erkennen, ob du ihm gerade eine Karottenscheibe oder ein Apfelstückchen in den Mund gesteckt hast. Unsere Zunge unterscheidet nur Süßes, Salziges, Saures und Bitteres. Sie kann in diesem Fall also nicht helfen. Und auch Augen und Nase sind bei diesem Experiment ausgeschaltet.

Radel-Picknick

Wer mit dem Fahrrad zum Picknick aufbricht, kommt weiter als jemand, der zu Fuß unterwegs ist. Außerdem muss man den Picknickkorb nicht schleppen!

Welche Pilze sind essbar?

Gehst du im Herbst Pilze sammeln? Dann solltest du dich gut mit Pilzen auskennen. Es gibt ungenießbare, giftige und sogar tödlich giftige Pilze. Du musst lernen, sie sicher zu erkennen. Pilze, bei denen du auch nur den geringsten Zweifel hast, solltest du immer stehen lassen!

Tipps für das richtige Sammeln

Halte die Pilze immer weit unten am Stiel fest, um sie nicht zu zerdrücken, und drehe sie vorsichtig aus dem Boden heraus. So wird das unterirdische Myzel nicht zerstört. Sammle keine unvollständigen, beschädigten oder faulenden Pilze. Lass auch zu junge oder zu alte Exemplare stehen. Transportiere die Pilze in einem Korb, niemals in einer Plastiktüte. Die Pilze können sonst faulen und giftig werden. Pilze sollten am Tag des Sammelns gegessen werden.

Gefährliche Doppelgänger

Sammle nur die Pilze, die du kennst. Außerdem solltest du immer ein Bestimmungsbuch mit genauen Beschreibungen der Pilze bei dir tragen. Es ist schwierig, giftige von ungiftigen Pilzen zu unterscheiden. Viele Speisepilze haben gefährliche Doppelgänger. So kann der Wiesenchampignon leicht mit dem tödlichen Knollenblätterpilz verwechselt werden. Als Anfänger unter den Pilzsammlern konzentrierst du dich am besten auf die Familie der Röhrlinge. Diese haben unter dem Hut einen sogenannten Schwamm. Fast alle Röhrlinge (zum Beispiel Steinpilz, Maronenröhrling) kann man essen. Lamellenpilze hingegen sind häufig giftig.

Volksweisheit
Alle Pilze kann man essen, manche aber nur einmal!

Warum sind manche Pilze giftig?
Forscher haben herausgefunden, dass Pilze ohne Gift viel öfter von Tieren gefressen werden. Das Gift ist also ein Schutzschild der Pilze gegen ihre natürlichen Feinde.

Woran erkenne ich giftige Pilze?

Leider gibt es keine eindeutigen Zeichen, um giftige von ungiftigen Pilzen zu unterscheiden. Wenn du Schnecken, Käfer oder Maden auf den Pilzen findest, sagt das überhaupt nichts aus: Giftige Pilze schmecken vielen Tieren sehr gut! Auch so dramatisch klingende Namen wie Flockenstieliger Hexenröhrling oder Warzenschirmling sind kein Hinweis auf die Giftigkeit. Nur die sichere Kenntnis der Arten schützt dich vor unangenehmen Überraschungen. Im Zweifelsfall solltest du einen Pilzberater aufsuchen. Die Adresse bekommst du zum Beispiel beim örtlichen Gesundheitsamt.

Was tun bei einer Pilzvergiftung?

Wenn du dich nach einer Pilzmahlzeit unwohl fühlst und der Verdacht besteht, dass es sich um eine Pilzvergiftung handeln könnte, solltest du unbedingt einen Arzt aufsuchen oder die Giftnotzentrale anrufen. Wirf die Pilzreste nicht weg, sondern hebe sie für genauere Untersuchungen auf. Du solltest auf keinen Fall Milch trinken, da viele Gifte in Fett gut löslich sind und so schneller in die Blutbahn gelingen. Erste Hilfe: Magenentleerung durch Erbrechen. Viel lauwarmes, gesalzenes Wasser oder Kitzeln im Schlund kann ein Erbrechen herbeiführen.

Besondere Pflanzen

Wusstest du, dass Pilze kein Licht zum Wachsen brauchen? Sie benötigen aber Wärme und Feuchtigkeit.

Giftige Pilze !

Der Klassiker – Fliegenpilz

Mit seinem auffälligen Hütchen (rot mit weißen Tupfern) gehört er zu den schönsten Pilzen, die man in unseren Wäldern finden kann. Der Fliegenpilz gilt als Glückssymbol. Doch Vorsicht: Ein Verzehr kann zu Rauschzuständen und schweren Vergiftungserscheinungen führen!

Der Stinkende – Satansröhrling

Du erkennst diesen giftigen Röhrling an seinem ekelhaften Geruch und seinem roten, meist dickbäuchigen Stiel. Der Satansröhrling verursacht schwere Magen- und Darmbeschwerden.

Der Heimtückische – Dottergelber Klumpfuß

Trotz seines ansprechenden gelben Äußeren ist dieser in den Bergen unter Nadelbäumen wachsende Pilz tödlich giftig.

Der Giftigste – Grüner Knollenblätterpilz

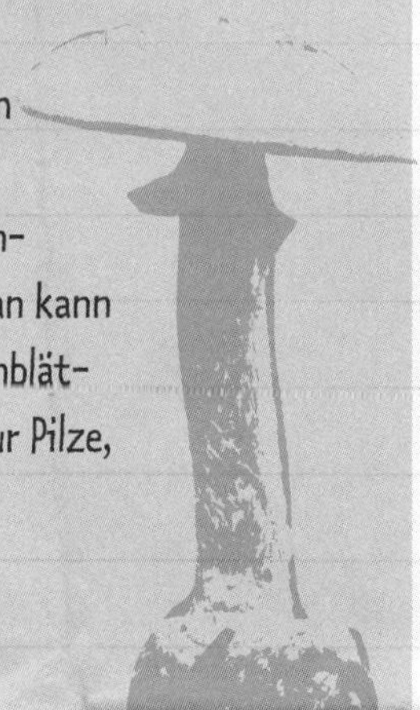

Der Knollenblätterpilz ist der bei weitem giftigste Pilz in Deutschland. Er wächst vor allem in Laubwäldern unter Eichen und Rotbuchen und sieht so ähnlich aus wie ein Champignon. Man kann schon an einem einzigen Knollenblätterpilz sterben. Also: Sammle nur Pilze, die du wirklich kennst!

Wie werde ich ein echter Pirat?

Die einen mordeten und plünderten aus Gewinnsucht, die anderen taten es für Ruhm, Volk und Vaterland – furchtlose Piraten. Wie wurde man eigentlich Pirat und was gehörte zu einem echten Piratenleben unbedingt dazu?

Wie wurde man Pirat?

Piratenmannschaften setzten sich häufig aus Matrosen zusammen. Viele waren von der Marine desertiert, andere aus Gefängnissen geflohen. Auch Gefangene von überfallenen Schiffen wurden zum Piratendienst gezwungen. Sie konnten wählen: entweder den Tod oder Dienst als Pirat. Als Freibeuter bezeichnete man die Piraten, die einen Kaperbrief besaßen. Sie hatten die königliche Erlaubnis zum Überfallen und Plündern feindlicher Schiffe.

Piratenschätze – wo sind sie geblieben?
Gewöhnlich brachten die Piraten ihre Beute an Land. Gold, Silber, Edelsteine, Gewürze oder Stoffe wurden verkauft. Der Erlös wurde dann unter den Seeräubern aufgeteilt. Verbuddelt wurde der Schatz wohl eher selten!

Die Waffen der Piraten

Ohne ein schnelles, wendiges Schiff wäre jeder Pirat verloren gewesen. Entweder konnte er es sich kaufen, oder er kaperte es einfach. Auf vielen Piratenschiffen gab es Kanonen. Waren die Enterhaken geworfen und die Schiffe längsseits miteinander verbunden, kletterten die Piraten blitzschnell an Deck des Beuteschiffs. Der Nahkampf begann. Die Piraten führten verschiedene Feuerwaffen mit sich, beispielsweise Musketen, Büchsen und Pistolen. Wichtige Waffen der Seeräuber waren auch das kurze Entermesser, ein Schwert mit einer scharfen Schneide und eine Axt.

Piratenflaggen

Die Flaggen für ihr Schiff fertigten die meisten Piraten selbst an. Auf den in der Regel schwarzen Tüchern waren Totenköpfe, gekreuzte Knochen oder Säbel abgebildet. Diese Bilder sollten die Seeleute erschrecken und forderten auf: „Ergebt euch kampflos!“
Die Piratenflagge wurde am Mast gehisst und diente auch als Zeichen, woher der Wind wehte.

Piraten heute

Es gibt immer noch Piraten! Mit den säbelschwingenden Schurken mit Augenklappe und Holzbein aus den Seefahrtsromanen haben sie jedoch keine Ähnlichkeit. Heutzutage sind sie mit Schnellbooten unterwegs und bis an die Zähne bewaffnet. Sie nehmen Geiseln und kapern ganze Frachten. Die modernen Piraten treiben vor allem in asiatischen Gewässern und an der Westküste Afrikas ihr Unwesen.

Berühmte Piraten

Klaus Störtebeker trieb sein Unwesen auf der Ostsee, später auch auf der Nordsee. Angeblich konnte er einen riesigen Becher Wein in einem Zug leeren. „Klaus, stürz den Becher!“, riefen seine Leute und gaben ihm so seinen Spitznamen. Klaus Störtebeker und seine Bande wurden wahrscheinlich 1401 in Hamburg hingerichtet.

Sir Francis Drake wurde für seine Verdienste von Elisabeth I. zum Ritter geschlagen. Der adelige Pirat unternahm viele Beutezüge für die englische Königin. 1588 besiegte er die legendäre spanische Flotte, die Armada. Sir Francis Drake starb 1596 auf hoher See an Fieber.

Kapitän Schwarzbart war einer der schlimmsten Piraten der Südsee. Seine Schreckensherschaft dauerte jedoch nur zwei Jahre. Man sagt, dass er sich vor einem Überfall brennende Lunten in seinen Bart und unter seinen Hut steckte, so dass ihn eine Rauchwolke umgab. Schwarzbart wurde 1718 im Kampf getötet.

Anne Bonny und Mary Read waren die bekanntesten Piratinnen. Anfangs fuhren sie als Männer verkleidet zur See. Die beiden waren gefürchtet: Sie sollen immer noch weitergekämpft haben, als die anderen Piraten schon längst aufgegeben hatten!

Produktpiraten

Nicht nur auf dem Wasser und in der Luft gibt es Piraten. Auch an Land sorgen sie für Milliardenschaden. Gemeint sind die Marken- und Produktpiraten. Sie kopieren Markenkleidung, befestigen nachgemachte Aufkleber daran und verkaufen diese Fälschung dann als teure Markenware.

„Jolly Roger“

In England wird die Piratenflagge „Jolly Roger“ genannt. Die Herkunft dieses Begriffs ist nicht eindeutig geklärt. Vielleicht kommt „Jolly Roger“ vom Spitznamen des Teufels: „Old Roger“.

Wie veranstalte ich eine Pyjamaparty?

Begrüße deine Freunde doch einmal zu ungewöhnlicher Stunde – zur Nachtzeit! Doch bevor die Party steigt, solltest du ein paar wichtige Punkte mit deinen Eltern klären: Wie viele Kinder dürfen kommen? Wo und wie könnt ihr schlafen? Um wie viel Uhr solltet alle Partygäste in ihren Schlafsäcken liegen? Und leider: Wer wird nach dem Fest aufräumen?

Kleiner Tipp!
Kissen jeglicher Art sind für eine Pyjamaparty ganz wichtig. Ihr könnt auf den Kissen sitzen, mit ihnen kuscheln und natürlich mit ihnen eine supertolle Kissenschlacht machen!

Du bist eingeladen!

Deine Party fängt schon super an, wenn du deine Freunde mit lustigen, selbst gemachten Einladungen überraschst. Du könntest zum Beispiel aus Prospekten Schlafanzüge ausschneiden und auf Karten kleben. Oder du bastelst aus Taschentüchern Minikissen, auf denen du die Einladung schreibst. Lege auch eine Checkliste bei, auf der steht, was deine Freunde mitbringen sollen: Schlafanzug, Schlafsack, Handtuch, Taschenlampe ...

Matratzenlager oder Zeltstadt

Schaffe möglichst viele Möbel aus deinem Zimmer und lege es mit Matratzen oder Isomatten und Schlafsäcken aus. Nun fehlen noch Lichterketten, Girlanden und Luftballons. Wenn ihr einen Garten habt, könnt ihr die Party im Sommer auch nach draußen verlegen. Ihr habt kein großes Zelt? Werden mehrere kleine Zelte in einem Kreis aufgebaut, entsteht ein richtig tolles Zeltlager. Vielleicht erlauben deine Eltern auch ein kleines Lagerfeuer im Garten, dann könnt ihr Stockbrot machen oder Würstchen grillen.

Schlafsack
Handtuch
Taschenlampe

Damit die Party in Gang kommt

Mit einer fröhlichen Witze-Erzähl-Runde kommt die Pyjamaparty schnell in Gang. Habt ihr euch überhaupt schon bestaunt? Wer hat den schönsten (oder buntesten, verrücktesten, hässlichsten) Pyjama an? Auf den Sieger wartet vielleicht ein kleiner Preis. Auf dem Programm könnte noch stehen: Abendessen, Musik hören, Schauergeschichten erzählen, Filme angucken. Um Mitternacht könntet ihr im Garten oder in einem dunklen Zimmer mit euren Taschenlampen einen kleinen Schatz suchen. Oder ihr bemalt Kissenbezüge mit Stoffmalstiften. Die Gäste können die Bezüge gegenseitig signieren – eine tolle Erinnerung an eine gelungene Pyjamaparty! Vielleicht schafft ihr es ja, noch vor dem Frühstück ein paar Stündchen zu schlafen.

Unwillige Eltern

Deine Eltern halten gar nichts von einer Übernachtungsfete? Vielleicht erlauben sie dir, eine Pyjamaparty bis 22 Uhr zu veranstalten. Da du dann nicht für alle einen Schlafplatz zur Verfügung stellen musst, kannst du eventuell sogar mehr Gäste einladen!

Partyschlemmereien

Möchtest du die Kosten für die Party gering halten? Dann bitte deine Freunde, einen Salat, Frikadellen, einen Nachtisch oder verschiedene Snacks zur Party beizusteuern. Auf diese Weise kommt schnell ein tolles Büfett zusammen.

Gesunde Knabbereien

Natürlich dürfen Knabbersachen auf einer Pyjamaparty nicht fehlen. Naschen kann auch gesund sein! Serviere Rohkoststäbchen (zum Beispiel in Streifen geschnittene Karotten, Paprika, Gurke) in ausgehöhlten Tomaten oder in kleinen Schüsseln. Wenn du willst, kannst du noch verschiedene Dipps dazustellen.

Coole Drinks

Weintrauben von der Rispe lösen, nebeneinander auf einen flachen Teller legen und einfrieren. Ihr könnt diese coolen Trauben dann wie Eiswürfel in die Gläser füllen oder sie genüsslich wie Bonbons lutschen. Oder du stellst mehrere Flaschen verschiedener Fruchtsäfte und Limonaden bereit. Jetzt dürfen sich alle Gäste ausgefallene Drinks mischen. Aber natürlich brauchen solche Getränke auch tolle Namen! Wie wäre es mit „Crazy Midnight" oder „Ich bin noch gar nicht müde-Drink"?

Weißt du, wie viel Sternlein stehen?

In einer klaren, warmen Sommernacht könnt ihr gemeinsam Sterne beobachten. Wer eine Sternschnuppe entdeckt, darf sich etwas wünschen! Doch denkt dran: Nur die unausgeplauderten Wünsche gehen in Erfüllung.

Was sind die besten Rezepte für Abenteurer?

Essen kann jeder. Aber kannst du auch selbst etwas kochen? Das ist gar nicht so schwer. Probiere es einfach mal aus. Du wirst sehen: Kochen macht Spaß und selbst gemachtes Essen aus frischen Zutaten schmeckt super!

Schummelpizza

Gehört Pizza auch zu deiner absoluten Lieblingsspeise? Leider ist es ziemlich aufwändig, einen Hefeteig herzustellen. Darum verraten wir dir das Rezept für eine „Schummelpizza", die auch bei Geburtstagen gut ankommt:
Anstelle des Teiges nimmst du einfach ein durchgeschnittenes Fladenbrot. Auf den Boden streichst du zerstückelte oder passierte Tomaten. Nun nach Wunsch mit Paprika, Champignons, Zwiebeln, Salami oder Thunfisch belegen. Dann geriebenen Käse und Pizza-Gewürz darüber streuen und alles bei 190 Grad Celsius für 10 bis 20 Minuten in den Backofen. Mmh, lecker!

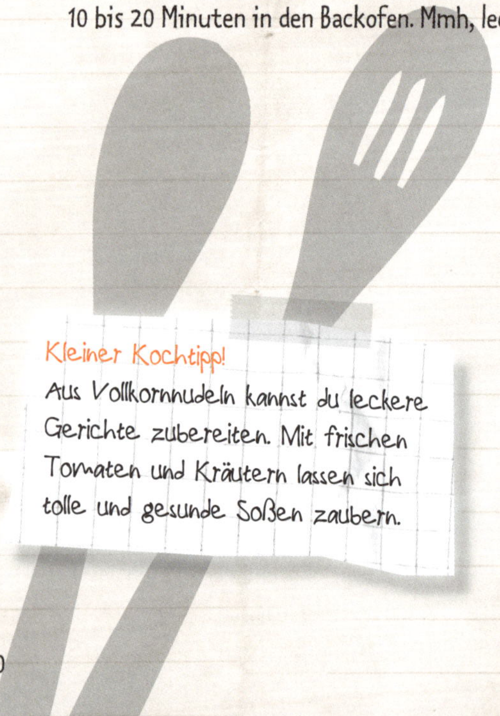

Honey Chicken

Für 4 Personen brauchst du 2 Esslöffel (EL) Honig, 4 EL Grapefruitsaft (ersatzweise auch 2 EL Zitronensaft), Salz, Pfeffer, 1 EL Öl und 8 Hähnchenkeulenunterschenkel.

Den Honig mit Grapefruitsaft, Salz und Pfeffer kurz aufkochen. Die Hähnchenkeulen waschen, trocken tupfen, salzen, pfeffern und in eine flache, mit Öl bepinselte feuerfeste Form legen. Jetzt gießt du die heiße Marinade über das Fleisch. Den Backofen auf 150 Grad Celsius vorheizen. Die Hähnchenschenkel auf der untersten Schiene im Backofen etwa 1½ Stunden garen. Wenn du es scharf magst: ein paar Chiliringe in die Marinade untermengen. Guten Appetit!

Kleiner Kochtipp!
Aus Vollkornnudeln kannst du leckere Gerichte zubereiten. Mit frischen Tomaten und Kräutern lassen sich tolle und gesunde Soßen zaubern.

Kartoffel-Zucchini-Taler

Für 4 Personen brauchst du 5 fest kochende Kartoffeln, 2 Zucchini, 2 Eier, 4 bis 5 EL Mehl, Salz, Pfeffer, etwas geriebene Muskatnuss, getrockneten Thymian und etwa 6 EL Öl zum Braten.

Die Kartoffeln schälen. Die Zucchini waschen, die Enden abschneiden und auch dünn schälen. Nun die Kartoffeln und die Zucchini mit einer Reibe in eine Schüssel reiben. Die Eier einzeln in eine Tasse aufschlagen und über die Kartoffel-Zucchini-Mischung geben. Das Mehl darüber streuen und alles mit einem Löffel gut durchrühren. Mit 1 TL Salz, 1 Prise Pfeffer, der Muskatnuss und dem Thymian würzen. Öl in einer großen Pfanne auf höchster Stufe erhitzen. Kleine Häufchen von je 1 EL Kartoffel-Zucchini-Teig nebeneinander in die Pfanne setzen und zu flachen Talern glatt streichen. Die Hitze auf mittlere Stufe zurückschalten und die Taler etwa 5 Minuten braten. Dann mit dem Pfannenwender umdrehen und auf der anderen Seite ebenfalls 5 Minuten goldbraun braten. Läuft dir schon das Wasser im Mund zusammen?

Bunter Obstsalat

Dieses Rezept ist wirklich superleicht! Wähle Obst aus, das du gerne magst. Nimm aber am besten Früchte der Saison. Das ist billiger und schont die Umwelt.

Zuerst presst du eine Zitrone aus. Dann wäschst du das Obst und schneidest alles in kleine Stücke. Wenn du immer etwas Zitronensaft über die geschnittenen Früchte träufelst, werden diese nicht braun. Nachdem du das gesamte Obst verarbeitet hast, gibst du ein wenig Zucker und den Rest vom Zitronensaft hinzu. Kräftig umrühren und schon ist der Obstsalat fertig!

Du kannst den Obstsalat pur oder mit Quark, Joghurt, Eis, klein gehackten Walnüssen oder Schokostreuseln servieren. Köstlich!

Joghurtsauce für die Kartoffel-Zucchini-Taler

Einen Becher Naturjoghurt mit 1 EL Zitronensaft, je 1 Prise Salz und Pfeffer und 2 EL gehackten frischen Kräutern verrühren.

Hamburger

Auch Hamburger schmecken selbst gemacht viel besser. Außerdem kann sich dann jeder seinen Hamburger mit Gewürzgurken, angebratenen Zwiebeln, Gurken- und Tomatenscheiben, Salatblättern ... ja nach Geschmack zusammenstellen.

Wie wächst aus einem Samen eine Pflanze?

Jede Pflanze fängt einmal ganz klein an. Am Anfang eines Pflanzenlebens steht ein winziges, völlig unscheinbares Samenkorn. Darin verbirgt sich der Keim für eine neue Pflanze, die wächst, blüht und Früchte und Samen bildet.

So wächst eine Pflanze

Willst du wissen, wie aus einem kleinen Samenkorn zum Beispiel eine prächtige Sonnenblume entsteht? Der Samen bei der Sonnenblume ist der Sonnenblumenkern. In ihm schlummert die gesamte Energie für eine neue Pflanze. Im Winter ruht der Samen in der Erde. Sobald es wärmer wird, beginnt er zu wachsen und sprengt seine Schale. Ein kleiner Keim sprießt hervor. Aus ihm entwickelt sich eine Wurzel, die immer tiefer in den Boden wächst. Kleine Blätter, die Keimblätter, wachsen dagegen in der Erde nach oben, dem Licht entgegen. Über der Erde entfalten sie sich und es wachsen große grüne Blätter.

Was Pflanzen gedeihen lässt

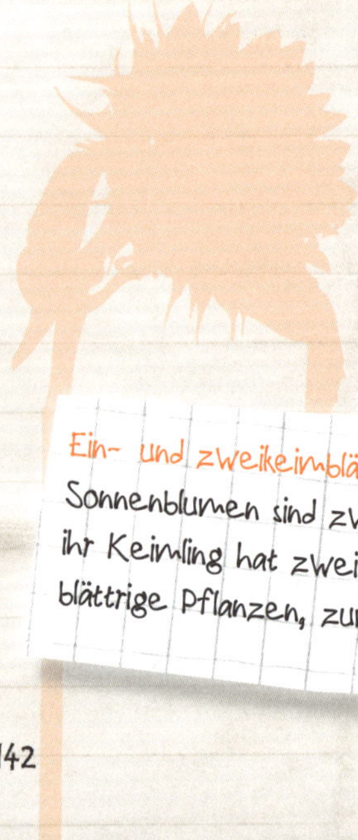

Pflanzen brauchen zum Wachsen Licht, Wasser, Wärme und Nährstoffe. Der Sonnenschein und ein guter Boden lassen auch unsere kleine Sonnenblume schnell größer werden. Sie ist eine echte Himmelsstürmerin! Im Sommer bilden sich viele Blütenknospen. Bestimmt ist dir schon einmal aufgefallen, dass sich diese immer in Richtung Sonne drehen. Im Herbst blüht die Sonnenblume und sieht wunderschön aus. In der Mitte der Blüte reifen Hunderte von neuen Samen heran. Die Samen fallen zu Boden oder werden von Vögeln verbreitet. Aus manchen entstehen dann im nächsten Frühling wieder neue Sonnenblumen. Die meisten Sonnenblumen sind einjährig. Sie keimen, blühen und verwelken innerhalb eines Jahres.

Ein- und zweikeimblättrig

Sonnenblumen sind zweikeimblättrig. Das bedeutet, ihr Keimling hat zwei Blätter. Es gibt auch einkeimblättrige Pflanzen, zum Beispiel Palmen und Gräser.

Sonnenblumen selbst ziehen

Hast du schon einmal Sonnenblumen aus Samen gezogen? Das ist ganz einfach! Du brauchst dafür nur einen Blumentopf, Erde und natürlich Sonnenblumensamen. Im Frühling füllst du die Erde in einen Blumentopf. Stecke den Sonnenblumensamen etwa zwei Zentimeter tief in die Erde. Suche für den Topf ein schönes sonniges Plätzchen. Und vergiss nicht das regelmäßige Gießen! Wenn die Pflänzchen größer werden, musst du deine Sonnenblumen in größere Töpfe oder in den Garten pflanzen. Nachdem die Sonnenblumen dann im Sommer bis fast in den Himmel gewachsen sind, kannst du im Herbst die Kerne ernten. Entweder du hebst sie für die Vögel als Winterfutter auf oder du knabberst sie selbst. Doch vielleicht hast du ja auch Lust, daraus im nächsten Jahr wieder neue Sonnenblumen wachsen zu lassen!

Richtig freche Kletterpflanzen

Du gehörst zu den ungeduldigen Gärtnern? Kapuzinerkresse wächst ganz schnell und blüht wunderschön. Die Blüten kannst du sogar essen! Auch die Feuerbohne wächst rasend schnell und rankt bis zu vier Meter hoch.

Kartoffeln im Eimer

Nicht alle Pflanzen produzieren Samen, um sich fortzupflanzen. So werden zum Beispiel die Nachkommen der Kartoffeln aus den Knollen und nicht aus Samen gezogen.

Möchtest du gerne eigene Kartoffeln ernten? Das ist ganz leicht! Du brauchst einen großen Eimer mit einigen kleinen Löchern im Boden, Gartenerde, drei kleine Kartoffeln und etwa fünf Monate Geduld.

Der beste Zeitpunkt, Kartoffeln zu pflanzen, ist zwischen April und Mai. Fülle den Eimer mit Erde und grabe die Kartoffeln gleichmäßig verteilt etwa 15 Zentimeter tief ein. Regelmäßig gießen! Kartoffeln keimen und wachsen prima, wenn die Erde immer gut feucht gehalten wird.

Nach etwa vier Wochen kommen die ersten Triebe aus der Erde. Unterirdisch wachsen jetzt Knollen – das werden deine Kartoffeln. Ungefähr im September wird das Kraut welk und die Kartoffeln können geerntet werden. Guten Appetit!

Ganz schön groß, so ein Mango-Samen!

Samen sehen je nach Pflanze ganz unterschiedlich aus. Tomaten und Paprika haben viele kleine Samenkerne in sich. Auch Erdbeeren und Kiwis haben winzige Samen. Ein Mango-Samen ist dagegen ziemlich groß!

Welche Sandburg hält am längsten?

Bewaffnet mit Schaufel, Eimer und Sprühflasche geht es los zum Strand. Jetzt noch ein gutes Plätzchen suchen und schon kannst du starten. Mit der richtigen Technik und etwas Werkzeug wirst du bestimmt die tollste Sandburg bauen!

Der richtige Platz

Wähle sorgfältig deinen Bauplatz aus. Natürlich solltest du dich in der Nähe von Wasser aufhalten. Befindest du dich aber zu nah an den Wellen oder kommt die Flut, wird dein Kunstwerk einbrechen, bevor du es überhaupt fertig stellen konntest.

Sand und Wasser

Sand alleine reicht nicht, um eine stabile Sandburg zu bauen. Du musst den Sand mit Wasser mischen. Das Wasser lässt die Sandkörner miteinander verklumpen. Erst auf diese Weise entsteht das geeignete Baumaterial für deine Burg. Nur wenn die Mischung aus Sand und Wasser stimmt, hält diese locker ein paar Stunden oder sogar Tage. Vor dem Bauen solltest du den nassen Sand durch Klopfen oder Stampfen noch zu einer kompakten Masse verdichten.

Das richtige Werkzeug

Mit der richtigen Ausrüstung macht das Sandburgenbauen gleich viel mehr Spaß! Du brauchst auf jeden Fall ein oder zwei Eimer zum Wasserholen, eine Schaufel zum Buddeln und Werkzeuge zum Modellieren. Tief in euren Küchenschubladen schlummern wahrscheinlich die besten Utensilien, um den Sand zu bearbeiten. Ideal sind zum Beispiel Pfannenmesser, Pizzaheber oder Spachtel. Zum Einritzen kannst du Zahnstocher oder Plastikgabeln verwenden. Ein Pinsel eignet sich prima zum Glätten von Oberflächen. Auch ein Strohhalm ist praktisch, um losen Sand von einer verzierten Oberfläche zu pusten. Echte Sandburgen-Profis haben immer eine Sprühflasche mit Wasser dabei. In der prallen Sonne trocknet der Sand schnell aus und dein Bauwerk bröckelt und bricht. Darum solltest du deine Sandburg regelmäßig mit ein wenig Meerwasser (wegen der klebenden Salze!) aus der Sprühflasche befeuchten.

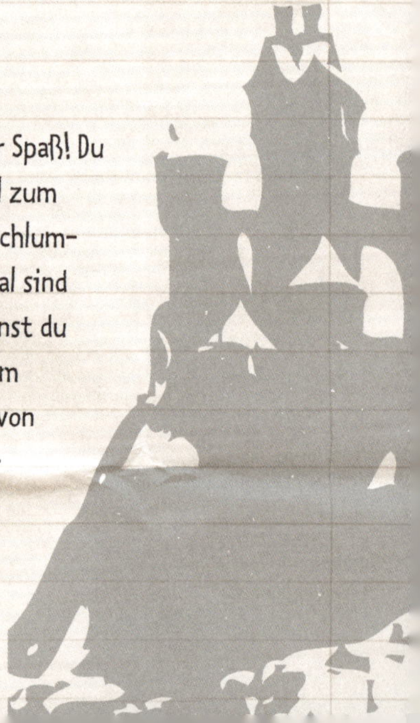

Hast du einen Plan?

Wenn du noch neu im Sandburgenbauen bist, fängst du am besten mit einer kleinen Skulptur an. Was willst du bauen? Ein Plan ist auf jeden Fall hilfreich, aber du solltest beim Bau deiner Sandburg flexibel bleiben. An manchen Tagen scheint der Sand seinen eigenen Willen zu haben. Lass dich nur nicht entmutigen! Beim Skulpturenbauen gibt es einige Regeln zu beachten: Du häufst einen Sandturm an und arbeitest dann immer von ganz oben nach unten. So kann der lose Sand nicht bereits geschnitzte Teile deiner Skulptur wieder zudecken und zerstören. Bei einer Sandburg musst du also mit den Dächern beginnen. Arbeite vorsichtig! Ist der Sand erst einmal vom Sandblock entfernt, kann man dies nicht so leicht rückgängig machen. Und tritt ab und zu einen Schritt von deinem Sandblock zurück. Wenn du dich zu sehr auf einen winzigen Bereich konzentrierst, verlierst du leicht den Überblick. Nicht vergessen: Die Außenseite deiner Skulptur immer wieder befeuchten! Das gibt dem Gebilde Halt.

Strandungeheuer und lustige Häuser

Sandburgen findet man ja eigentlich genug, wenn man eine Weile am Strand spazieren geht. Manchen Baumeistern ist das vielleicht zu langweilig. Wie wäre es denn mal mit einem richtig gruseligen Strandungeheuer? Mindestens fünf Meter lang mit drei Köpfen, vielen Beinen und einem Haarkleid aus Tang. Wenn du möchtest, kannst du deinem Monster mit den Fingern noch ein Muster einkämmen oder das Tier nach Sauriersart mit Panzerplatten bedecken.

Ihr seid mehrere Sandbaumeister? Dann könnt ihr auch eine ganze Sandstadt errichten. Vor dem Bauen solltet ihr euch abstimmen. Plant und konstruiert eine Siedlung voll lustiger Häuser und Türme, verwegener Brücken und verschlungener Tunnel. Und wenn die Stadt fertig ist, hält einer von euch eine feierliche Einweihungsrede.

Sandskulpturen

In vielen Ferienorten finden im Sommer Sandskulpturen-Festivals statt. Sogenannte Carver stellen dann meterhohe Tiere, Figuren und Gebäude aus Sand her und erschaffen traumhafte Skulpturenlandschaften. Der Sand für diese Kunstwerke wird meist extra angefahren, da sich der Strandsand dafür nicht so gut eignet.

Verzierungen

Mit Muscheln, Seegras, Steinen, kleinen Stöckchen oder Fähnchen kannst du deine Burg am Ende wunderschön verzieren. Papier und Folie aber bitte wieder mitnehmen, wenn Du den Strand verlässt.

Wie verstecke und finde ich einen Schatz?

Wer träumt nicht davon, auf einem Speicher einen uralten Koffer mit einer zerknitterten Schatzkarte zu finden? Schätze suchen ist ein aufregendes Abenteuer! Besonders viel Spaß macht es, wenn du mit deinen Freunden auf die Suche gehst. Wer entdeckt den Schatz zuerst?

Wo ist der Schatz nur?

Der Schatz könnte in einer Holzkiste liegen und im Wald unter Zweigen, im Garten oder im Haus versteckt sein. Vielleicht ist er aber auch auf dem Spielplatz tief im Sand verbuddelt? Oder er befindet sich in einem großen Karton. Zwischen ganz vielen Styroporchips und zerknülltem Zeitungspapier sind die kleinen Geschenke versteckt. Alle Schatzsucher müssen mit den Händen im Karton wühlen, bis die Kostbarkeiten ausgegraben sind. Besonders viel Spaß macht Schatztauchen im Schwimmbad. Welche Gruppe hat die meisten Goldstücke (in Alufolie eingewickelte Kieselsteinchen) nach oben geholt? Statt eines Schatzes kann auch nur der Schlüssel für die Schatzkiste versteckt werden.

Kleine Geschenke

Der Schatz kann aus Schokoladentalern, Perlen, Glasmurmeln, schönen Steinen oder anderen kleinen Geschenken bestehen.

Einige Waldläuferzeichen

Waldläuferzeichen werden vor allem von Pfadfindern verwendet. Du kannst sie in den Boden einritzen oder mit Steinen, Stöcken, Ästen und anderen Naturmaterialien legen. Ein Kreuz aus Stöcken etwa bedeutet: Falscher Weg. Ein abgeknickter Ast auf der rechten Seite der Laufrichtung: Nach rechts weiterlaufen.

Wie findest du den Schatz?

Toll ist es, wenn euch eine Schatzkarte den Weg zeigt. Wer findet mit Kompass und Karte den Schatz zuerst? Unterwegs können versteckte Zettelchen weitere Anweisungen oder Aufgaben enthalten. Nur wer alle Aufgaben erledigt hat, bekommt am Ende den kostbaren Schatz. Auch Spuren können den Weg zum Schatz weisen. Vielleicht sind Pfeile auf den Gehweg gemalt oder Waldläuferzeichen wie Steinhaufen, abgeknickte Zweige oder Äste auf dem Boden weisen euch den Weg. Ein gut sichtbares Zeichen macht schließlich deutlich, dass im Umkreis von etwa zehn Metern der Schatz versteckt ist.

GPS-Geräte weisen den Weg

In letzter Zeit haben auch immer mehr Jugendliche und Erwachsene ihren Spaß an Versteckspielen entdeckt. In den Händen halten sie aber keine verblichene Schatzkarte. Sie ziehen die elektronische Schnitzeljagd mithilfe von Internet und GPS vor. Man nennt das Geocaching. Sogenannte Geocacher haben einen Schatz an geheimnisvollen Orten versteckt. Damit er gefunden werden kann, bestimmen sie mittels moderner Navigationsgeräte die genaue Position des Verstecks und stellen die Längen- und Breitengradangaben ins Internet (www.geocaching.de). Anhand dieser Koordinaten machen sich die Schatzsucher dann auf die Suche. Ihr GPS-Gerät zeigt ihnen die Richtung und Entfernung zum Versteck an. Am Ziel erwartet sie meist eine kleine Box mit allerlei Krimskrams. Die Finder legen dafür andere mitgebrachte Dinge in die Box. Danach wird der Schatz wieder am selben Ort für die nächsten Schatzsucher versteckt.

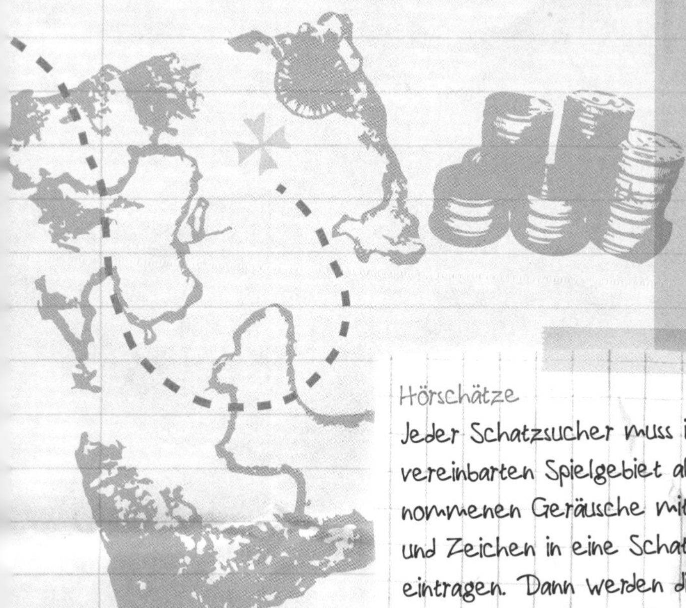

Hörschätze

Jeder Schatzsucher muss in einem vereinbarten Spielgebiet alle wahrgenommenen Geräusche mit Symbolen und Zeichen in eine Schatzkarte eintragen. Dann werden die Karten ausgetauscht. Können die anderen Schatzsucher die Hörschätze orten?

Eine „uralte" Schatzkarte herstellen

Du brauchst:

- ein großes Stück festes Papier (zum Beispiel Tapetenrest)
- einen feuchten Teebeutel
- Salatöl
- eine Kerze
- Stifte
- Pinsel und Farben

Betupfe das Papier mit dem feuchten Teebeutel, bis es so richtig schön braun und fleckig ist. Wenn das Papier getrocknet ist, bestreichst du es mit einer dünnen Schicht Salatöl. Jetzt die Papierränder über einer brennenden Kerze etwas ankokeln. Bitte dafür einen Erwachsenen um Hilfe!

Nun ist deine Schatzkarte schon fast fertig. Wisch die Ölreste mit einem trockenen Lappen ab und male den Lageplan des Schatzes auf die Karte. Vergiss die Windrose nicht, die auf der Schatzkarte die vier Himmelsrichtungen zur Orientierung anzeigt.

Kleiner Tipp!
Etwas verknittert sieht deine Schatzkarte noch „echter" aus.

Auf zur Schatzsuche!

Wie stelle ich richtig ekligen Schleim her?

Monsterschleim ist eine ziemlich eklige Pampe, die man zu vielerlei verwenden kann. So macht sie sich zum Beispiel gut auf Waschbecken, Fahrradsätteln, Lehrerpulten oder Frühstückstischen. Dir fallen bestimmt noch mehr Orte ein! Willst du wissen, was man mit Monsterschleim noch alles machen kann?

Monsterschleim zum Trinken

Du kannst aus dem Schleim auch ein köstliches Getränk herstellen, von dem deine Freunde noch lange reden werden! Dafür brauchst du nur ein Päckchen roten Wackelpudding. Bereite ihn so zu, wie es auf der Packung steht, nur dass du eine große Tasse Wasser mehr in den Topf gießt als vorgeschrieben. Die abgekühlte, gelierte Masse musst du vor dem Servieren gut durchrühren und den ekligen Schlabberschleim dann in Gläsern mit dicken Strohhalmen servieren.

Monstergummibärchen

Auch Gummibärchen können wachsen! Lege sie einfach eine Nacht lang in ein Gefäß mit kaltem Wasser. Am nächsten Morgen sind sie beinahe doppelt so groß – wahre Monstergummibärchen!

Monsterschleimwürfel

Besorge dir ein Päckchen Gelatine und bereite sie nach Anleitung zu. Fülle sie dann – noch flüssig – in ein Eiswürfelgefäß, das du nach dem Abkühlen in den Gefrierschrank stellst. Heraus kommen gefrorene Monsterschleimwürfel. Das Besondere an ihnen: Sie schmelzen nicht im Getränk. Nimmt man sie mit den Fingern aus dem Glas, zerrinnen sie und fallen in dicken, ekligen Tropfen herunter. Wenn dir die Monsterschleimwürfel zu harmlos erscheinen, kannst du mit Plastikfliegen oder kleinen Plastikspinnen für noch mehr Entsetzen sorgen. Du musst diese niedlichen Tierchen in die Gelatine legen, bevor du diese in den Gefrierschrank stellst.

Monsterschleim zum Essen und zum Kneten

Biete deinen Gästen zu Halloween doch einmal grünen Schleim an. Dafür musst du Brokkoli und Erbsen in Salzwasser garen und dann mit etwas Butter und eventuell Crème fraîche in einen Mixer geben. Einfach so lange mixen, bis der Schleim schön cremig geworden ist. Besonders wirkungsvoll ist dieses Gericht, wenn noch grüne Stückchen zu erkennen sind! Dieser grüne Schleim eignet sich gut als Dipp.
Willst du lieber Schleim haben, mit dem man herummatschen kann? Dann gib etwas Maisstärke in eine Schüssel. Jetzt musst du gerade so viel Wasser dazugießen, dass eine Paste entsteht. Grüne, gelbe oder rote Lebensmittelfarbe dazu – fertig ist der Monsterknetschleim!

Werde kreativ

Dir fallen bestimmt noch mehr pfiffige Rezepte ein, wie man richtig ekligen Monsterschleim herstellen kann. Beachte aber, dass einige Kompositionen hinterher ungenießbar sind.

Ohne Gelatine würde nichts wackeln

Weißt du, warum Wackelpudding wackelt und sich das Gummibärchen biegt? Weil sie Gelatine enthalten. Gelatine ist fast unsichtbar und in sehr vielen Produkten enthalten.

So wird der Monsterschleim noch ekliger!

Monsterschleim stellst du am einfachsten aus Gelatine her. Diese kannst du in jedem Supermarkt in Pulverform oder in Blättern kaufen. Die Herstellung ist leicht, du musst dich einfach an die Anleitung auf der Packung halten. Möchtest du den Monsterschleim noch ein wenig unappetitlicher gestalten?

Du kannst zum Beispiel:

- die Gelatine mit Lebensmittelfarben in popelgrün, blutrot oder eklig gelb einfärben,
- die Gelantine mit schwarzem Tee statt Wasser anrühren – dann erhältst du kackbraunen Monsterschleim,
- der Gelatine Senf beifügen, damit der Schleim gelblich und undurchsichtig wird,
- Regenwürmer, Frösche oder Augen aus Weingummi in die Gelatine stecken, bevor sie erstarrt ist.

Wie baue ich eine Schleuder?

Die Schleuder ist eine der ältesten Waffen. Schon in der Antike haben die Menschen mit Schleudern gejagt. Eine einfache Steinschleuder kannst du dir leicht selber bauen. Auch eine Zwille und ein Blasrohr sind schnell gemacht.

Die Steinschleuder

Eine Steinschleuder besteht aus einem dicken Seil oder einer Kordel mit einer kleinen Ledertasche in der Mitte, in der das Geschoss liegt. Als Munition brauchst du kleine Steine. Du legst einen Stein in das Ledertäschchen, nimmst beide Enden der Schleuder in die Hand und schwingst sie. Wenn die Schleuder ausreichend schnell ist, lässt du das eine Ende los. Nun fliegt der Stein mit großer Wucht aus der Schleuder. Pass auf, dass du den Stein nicht selber auf den Kopf kriegst! Außerdem solltest du immer bedenken, dass eine Schleuder eine gefährliche Waffe ist. Ziele niemals auf Menschen oder Tiere!

Die Zwille

Zwillen sind nicht nur einfacher zu bauen als Schleudern, sie sind auch viel einfacher zu bedienen. Eine Zwille besteht aus einer möglichst symmetrischen Astgabel und einem Band aus elastischem Material. Du kannst zum Beispiel ein Stück eines alten Fahrradschlauchs oder das Gummi eines Einmachglases verwenden. Das untere Ende der Astgabel ist der Handgriff, an den oberen beiden Ende musst du das Gummi mit einer Schnur, einem Stück Draht oder Zahnseide befestigen. In der Mitte des Gummis kannst du noch ein Stück reißfestes Leder einsetzen, damit die Munition besser gehalten wird. Zum Schießen bieten sich getrocknete Erbsen, Eicheln oder Kastanien an. Aber auch bei der Zwille gilt: Niemals auf Menschen oder Tiere schießen!

Blasrohr für Papierkügelchen

Du musst nur ein stabiles Blatt Papier fest zusammenrollen, um ein tolles Blasrohr zu erhalten. Die Löcher dürfen aber nicht zu groß werden. Ein Bleistift muss gerade noch durch das Rohr hindurchpassen. Das Ende des Papiers klebst du mit Klebstoff fest. Als Munition dienen kleine Kügelchen aus Papier. In der Schule wird man sicherlich nicht begeistert sein, wenn du deine Klassenkameraden im Unterricht mit den Papierkügelchen beschießt. Besser, du verlegst deine Schussübungen in die Freizeit! Viel Spaß macht das Schießen auf leere Filmdöschen, Cola-Dosen oder Spielkarten, die als Pyramide aufgestellt sind.

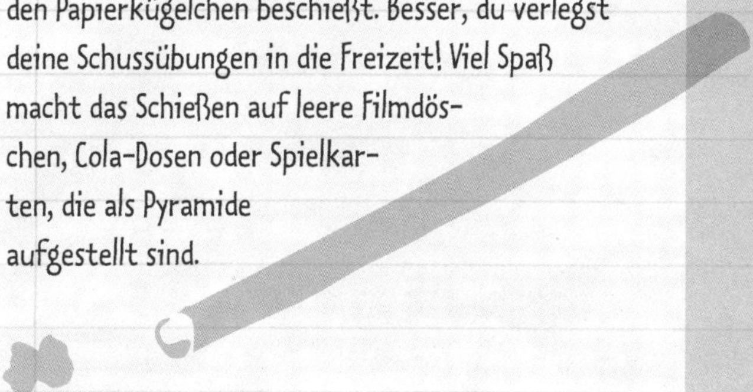

Kleiner Tipp!

Leider ist ein Blasrohr aus Papier nicht sehr stabil. Du kannst auch einen hohlen Plastikstiel oder ein Rohr aus Bambus für dein Blasrohr verwenden.

Sportgeräte

In einigen Ländern werden Zwille und Schleuder auch als Sportgeräte verwendet, zum Beispiel in Spanien und Amerika. Beim Angeln wird die Zwille häufig eingesetzt, um Maden weit über ein Gewässer zu schleudern.

Wilde Spiele

Beim Steinweitwurf, Reiterkampf oder Wagenrennen könnt ihr eure Kräfte messen.

Steinweitwurf

Sucht euch einen schönen, nicht zu schweren Stein aus, den ihr nacheinander werft. Mit einem Maßband könnt ihr messen, welcher Mitspieler den Stein am weitesten geworfen hat. Vorsicht, immer aus der Schusslinie gehen!

Reiterkampf

Immer zwei Personen bilden ein Team. Der eine trägt den anderen Huckepack. Jetzt müsst ihr versuchen, den jeweils anderen oben sitzenden Gegner herunterzuziehen. Falls euch das Spiel zu wild ist: Ihr könnt auch vereinbaren, dass ein Band, das beim oben sitzenden Spieler in der Hosentasche steckt, geholt werden muss.

Wagenrennen

Im Huckepack oder im Schubkarren findet das Wagenrennen über Stock und Stein statt.

Bestimmt kennst du noch mehr solcher Spiele, zum Beispiel Tauziehen oder Wassertragen.

Was muss ich beim Schminken beachten?

Puder, Rouge, Lidschatten und Wimperntusche sind wahre Zauberkünstler, wenn du sie richtig einsetzt. Mit Make-up kannst du deine Vorzüge unterstreichen oder Kleinigkeiten, die dich stören, einfach verschwinden lassen.

Ein ebenmäßiger Teint

Trage das Make-up nicht auf die bloße Haut auf, sondern benutze immer eine Tagescreme als Grundlage. Du startest mit der Grundierung. Diese deckt Unebenheiten ab und lässt deine Haut strahlen. Trage die Grundierung auf, nachdem du mit einem Concealer (oder Abdeckstift) alle Hautunreinheiten bedeckt hast. Die Grundierung mit einem Finger oder einem Schwämmchen gleichmäßig verreiben. Wähle sie immer nach der Farbe deines Hauttons aus. Die Grundierung sollte auf keinen Fall zu dunkel sein. Mit Puder fixierst du die Grundierung. Außerdem nimmt Puder der Haut den Fettglanz und sorgt für einen ebenmäßigen Teint. Stäube ihn vor allem auf die Partien, die zum Glänzen neigen.

Kleiner Tipp!
Viel Make-up macht nicht viel schöner! Probiere mit einer guten Freundin verschiedene Make-ups aus. Was sieht toll aus? Seid ehrlich zueinander!

Rosige Apfelbäckchen

Rouge modelliert und belebt dein Gesicht. Es wird von den Wangenknochen zu den Schläfen hin aufgetragen. Ein kleiner Tupfer kommt auch auf das Kinn. Cremerouge verteilst du mit den Fingern, für Puderrouge benutzt du am besten einen dicken Pinsel. Vergiss nicht, vor dem Auftragen die überschüssige Farbe abzuklopfen. Das Rouge sollte nicht viel dunkler als das Make-up sein, da du sonst schnell „angemalt" aussiehst. Wenn du das Rouge als Kreis auf den Wangen verteilst, wirkt dein Gesicht runder. Bei einem vollen Gesicht wird das Rouge unter den Wangenknochen aufgetragen.

Lipgloss
Lipgloss wird alleine oder als Glanzeffekt über dem Lippenstift aufgetragen. Helle Lippenstifte und Lipgloss lassen schmale Lippen größer erscheinen.

Schöne Augen und voller Kussmund

Mit Mascara (Wimperntusche) kannst du deine Wimpern dunkler färben und optisch verlängern. Bei hellen Haaren wirkt braune Wimperntusche natürlicher als schwarze. Die Wimpern nicht zu dick tuschen! Wenn sie durch zu viel Mascara verkleben, bekommst du unschöne „Fliegenbeine".
Mit einem Kajalstift kannst du deine Augen noch wirkungsvoller in Szene setzen. Auch Lidschatten zaubern ausdrucksstarke Augen. Wenn du dich für zwei Farbtöne entscheidest, kommt der hellere Ton auf die Innenseite der Augenlider, der dunklere Ton auf die Außenseite. Nun die Übergänge zart verwischen. Auf diese Weise wirken deine Augen größer und offener.
Jetzt fehlt nur noch der Mund! Beachten sollest du aber, dass entweder die Augen oder der Mund betont werden, niemals beides. Ob transparenter Gloss oder tiefroter Lippenstift – wähle je nach Anlass, Lust und Laune das passende Lippen-Styling. Lippenkonturenstifte oder Lipliner betonen die Lippenform und verhindern das Zerlaufen des Lippenstiftes.

Hilfe, Pickel!

Neun nützliche Tipps für den Kampf gegen Pickel:

- Egal, wie müde du abends bist – das Make-up muss runter!
- Morgens und abends die Haut mit einer milden Seife waschen. Keine fett- oder ölhaltigen Produkte verwenden!
- Ein- bis zweimal die Woche ein Peeling machen (aber nur, wenn die Haut nicht entzündet ist).
- Die Pickel vor dem Schlafengehen mit Zitronensaft betupfen.
- Immer frische Handtücher und Waschlappen verwenden.
- Auf eine gesunde Ernährung achten.
- Möglichst nicht selbst an den Pickeln herumdrücken. Lieber regelmäßig zur Kosmetikerin gehen.
- Abdeckstifte haben eine leicht entfettende Wirkung und lassen einzelne Pickel optisch verschwinden.
- Häufen sich Mitesser oder Pickel, solltest du einen Hautarzt aufsuchen.

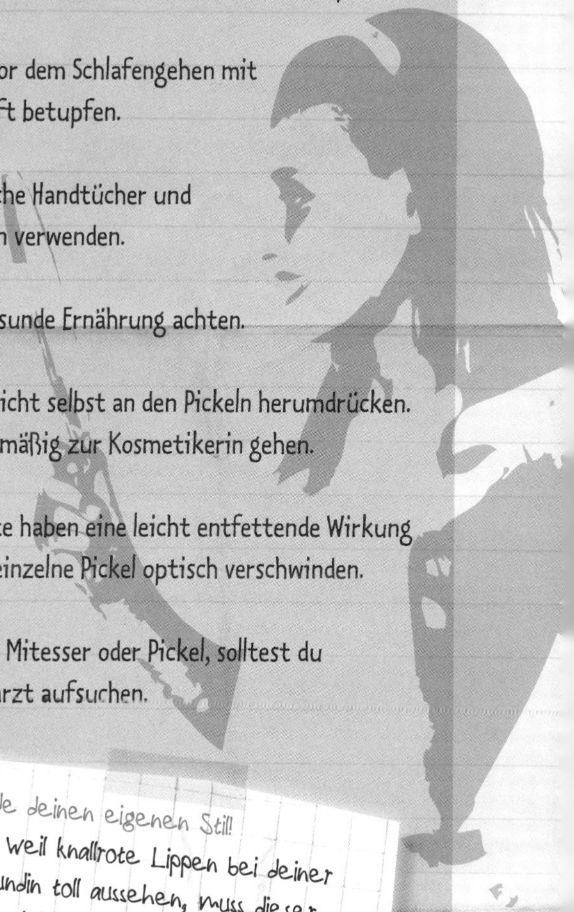

Finde deinen eigenen Stil!
Nur weil knallrote Lippen bei deiner Freundin toll aussehen, muss dieser Look nicht auch zu dir passen. Versuche, bei Kleidung und Make-up deinen eigenen Stil zu finden und deinen Typ dadurch zu unterstreichen.

Wie stelle ich Schmuck aus natürlichen Materialien her?

Klar, tollen Schmuck kannst du überall kaufen. Noch viel schöner ist aber selbst gebastelter Schmuck. Du kannst ihn ganz nach deinem eigenen Geschmack entwerfen und gestalten.

Herbstliche Kette

Aus Kastanien, Hagebutten, verschiedenen Waldfrüchten und schönen Blättern kannst du dir zum Beispiel eine Kette basteln. Dafür musst du deine Fundstücke mit einem Handbohrer durchbohren oder ihnen mit Nagel und Hammer ein Loch verpassen. Nun mit Nadel und Faden die Kette auffädeln, abwechselnd mal eine Kastanie, dann wieder ein schönes Blatt, eine Eichel oder eine Hagebutte. Die Kette sieht nicht nur um deinen Hals wunderschön aus, sie eignet sich auch prima als Herbstdekoration für den Esstisch oder das Fenster.

Sieht richtig cool aus
Nimm eine hübsche Muschel, bohre ein kleines Loch durch die Schale und hänge sie dir an einem Lederband um den Hals.

Muschelarmband

Wenn du im Urlaub viele Muscheln gesammelt hast, kannst du daraus schöne Geschenke basteln. Was hältst du zum Beispiel davon, mit den Muscheln einen Fotorahmen zu bekleben oder mit Sand, Muscheln und etwas Leim ein Strandbild zu erstellen? Oder du bastelst dir ein tolles Muschelarmband. Dafür in jede Muschel mit einem kleine Bohrer ein Loch bohren. Sei ganz vorsichtig: Muscheln brechen leicht! Damit die Muscheln schön glänzen, kannst du sie vorher mit einem transparenten (oder bunten) Nagellack bestreichen. Lackiere auch die Innenseiten. Das macht die Muscheln stabiler. Nun einfach die Muscheln durch einen Faden ziehen und diesen gut verknoten.

Einen Blütenkranz binden

Hast du Lust, über blühende Wiesen zu stapfen, um bunte Blumen für einen Haarkranz zu pflücken? Du kannst gelbe Löwenzahnblüten, lila Storchschnabelblüten, weiße Gänseblümchen, blaue Kornblumen oder auch kleine weiße Margeriten dafür nehmen. Schlitze einen Blütenstängel vorsichtig mit dem Fingernagel ein. Durch den Schlitz fädelst du dann eine weitere Blume. Den Stiel dieser Blume musst du wieder einschlitzen, um die nächste Blume durchstecken zu können. Das machst du so lange, bis die Kette die richtige Länge hat. Um einen Kranz zu bekommen, ziehst du vorsichtig die allererste Blume durch den Schlitz der letzten. Falls du den Haarkranz lieber flechten möchtest, musst du darauf achten, dass die Halme lang genug und nicht zu trocken sind. Nur weiche, biegsame Halme lassen sich gut miteinander verknoten.

Einen Traumfänger basteln

Nach einer Sage der Indianer wehrt ein Traumfänger, der über einem Bett hängt, alle schlechten Träume ab. Nur die guten Träume fallen sanft auf den Schläfer herab. Solch einen Traumfänger muss man einfach haben! Du kannst ihn dir leicht selber basteln:

Umwickle einen Holzreifen oder einen Pappring mit einem Band deiner Wahl und verknote die Ende fest miteinander. „Webe“ nun in diesen Ring ein Netz, indem du viele Fäden kreuz und quer durchziehst. Diese Fäden kannst du mit bunten Perlen verzieren. Vielleicht möchtest du deinen Traumfänger auch noch mit Federn, Steinen oder Zweigen schmücken? Deiner Fantasie sind keine Grenzen gesetzt!

Eine schöne Erinnerung

Dein Haarkranz ist bestimmt wunderschön geworden! Wenn du ihn zum Trocknen in die Sonne legst, kannst du ihn als Erinnerung an einen schönen Gartentag in dein Zimmer hängen.

Ausgefallener Tischschmuck

Nimm eine Glasschale, lege ihren Boden mit schönen Steinen aus und befülle sie mit Wasser. Jetzt noch eine Schwimmkerze dazu und fertig ist eine wirklich tolle Tischdekoration! Das Wasser musst du nach einiger Zeit wechseln.

Wie veranstalte ich eine richtige Schnitzeljagd?

Wenn du Spaß am Rätseln, Kombinieren und dem Lösen kniffeliger Aufgaben hast, wird dir eine Schnitzeljagd bestimmt viel Spaß machen. Jage doch einmal deine Freunde kreuz und quer durch den Wald!

Spürnasen aufgepasst!

Bei einer Schnitzeljagd müssen die Teilnehmer verschiedene Aufgaben lösen oder Fragen beantworten. Diese Hinweise führen sie zu einem Zielort. Eine Schnitzeljagd kann praktisch überall stattfinden: im Wald, in der Stadt, im Einkaufscenter, im Museum, auf einem Spielplatz oder im eigenen Garten. Größere Kinder können in Zweier- oder Dreiergrüppchen losziehen, kleinere Kinder sollten besser in zwei Gruppen aufgeteilt und eventuell von Erwachsenen begleitet werden.

Einen Lösungssatz bilden

Du kannst auch unterwegs Buchstaben verteilen, aus denen die anderen einen Lösungssatz bilden müssen (zum Beispiel „Ihr seid zum Eis eingeladen.") Wenn die Buchstaben eines jeden Wortes eine andere Farbe haben, ist die Zuordnung erheblich leichter!

E I S

Spontan-Schnitzeljagd

Das ideale Spiel für einen langweiligen Heimweg! Teilt euch in zwei Gruppen auf. Die erste Gruppe hat fünf Minuten Vorsprung. Sie muss dafür aber ihren Weg deutlich markieren: mit Pfeilen aus Straßenmalkreide, geknickten Ästen, Kastanien, Steinen oder eilig auf Zettel gekritzelten Botschaften. Die zweite Gruppe versucht die erste einzuholen, muss jedoch aufpassen, dass sie keine Spuren übersieht. Die Zeichen kann man vielleicht nicht immer sofort erkennen und manchmal können sie auch in die Irre führen! Spätestens zu Hause (oder in der Jugendherberge) treffen die Gruppen wieder aufeinander.

Die Wegstrecke

Den Weg solltest du vor der Schnitzeljagd genau erkunden. Dann kannst du auch die Aufgaben besser auf die Gegebenheiten der Strecke abstimmen.

Wer weiß die Antwort?

Was hältst du von einer Schnitzeljagd, bei der unterwegs Fragen beantwortet werden müssen? Du kannst die Fragen in farbige Umschläge stecken und diese an Bäumen oder Laternen befestigen. Rätselfragen könnten zum Beispiel sein: „Ihr seht an der Ecke ein Verkehrsschild. Was bedeutet es?" oder „Neben euch steht ein großer Baum. Wie heißt er?" In den Umschlägen befindet sich zudem ein Hinweis, wie man zur nächsten Station kommt. Der Hinweis kann als Rätsel geschrieben sein, so dass die Gruppen ein bisschen knobeln müssen. Viel Spaß macht es auch, wenn auf die Teilnehmer kleine Aufgaben warten: „Auf der Wiese vor euch wachsen Gänseblümchen. Bringt drei mit!", „Bestimmt das Alter des abgesägten Baumes anhand der Jahresringe" oder „Treibt fünf Gegenstände auf, die mit M anfangen!".

Gewinne

Die Schnitzeljagd kann im Eiscafé, bei euch zu Hause, in einem Park oder beispielsweise auf einem Spielplatz enden. Gewinner sind natürlich alle Teilnehmer! Für jede richtig gelöste Aufgabe kannst du aber auch Punkte verteilen. Die Gruppe, die als erste ankommt, erhält Zusatzpunkte. Zum Schluss gibt es dann eine Urkunde, Süßigkeiten oder kleine Geschenke.

Checkliste für eine Schnitzeljagd

- Wer macht alles mit? Welche Personen können helfen?
- Wo soll der Start, wo das Ziel sein?
- Wer ist am Start, wer am Ziel und wer unterwegs als Streckenposten tätig?
- Welche Getränke, Speisen und andere Materialien müssen besorgt werden? Wer macht das?
- Wer deponiert die Zettelchen, Steine, Äste ...?
- Wer wertet die Aufgaben am Ende aus? Nach welchem Punktesystem wird ausgewertet?
- Soll es Preise geben? Wenn ja: Welche? Wer besorgt sie?

Schnitzeljagd per Fahrrad

Bei einer Schnitzeljagd per Fahrrad wird der Umkreis, in dem ihr die Gegend erkunden könnt, schlagartig viel größer!

Genau hinschauen

In einem bestimmten, genau markierten Streckenabschnitt sind zehn Dinge versteckt, die dort nicht hingehören (zum Beispiel Stofftier auf Wiese, Weihnachtskugel im Baum, Banane im Gebüsch). Diese Dinge sind zu entdecken und zu notieren oder auch mitzubringen.

Wie stelle ich meine eigene Seife her?

Wir trinken es, schwimmen darin, brauchen es zum Putzen – und leider auch zum Waschen: das Wasser. Gehörst du auch zu den Kindern, die nicht so gerne unter die Dusche wollen? Vielleicht macht dir das Waschen mit einer selbst hergestellten Seife ja mehr Spaß!

Mehrfarbige Seifen

Wenn du mehrfarbige Seifen herstellen möchtest, musst du den ersten Guss erst abkühlen lassen, bevor du die nächste Farbe darüber gießt. Zwischen die Schichten kannst du kleine Figuren, Muscheln, Perlen oder Rosenblätter legen.

Richtig ätzend

Zuerst die schlechte Nachricht: Um echte Seife herzustellen, brauchst du Natronlauge. Diese Lauge ist hochgradig ätzend und kann an Haut und Augen schlimme Schäden anrichten. Darum ist Seifenkochen nichts für Kinder! Und nun die gute Nachricht: Du kannst auch aus Seifenresten, Seifenstücken oder gekauften Seifenflocken Seife herstellen und formen. Das macht nicht nur Spaß, die „neue" Seife ist – verpackt in Zellophanpapier und verziert mit einer hübschen Schleife – auch ein tolles Geschenk.

Wunderschöne Seifenfiguren

Für Seifenfiguren brauchst du transparente Glycerinseife, verschiedene Gefäße, einen Kochlöffel zum Umrühren und eventuell Lebensmittelfarben sowie Parfüm. Als erstes musst du die Seife in kleine Stücke schneiden oder raspeln. Nun die Seifenstücke in ein geeignetes Gefäß geben und im Wasserbad oder in der Mikrowelle erhitzen, bis die Seife gleichmäßig fließt. Sie darf nicht kochen. Wenn du möchtest, kannst du die flüssige Seife noch mit Lebensmittelfarbe einfärben oder etwas Parfüm dazugeben. Umrühren nicht vergessen! Fülle die geschmeidige Seifenmasse dann in die kleinen Gefäße (zum Beispiel Eiswürfelbehälter, Ausstechförmchen) und lass sie abkühlen, bis die Masse fest ist.

Waschcreme für das Gesicht

Diese Reinigungscremes eignen sich besonders gut für unreine Haut. Du musst sie auf Gesicht und Hals verteilen, kurz einwirken lassen und dann mit lauwarmem Wasser gründlich entfernen. Für eine Kleiewaschcreme brauchst du vier Esslöffel Mandelkleie (gibt es fertig zu kaufen) sowie eine halbe Tasse abgekochtes, lauwarmes Wasser. Die Kleie im Wasser zu einer Creme verrühren. Fertig!
Eine Weizenkeimwaschcreme stellst du aus vier Esslöffeln Weizenkeimflocken und einer halben Tasse angewärmter Vollmilch her. Die Weizenkeime verrührst du so lange in der Milch, bis eine Creme entsteht. Spare beim Auftragen der Reinigungscremes die Augenpartie immer aus.

Badezusätze
Auch Badezusätze sind schnell hergestellt. Einfach eine Handvoll getrocknete Kräuter (zum Beispiel Lavendelblüten, Pfefferminze oder Thymian) in ein kleines Baumwollsäckchen füllen, dieses zubinden und direkt unter den Wasserstrahl hängen.

Seifenmalstifte

Mit Seifenmalstiften kannst du eure Badewanne oder auch deinen eigenen Körper nach Herzenslust bemalen.

Du brauchst eine Tasse Seifenflocken, Lebensmittelfarben, warmes Wasser, eine große Schüssel, mehrere alte Joghurtbecher und Formen (zum Beispiel Eiswürfelbehälter).

Gib die Seifenflocken in die große Schüssel und mische unter ständigem Rühren tropfenweise heißes Wasser dazu. Die Mischung muss richtig dick und schwer zu rühren sein. Diese Masse füllst du in die einzelnen Joghurtbecher. Nun die Lebensmittelfarben dazugeben. Wiederum gut umrühren oder mit den Händen durchkneten. Die fertige Masse in die Formen füllen und an einem luftigen Ort ein bis zwei Tage trocknen lassen. Dann aus der Form stürzen und leider noch ein bis zwei Wochen nachtrocknen lassen. Jetzt kann endlich der farbenfrohe Badespaß beginnen!

Seifenblasen-Rezept
Für eine gute Seifenblasen-Mischung brauchst du ein Glas warmes Wasser, fünf Spritzer Shampoo und drei Esslöffel Maissirup (gibt es zum Beispiel im Bioladen). Alles vermischen und abkühlen lassen. Und jetzt: kräftig pusten!

Wie veranstalte ich ein Seifenkistenrennen?

Eine Seifenkiste muss man selber bauen. Es ist alles möglich, was das Material und deine Fantasie hergeben. Dann mal nichts wie los: drei oder am besten vier Räder, Achsen, Bretter, Sperrholzplatten, Schrauben …

Wer bremst, verliert

Eine Seifenkiste ist ein selbst gebautes Fahrzeug mit drei oder vier Rädern, aber ohne Motor. Ist die Straße steil, fährt die Seifenkiste richtig schnell. Wird die Straße flach, geht es langsamer voran. So einfach ist das. Der Seifenkistenpilot kann nur lenken und bremsen, beschleunigen kann er nicht. Zu viel bremsen sollte er jedoch besser nicht. Schließlich will er das Seifenkistenrennen doch gewinnen. Dennoch sind gute Bremsen wichtig: Spätestens nach der Zieldurchfahrt werden diese dringend benötigt!

Selber sägen oder kaufen?
Du kannst auch einen kompletten Bausatz für deine Seifenkiste kaufen. Außerdem findest du im Internet zahlreiche Baupläne und Bautipps.

Richtige Rennwagen

Seifenkiste. Allein der Name. Er klingt nach Sommerferien, kurzen Hosen, ratternden Rädern und ganz viel Spaß! Der Name „Seifenkiste“ stammt aus den USA (englisch: „soap box“). Vor über 70 Jahren druckte ein US-amerikanischer Seifenhersteller auf seine hölzernen Verpackungskisten den Bauplan für kleine Rennwagen. Die heutigen Seifenkisten haben aber mit den umgebauten Bollerwagen von damals fast nichts mehr gemein. Mittlerweile kannst du bei einigen Seifenkistenrennen richtige High-Tech-Modelle mit Spoilern und Überrollbügeln sehen. Manche dieser Renngeräte erreichen Spitzengeschwindigkeiten von bis zu 80 Stundenkilometern!

Mit Schwung ins Ziel

Wenn du mit deinen Freunden ein Seifenkistenrennen veranstalten willst, müsst ihr euch als erstes für eine leicht abschüssige Strecke entscheiden. Diese sollte glatt asphaltiert sein und keine Kurven aufweisen. Ihr solltet die Rennstrecke mit alten Autoreifen und Strohballen absichern. Für die Piloten gilt zudem Schutzkleidung und Helmpflicht. Damit später auf der Strecke Chancengleichheit herrscht, könnt ihr die Fahrzeuge in Klassen einteilen. Hat die Kiste Ballonreifen, also Fahrradreifen, oder sind sie aus Vollgummi, wie sie bei den offiziellen Rennen verwendet werden – das sind Kriterien, die ihr beispielsweise anlegen könnt. Wenn dann die Konstrukteure hoffen, dass das Material den Anforderungen standhält, wenn die Nerven blank liegen und die Fahrerinnen und Fahrer in ihren tollkühnen Kisten gebannt auf die Startflagge schauen und endlich der Startschuss fällt, dann gibt es nur noch eine Frage: „Wer hat den schnellsten Rennflitzer, wer wird gewinnen?" Außerdem können die Zuschauer durch lautes Applaudieren noch die schönste Seifenkiste wählen.

Rennregeln

- Beim Training sowie beim eigentlichen Rennen besteht Helmpflicht!
- Jeder Fahrer muss eine Hupe an seinem Fahrzeug befestigen.
- Achtet darauf, dass eure Fahrzeuge möglichst keine scharfen Ecken und Kanten haben.
- Das Rennen wird in Zweiergruppen ausgetragen: Seifenkiste gegen Seifenkiste. Der Gewinner kommt so lange in die nächste Runde, bis der Gesamtsieger feststeht.
- Die Paarungen werden vorher ausgelost. Auch über die Startseite entscheidet das Los.
- Der Start erfolgt aus dem Stillstand sowie aus dem natürlichen Gefälle der Strecke. Falls die Strecke zu flach ist, könnt ihr über eine Rampe starten.
- Halten, stoßen, ziehen oder ähnliche Körperkontakte während des Rennens zu den anderen Teilnehmern sind verboten!

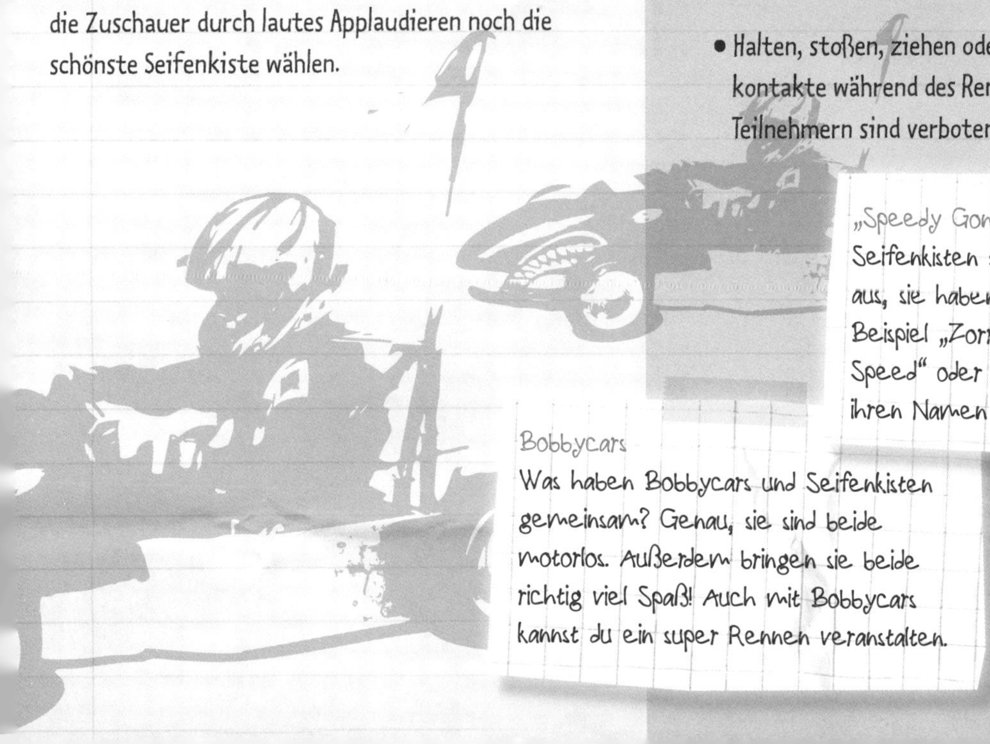

„Speedy Gonzales" vor „Giant"

Seifenkisten sehen nicht nur klasse aus, sie haben auch tolle Namen, zum Beispiel „Zorro", „Red Racer", „Hai-Speed" oder „Knochenbrecher". Ob sie ihren Namen wohl alle Ehre machen?

Bobbycars

Was haben Bobbycars und Seifenkisten gemeinsam? Genau, sie sind beide motorlos. Außerdem bringen sie beide richtig viel Spaß! Auch mit Bobbycars kannst du ein super Rennen veranstalten.

Wie sieht ein guter Spickzettel aus?

Es gibt wohl kaum einen Schüler, der nicht schon einmal einen Spickzettel geschrieben hat. Ganz ungefährlich ist das Spicken jedoch nicht: Wenn du erwischt wirst, gibt es eine richtig schlechte Zensur!

Spicken will gelernt sein

Auf keinen Fall wollen wir dich zum Spicken anstiften! Der beste Spickzettel ist der, der den wesentlichen Prüfungsstoff enthält, aber während der Prüfung gar nicht mehr benötigt wird, da beim Schreiben des Zettels der Stoff bereits gelernt wurde. Einige Lehrer raten ihren Schülern sogar, Spickzettel anzufertigen. Natürlich dürfen diese dann in der Klausur nicht verwendet werden, sondern sollen nur als Lernzettel dienen. Denn wer einen Spickzettel sorgfältig ausarbeitet, hat sowieso alles im Kopf und muss den Spicker später nicht mehr benutzen.

Kleiner Tipp!
Nimm den Mini-Spickzettel ruhig mit in die Schule. Verstecke ihn aber. Ein guter Platz ist zum Beispiel im Strumpf unter der Fußsohle. Zu wissen, dass die Daten an dem linken kleinen Zeh zu finden sind, kann dir durchaus eine Hilfe sein. Du kannst sie dort wunderbar abrufen.

Modernes Mogeln
Heutzutage schummeln viele Schüler zeitgemäß per Computer. Sie nutzen das Internet zum Beispiel, um sich mit fremden Federn zu schmücken.

Spickzettel für Profis

Nimm ein großes Blatt Papier (DIN A4 oder größer), auf das du alles schreibst, was du wissen musst. Achte dabei auf eine übersichtliche Gliederung. Dieser Spicker ist natürlich viel zu groß und damit unbrauchbar. Darum überträgst du nun die Informationen von dem Riesenblatt auf einen Zettel der halben Größe. Das geschieht aber nicht durch eine kleinere Schrift! Nein, versuche einfach, nur das Wichtigste herauszuschreiben. Jetzt ist dir das weitere Vorgehen bestimmt schon klar, oder? Du überträgst die Informationen auf einen immer kleineren Zettel, bis du einen Spicker etwa in der Größe einer Karteikarte in den Händen hältst. Wenn du diese Anleitung befolgst, wirst du am Schluss wahrscheinlich eine ziemliche Überraschung erleben: Du brauchst den Spickzettel gar nicht mehr. Du weißt schon alles!

Gute Verstecke

„Echte“ Spickzettel brauchen natürlich gute Verstecke! Du kannst sie zum Beispiel in deine Federmappe legen und dann während der Klassenarbeit ganz unauffällig nach irgendwelchen Stiften suchen. Oder du schreibst die Vokabeln, Jahreszahlen oder Formeln mit Bleistift auf ein langes Lineal. Im Notfall kannst du das Geschriebene leicht verwischen oder wegradieren. Dürft ihr während der Prüfung trinken? Dann könntest du das Etikett der Flasche ablösen und durch ein eigenes, sehr ähnliches Etikett ersetzen. Darauf stehen dann aber nicht die Inhaltsstoffe, sondern die komplizierten Matheformeln. Sehr wenige Daten kannst du auf einen Radiergummi oder in die Zwischenräume deiner Finger schreiben. Der Platz ist aber wirklich begrenzt! Ein uralter Trick ist es, die Handinnenflächen zu beschriften. Allerdings besteht die Gefahr, dass du vor Nervosität ins Schwitzen gerätst und dadurch alles unleserlich wird. Vielleicht besser die Unterarme beschreiben? Während der Klausur krempelst du dann ganz unauffällig die Ärmel hoch. Doch bedenke: Spickzettel sind immer riskante Manöver!

Wie muss ein guter Spickzettel aussehen?

- Er muss klein und kompakt sein, so dass du ihn gut verstecken kannst.
- Er sollte unauffällig sein. Verzichte also auf rotes Papier und leuchtenden Textmarker!
- Er sollte eine wohlüberlegte Gliederung besitzen. Nur so kannst du in einem günstigen Moment schnell die entscheidenden Informationen vom Spicker ablesen.
- Auf den Spickzettel gehört nur das Wichtigste! Unwichtige Nebensächlichkeiten würden dich beim Spicken nur verwirren.
- Für die Anfertigung solltest du dir genügend Zeit nehmen.
- Der beste Trick: Am Abend vor der Prüfung einen Spickzettel erstellen und dann absichtlich zu Hause vergessen!

Wichtige Lernregel

Lerne nur das Wichtigste! Mut zur Lücke! Wenn du die wichtigsten Informationen sicher abgespeichert hast, fallen dir in der Regel auch die unwichtigeren Sachen ein.

Was sind die besten Spiele für draußen?

Eine Nase voll frischer Luft sollte jeden Tag drin sein! Außerdem ist es einfach klasse, draußen zu spielen. Für die meisten Spiele brauchst du nur ein paar Mitspieler und schon kann der Spaß beginnen.

Ein kleiner Ball mit Federn und viel Speed

Laufen, springen, strecken und schlagen: Federball ist ganz schön anstrengend! Doch es macht richtig viel Spaß, den Federball so über das Netz zu schlagen, dass der Gegner ihn nicht bekommt. Oder ihr spielt anders: Welche Mannschaft schafft es, den Federball hundertmal hin und her zu schlagen, ohne dass er den Boden berührt? Spannt ein Seil zwischen zwei Bäume – fertig ist das Netz! Als Feldbegrenzung kann ein Gartenschlauch dienen.

Die Pille muss ins Tor

Fußball kann man immer und überall spielen, alleine, zu zweit, zu dritt oder mit vielen anderen Kids. Notfalls reicht schon eine alte Dose zum Kicken. Mehr Spaß macht es aber mit einer richtigen Pille. Ihr habt kein richtiges Fußballfeld? Baut einfach ein Tor aus Wasserflaschen. Jacken am Rand markieren den Strafraum vor dem Tor. Und los geht's: Wer hat die besten Tricks drauf? Welche Mannschaft schießt das erste Tor? Auch immer mehr Mädchen sind im Fußballfieber. Und Papa hilft bestimmt gerne mal als Trainingspartner aus. Ecke, Kopfball, TOR!

Völkerball

Es werden zwei Mannschaften gewählt. Mit einem Ball muss man versuchen, die andere Mannschaft abzuwerfen. Jeder, der abgeworfen wurde, muss sich hinter den Linien der gegnerischen Mannschaft aufhalten. Man darf wieder ins Feld, wenn man einen Spieler aus der anderen Mannschaft von draußen abwirft.

Flummi, hüpf!

Stellt euch gegenüber auf und werft euch einen Flummi zu. Bevor ihr ihn fangt, sollte er einmal den Boden berührt haben. Ihr habt den Flummi schon ganz gut im Griff? Dann vergrößert den Abstand zwischen euch. Ihr könnt auch mit Straßenkreide Kreise auf den Boden zeichnen. Nun werft ihr euch den Flummi so zu, dass er in jedem Kreis genau einmal auftickt. Wenn du alleine bist, kannst du den Flummi gegen eine Mauer ticken lassen. Es sollten aber besser keine Fensterscheiben in der Nähe sein! Los geht's!

Power-Rakete statt Stubenhocker

Wusstest du, dass Laufen und Klettern, Hüpfen und Springen dich nicht nur körperlich fit, sondern auch klüger machen? Wenn du dich regelmäßig bewegst, wird dein Gehirn besser durchblutet. Darum sollte das Toben und Rennen einen festen Platz in deinem Tagesprogramm haben. Wie wäre es heute Nachmittag mit Versteckspielen im Park oder im Wald, Fangspielen auf der Straße, Wettrennen oder Tauziehen?

Fischer, Fischer, wie tief ist das Wasser?

Es gibt eine Start- und eine Ziellinie. Alle Mädchen und Jungen verteilen sich an der Startlinie. Nur der Fischer stellt sich hinter die Ziellinie.

Die Kinder an der Startlinie rufen: „Fischer, Fischer, wie tief ist das Wasser?“ Der Fischer denkt sich eine Wassertiefe aus und antwortet zum Beispiel: „50 Meter tief.“

Die Mitspieler an der Startlinie rufen zurück: „Und wie kommen wir da rüber?“ Nun muss sich der Fischer eine Fortbewegungsart ausdenken, zum Beispiel krabbeln, wie ein Frosch hüpfen, laufen, kriechen, schlängeln, springen, robben, rückwärts gehen, rollen, Krebsgang ...

Alle Kinder laufen jetzt auf diese Weise los und der Fischer, der ihnen entgegenkommt, versucht, so viele wie möglich zu fangen. Diese helfen dem Fischer in den nächsten Runden. Wer zuletzt gefangen wird, ist der Sieger des Spiels und der nächste Fischer.

Je mehr ihr seid, umso lustiger ist das Spiel. Viel Spaß!

Und bei schlechtem Wetter: Pfützenleeren

Immer wieder (mit Gummistiefeln!) in die Pfütze springen, bis sie nicht mehr da ist. Wer kann die meisten Pfützen verschwinden lassen?

Frisbee

Eine Frisbeescheibe und eine große Wiese – mehr braucht ihr nicht, um Spaß zu haben. Denkt euch neue Regeln aus: Mit links werfen, unter dem Bein hindurch oder nur mit der rechten Hand fangen.

Was sind die besten Spiele gegen Langeweile?

Wieder ein verregneter Sonntag? Schlechtes Wetter, schlechte Stimmung? Das muss nicht sein! Auch für drinnen gibt es viele Spiele, die Langeweile und schlechte Laune garantiert vertreiben.

Nicht ärgern – einfach spielen

Es gibt kaum etwas Schöneres, als nachmittags mit der ganzen Familie „Mensch ärgere dich nicht“ oder „Monopoly“ zu spielen. In Spielesammlungen befinden sich viele weitere bekannte Brettspiele, zum Beispiel „Dame“, „Mühle“ oder „Halma“. Veranstalte mit deinen Freunden am Wochenende doch einen gemütlichen Spieleabend. Oder hast du Lust, einen König schachmatt zu setzen? Schach lehrt nicht nur taktisches Denken und Fairness – es macht vor allem eines: Spaß!

Kleiner Tipp!
Man muss keine teuren Spiele kaufen, um einen tollen Spieleabend zu verbringen. In eurer Bücherei kannst du bestimmt zahlreiche Brett-, Karten- und Würfelspiele ausleihen.

Murmelbillard
Erstelle mit Murmeln und mehreren Kugelschreibern oder Strohhalmen auf einem Tisch ein Billardspiel. Mit einer Murmel klickst du die anderen Murmeln, die auf dem Spielfeld verteilt sind, an. Ziel ist es, alle Murmeln durch Lücken zwischen den Stiften aus dem Feld zu schießen.

Ziehen und ablegen

Sie passen in jede Hosentasche und sind meist leicht zu erlernen: Kartenspiele. Alles, was du dazu brauchst, ist ein Satz Karten, einen oder mehrere Mitspieler und natürlich die Spielregeln. Ganz gleich, ob es sich um „Skat“, „Rommé“, „Doppelkopf“, „Mau-Mau“, „Uno“ oder ein anderes Kartenspiel handelt: Damit übersteht ihr garantiert einen langweiligen Regentag! Und da man bei den meisten Kartenspielen Punkte, Trümpfe oder Stiche zusammenzählen muss, lässt sich auch noch spielerisch Kopfrechnen üben.

Endlich ein weiteres Teil

Kennst du dieses Glücksgefühl, wenn nach langer Suche endlich die richtige Stelle im Gesamtkunstwerk gefunden wurde? Mit einem großen Puzzle kannst du dich Stunde um Stunde, vielleicht sogar Woche um Woche beschäftigen. Hoffentlich fehlt am Ende nicht ein Puzzleteilchen. Das wäre wirklich ärgerlich!

Nur nicht den Kopf zerbrechen

Auch andere Spiele machen nicht nur Spaß, sondern trainieren auch noch die grauen Zellen (also unser Gedächtnis). Dazu gehören zum Beispiel Textknobeleien, Sudokus oder Streichholzrätsel. Eine kleine Kostprobe gefällig?

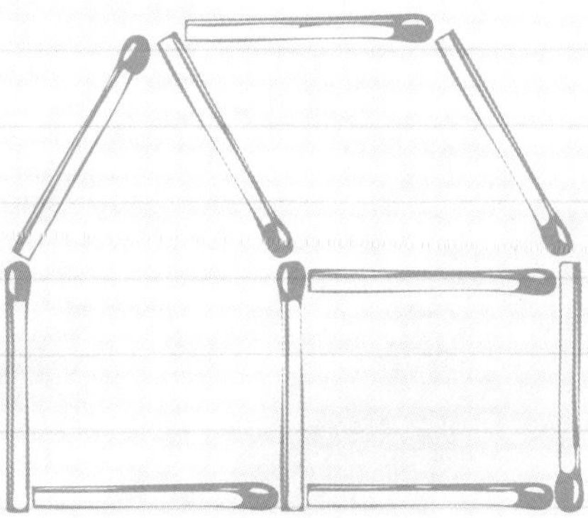

Es müssen zwei Streichhölzer so umgelegt werden, dass das Haus nicht mehr nach links, sondern nach rechts guckt.

Die Lösung findest du auf Seite 224.

Tolle Murmelspiele

Stelle dich in etwa zwei Metern Abstand vor deiner Zimmerwand auf und lass deine Murmeln nacheinander so nah wie möglich an die Wand heranrollen, ohne dass sie sie berühren.

Alle Spieler bekommen die gleiche Anzahl Murmeln und stellen sich in einem Kreis auf. Dann wird abwechselnd in Richtung Mitte losgeschnickt. Wer eine oder mehrere Murmeln trifft, darf seine Beute einschließlich der eigenen Murmel behalten.

Bildet aus vier Murmeln ein Schlösschen (drei Murmeln bilden die Grundmauern, eine Murmel kommt als Turm obenauf). Nun versucht ihr nacheinander, mit einer Murmel das Schloss zu treffen und zum Einstürzen zu bringen.

Schneide aus einem Schuhkarton mehrere Tore in unterschiedlicher Größe aus. Über die Bögen schreibst du Punktzahlen. Jetzt versuchst du, mit deinen Murmeln die Torbögen zu treffen. Gehe aber nicht zu nah dran! Welche Punktzahl erzielst du?

Riesenappetit

Wenn drei Kinder in drei Minuten drei Birnen essen, wie viele Minuten brauchen dann zwölf Kinder, um zwölf Birnen zu essen?

(Auch drei Minuten, da jedes Kind drei Minuten braucht, um eine Birne zu essen!)

Welche Spiele kann ich mit meinen Fingern spielen?

Es gibt Spiele, für die du keine großartigen Materialien brauchst. Du musst nur fingerfertig sein und gute Ideen haben. Gemeint sind die Klatsch- und Fadenspiele.

Klatschspiele

Die meisten Klatschspiele werden zu zweit gespielt. Du stehst deinem Spielpartner gegenüber und ihr klatscht euch in verschiedenen Variationen in die Hände. Dabei singt ihr Reime oder Lieder. Ein bekanntes Klatschspiel ist zum Beispiel „Bei Müllers hat's gebrannt". Bei manchen Silben klatscht ihr euch in die eigenen Hände (E), bei anderen haltet ihr eure Handflächen in Brusthöhe vor euch und klatscht mit dem Partner (P):

Bei Mül - lers hat's ge - brannt, brannt, brannt,
E P E P E P P P

da bin ich hin ge - rannt, rannt, rannt,
E P E P E P P P

da kam ein Po - li - zist, zist, zist,
E P E P E P P P

der schrieb mich auf die List, List, List,
E P E P E P P P

da lief ich schnell nach Haus, Haus, Haus
E P E P E P P P

und die Ge - schicht war aus, aus, aus!
E P E P E P P P

Fingerhakeln
Beim Fingerhakeln sitzt man sich an einem Tisch gegenüber und versucht, den Gegner am Finger zu sich herüberzuziehen. Achtung: Das kann ganz schön schmerzhaft sein!

Wer wird Jäger?

Fingerspiele sind auf der ganzen Welt beliebt. In Peru wird zum Beispiel folgendes „Jagdspiel" gespielt: Vier bis zehn Kinder können mitmachen. Das Kind, das beginnt, hält seine Hand mit der Innenfläche nach oben auf. Alle Mitspieler legen ihre Zeigefinger auf die Handfläche. Ganz plötzlich und ohne Warnung schließt der Spieler nun seine Hand. Wer seine Finger nicht schnell genug wegziehen kann, wird der nächste „Jäger".

Schnick, Schnack, Schnuck

Bestimmt kennst du dieses Spiel! Es gibt drei Zeichen: Stein, Schere und Papier. Der Stein wird durch eine Faust, die Schere durch Zeige- und Mittelfinger und das Papier durch die flache Hand dargestellt. Gespielt wird zu zweit. Ihr formt gleichzeitig mit euren Händen die Zeichen und sagt dazu „Schnick, Schnack, Schnuck". Wer hat gewonnen? Der Stein schlägt die Schere, weil er sie schleifen kann. Die Schere schlägt das Papier, weil sie es schneiden kann. Und das Papier schlägt den Stein, weil es ihn einwickeln kann. Manche Kinder nehmen noch den Brunnen hinzu. Der Brunnen schlägt Stein und Schere, weil beide hineinfallen können. Nur das Papier kann den Brunnen schlagen, weil es ihn abdecken kann. Für den Brunnen müssen sich die Fingerspitzen von Daumen und Zeigefinger berühren. Los geht's: Schnick, Schnack, Schnuck ...

Fadenspiele

Wenn du alleine bist und nicht weißt, was du machen sollst, kannst du dir mit Fadenspielen die Zeit gut vertreiben. Irgendwo wirst du bestimmt einen Faden, ein Band oder eine Kordel auftreiben. Die Enden zusammenknoten, damit eine große Schlaufe entsteht. Meist geht es bei den Fadenspielen darum, den Faden so um die Finger zu legen, dass zum Schluss ein Bild entsteht. Du kannst dir mit Freunden auch den Faden wechselseitig abnehmen. Wichtig ist, dass nach jeder Bewegung der Faden straff gezogen wird.

Die Grundstellung:

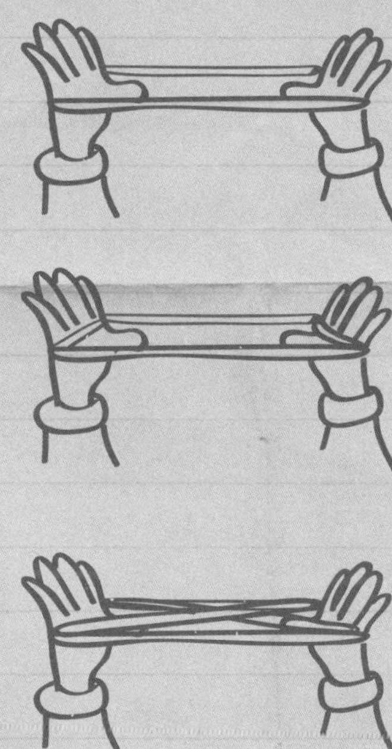

Fadenfiguren

Abwechselnd nimmst du dir mit einer zweiten Person den Faden aus der Hand. Auf diese Weise entstehen immer wieder neue Fadenfiguren.

Wie veranstalte ich eine Stadtrallye?

Eine normale Schnitzeljagd durch den Wald hast du schon oft gemacht? Wie wäre es, wenn du die Rallye in die Innenstadt verlegst? Das wird bestimmt ein aufregender und sogar lehrreicher Nachmittag! Denn während ihr gemeinsam die Innenstadt entdeckt, erfahrt ihr bestimmt eine Menge über deren Geschichte und Gegenwart. So macht Heimatkunde Spaß!

START

Spurensuche im Stadtdschungel

Eine Stadtrallye macht erst viel Arbeit, aber dann auch riesig viel Spaß! Als erstes musst du dir eine Route quer durch die Stadt überlegen, die viele markante Stellen bietet, die alle nicht allzu weit auseinander liegen. Der Startpunkt ist am besten eine Stelle, die jeder Teilnehmer kennt, etwa eine Kirche. Lass dir eine gute Frage einfallen: „Wie viele Eingänge hat die Kirche?“ oder „Wann wurde die Kirche erbaut?“ An einem gut sichtbaren Punkt befestigst du den nächsten Hinweis, der sich auf ein anderes Gebäude bezieht (mit Anweisung, wie man dort hinkommt!). Achte darauf, dass die Entfernungen zwischen den einzelnen Standpunkten nicht zu weit sind. Das Ziel eurer Stadtrallye könnte an einem Ort sein, wo die Teilnehmer eine Belohnung erhalten – zum Beispiel eine Eisdiele, wo es für alle ein Eis gibt, oder eine Rasenfläche, auf der ein unerwartetes Picknick stattfindet.

Die City erobern

Stelle eine möglichst abwechslungsreiche Route zusammen. Nur geschichtsträchtige Orte sind für Kinder und Jugendliche schnell langweilig. Wie wäre es mit einem kleinen Abstecher auf einen Schulhof oder in ein Geschäft? Toll ist es, wenn es dir gelingt, andere in das Spiel mit einzubinden. Frage doch zum Beispiel im Zeitschriftenladen, ob die Teilnehmer sich dort einen Sticker abholen dürfen. In der Post bekommen deine Freunde vielleicht einen Stempel auf die Hand. Und bei eurem Stammbäcker gibt es für alle ein kleines Brötchen.

Immer den Kärtchen nach

Die einzelnen Hinweiskärtchen werden schneller gefunden, wenn sie alle das gleiche Aussehen haben und recht auffällig sind. Je nach Wetterlage ist es notwendig, die Kärtchen in eine wasserdichte Hülle zu stecken, damit ein Regenguss sie nicht unleserlich macht. Achte auch darauf, dass die Hinweise nicht weggeweht werden können. Andererseits dürfen die Kärtchen auch nicht allzu offensichtlich zu sehen sein, da sonst fremde Personen auf sie aufmerksam werden und sie vielleicht entfernen. Es ist sinnvoll, die Kärtchen durchzunummerieren (zum Beispiel Karte 6 von 10). Das erhöht die Spannung! Es geht aber auch ohne Kärtchen! Witzig ist zum Beispiel eine Fotorallye: Alle Teilnehmer bekommen eine Einmal-Kamera und eine Liste mit Bildern, die sie knipsen sollen. Eventuell müssen dabei noch bestimmte Aufgaben umgesetzt werden, etwa „Bild vom Dom mit sechs Passanten“.

So viel Natur gibt es in der Stadt

Ein Spielgebiet wird vereinbart. Innerhalb einer Stunde schwärmen alle Teilnehmer aus und entdecken möglichst viele verschiedene Pflanzen. Sie notieren deren Standort. Wer die meisten entdeckt, hat gewonnen!

So war das früher

Die Spieler schwärmen in einem vereinbarten Spielgebiet aus und befragen Passanten nach deren Erinnerungen, wie sich die Stadt in den letzten zehn, zwanzig, dreißig Jahren verändert hat. Nach einer Stunde treffen sich alle wieder und berichten gegenseitig von ihren Erfahrungen.

Witzige Aufgaben für deine Stadtrallye

- Am Haus Schlossstraße 18 ist ein Klingelschild. Wer wohnt im zweiten Stock?
- Das Restaurant Ecke Bachstraße bietet Bockwurst mit Kartoffelsalat an. Wie teuer ist das Gericht?
- Im Schaufenster der Zoohandlung seht ihr einen Papageien. Welche Farbe hat er?
- Wie teuer ist eine Kugel Eis im Eiscafé? Schreibt sechs Eissorten auf, die irgendwo im Wort ein „E“ enthalten.
- Gibt es in der Stadtbücherei folgendes Buch: ...?
- Welcher Film wird demnächst im Kino gezeigt?
- Was kostest es beim Friseur, wenn man sich dort eine Glatze schneiden lassen will?
- Wie heißt der Wirt des Lokals an der Eckendorfer Straße?
- Zähle auf der Einkaufsstraße alle Bäcker.

Organisierte Stadtrallyes

Auch viele Städte bieten mittlerweile Stadtrallyes an. Anhand eines Fragebogens kann man die Stadt mit ihren Sehenswürdigkeiten und ihrer Stadtgeschichte besser kennenlernen.

ZIEL

Wie erforsche ich meinen Stammbaum?

Mama, erzähl doch mal: Hatte Oma auch so viele Sommersprossen, als sie klein war? Wie hieß eigentlich der Opa von Opa? Wie war das früher? Es ist spannend herauszufinden, woher man kommt und von wem man abstammt. Hast du Lust, deine eigene Familiengeschichte zu erforschen und einen Stammbaum zu erstellen?

Reise in die Vergangenheit

Deine Großeltern kennst du wahrscheinlich noch persönlich. Von deinen Urgroßeltern weißt du dagegen schon ziemlich wenig. Und je weiter du in der Zeit zurückgehst, desto schwieriger wird es werden, konkrete Spuren zu finden. Es ist häufig ziemlich mühselig, in die eigene Familiengeschichte einzusteigen. Lass dich nur nicht entmutigen, wenn du nicht auf Anhieb weiterkommst. Du brauchst für deine Ahnenforschung detektivischen Spürsinn sowie eine riesige Portion Geduld!

Spannender als ein Film
Klar, für den Stammbaum musst du Namen, Geburts- und Todesdaten sammeln. Doch eine Familienchronik besteht auch aus vielen kleinen Geschichten, die Lust auf mehr machen!

Wie beginnen?

Am besten fängst du in der Gegenwart an und arbeitest dich immer weiter in die Vergangenheit vor. Viele Informationen wirst du von deinen Eltern, Großeltern, Urgroßeltern oder auch von deren Nachbarn und Freunden erhalten. Von ihnen erfährst du zum Beispiel die Namen weiterer Vorfahren, Geburts- und Sterbeorte sowie Hochzeitsdaten. Im Familienstammbuch findest du die Geburts-, Heirats- und Sterbeurkunden. Oftmals hilft auch ein Gang über den Friedhof. Auf vielen Grabsteinen kannst du die genauen Geburts- und Sterbedaten ablesen. Wegen der Namensgleichheit stößt du am einfachsten bei der männlichen Linie deines Vaters in die Vergangenheit vor. Du ermittelst also so weit wie möglich Vater, Großvater, Urgroßvater ...

Wahre Fundgruben

Wahre Fundgruben für jeden Genealogen (so nennen sich Familienforscher) sind alte Dokumente, Urkunden, Zeugnisse, Verträge sowie Schuhkartons mit alten Briefen, Postkarten und Fotos. Bei der Suche nach den Vorfahren sind die Standesämter und Einwohnermeldeämter behilflich. Leider ist die Dokumentensuche meist gebührenpflichtig. Auch das Durchforsten alter Kirchenbücher kann sehr ergiebig sein. Dafür musst du einen Antrag an das zuständige Landeskirchenamt stellen. Es ist aber nicht so leicht, die handschriftlichen, altdeutschen Buchstaben auf den vergilbten Blättern zu entziffern. Bitte deine Großeltern um Hilfe. Das Internet bietet ebenfalls eine Fülle an Datenbanken und privaten Websites, die dir vielleicht weiterhelfen. Mit etwas Glück lernst du auf diese Weise interessante Menschen oder vielleicht sogar neue Verwandte kennen! Bedenke aber, dass viele professionelle Seiten ebenfalls kostenpflichtig sind!

Das Personenstammblatt

Für jede Person aus deiner Familie solltest du ein eigenes Personenstammblatt erstellen:

Name: ....
Geburtsname: ....
Vornamen: .... Spitznamen: ....
Geschlecht: ....
Geburtsdatum: .... Geburtsort: ....
Konfession: ....
Getauft am: .... in: ....
Wohnort: ....
Beruf: ....
Sterbedatum: .... in: ....
Todesursache: ....
Bestattung am: .... in: ....
Vater: ....
Mutter: ....
Ehen: ....
Kinder: ....
Anmerkungen/Quellen: ....

Kleiner Tipp!
Zeitzeugen leben nicht ewig! Wenn deine Urgroßeltern noch leben, solltest du dir diese Chance nicht entgehen lassen und möglichst bald ein Gespräch mit ihnen führen. Sie können dir viel aus früheren Zeiten erzählen.

Computersoftware
Es gibt zahlreiche Programme, die dir bei deinem Hobby helfen können. Einige Programme kann man sogar kostenlos über das Internet herunterladen.

Wie bringe ich Steine zum Tanzen?

Manche Kinder nennen es Flitschen, andere Ditschen, Klippen oder Pfitscheln. Viele lustige Begriffe für eine Sache: das Hüpfenlassen von flachen Steinen über dem Wasser. Wie oft flitzen deine Steine über die Wasseroberfläche, bis sie schließlich versinken?

Warum können Steine über das Wasser springen?

Es gibt kleine Tiere, die über das Wasser laufen können. Man nennt sie Wasserläufer. Wir Menschen sind viel zu schwer, um uns von der Oberflächenspannung des Wassers tragen zu lassen. Doch mit einem kleinen Trick können auch wir uns auf dem Wasser halten. Wasserskifahrer lassen sich von einem schnellen Motorboot über das Wasser ziehen. Solange das Boot fährt, gehen auch sie nicht unter. Genauso funktioniert das Steineflitschen. Wenn der Stein schnell genug ist, hat das Wasser keine Zeit, um ihn herum zu fließen. Der Stein prallt am Wasser ab.

Der richtige Dreh

Steine brauchen also ein bestimmtes Tempo, damit sie nicht gleich im Wasser versinken. Um einen Stein mehrfach springen zu lassen, musst du aber noch auf einige andere Dinge achten. So muss der Stein mit der flachen Seite aufkommen, sonst bohrt er sich einfach in das Wasser und geht unter. Und du musst ihm den richtigen Dreh verpassen. Das schaffst du, indem du dem Stein – kurz bevor er deine Hand verlässt – mit dem Zeigefinger noch einen kleinen Schubs verpasst. Der Stein dreht sich nun um die eigene Achse. Diese Rotation stabilisiert den Flug, der Stein gerät nicht ins Trudeln. Außerdem sollte die Wasserfläche möglichst glatt und ohne Wellen sein. Schon kann es losgehen!

Weltrekord im Steineflitschen

Am Anfang wirst du dich bestimmt freuen, wenn deine Steine beim ersten Auftreffen nicht gleich versinken. Geübte Werfer schaffen auch schon mal zehn Sprünge. Das ist aber alles nichts gegen den Weltrekord im Steineflitschen! Einem Amerikaner ist es 2007 gelungen, einen Stein unglaubliche 51 Mal über das Wasser hüpfen zu lassen! Das verschaffte ihm sogar einen Eintrag in das Guinness-Buch der Rekorde. Auf die Frage nach seinem Erfolgsrezept antwortete er: „Wissen Sie was? Ich habe keine Ahnung!" Was brauchst du also noch, damit deine Steine möglichst oft über das Wasser springen: ganz viel Glück!

Oberflächenspannung

Die oberste Schicht der Wasserteilchen hält besonders fest zusammen und bildet eine Art Haut. Lust auf ein Experiment? Fülle ein Glas randvoll mit Wasser. Lasse nun ein paar Münzen hineingleiten. Das Glas läuft nicht über, es bildet sich sogar eine kleine Kuppel über dem Glasrand. Die Oberflächenspannung bewirkt, dass das Wasser sich erst über den Rand wölbt, bevor es überläuft.

Steinhaufen

Aus vielen kleinen Steinen kannst du einen richtig großen Steinhaufen bilden. Bleibt er über eine längere Zeit stehen, finden sich schnell auch Bewohner ein: etwa Käfer, Spinnen, Salamander und vielleicht sogar eine Blindschleiche!

Die Magie der Steine

Nicht nur für Junghexen und Zauberlehrlinge haben Steine eine besondere Anziehungskraft. Es tut einfach gut, einen Stein in der Hand zu spüren. Mit der Zeit wird er schön warm und gibt die Kraft zurück. Steine können dich begleiten, mal als Wunschstein, mal als Wutstein oder auch als Erzählstein.

Wunschstein

Du möchtest dir einen großen Wunsch erfüllen, dir fehlt aber die nötige Willenskraft dazu? Nimm einen Stein in die Hand und denke fest an deinen Wunsch.

Wutstein

Wenn du so richtig wütend bist, kannst du einen Stein nehmen und alle Wut in den Stein hineindrücken. Bist du deine Wut los, bedankst du dich bei dem Stein und verbuddelst ihn im Garten.

Erzählstein

Manchmal hat man etwas auf dem Herzen, was man keinem erzählen mag. Da hilft ein Erzählstein! Nimm den Stein in die Hand und erzähle ihm laut oder in Gedanken die geheime Sache. Der Stein wird sich alles in Ruhe anhören und ganz bestimmt darüber schweigen ...

Wasserscheu

Wusstest du, dass Wasserläufer eigentlich wasserscheu sind? Schon bei den ersten Regentropfen suchen sie Schutz am Uferrand.

Wie finde ich mithilfe der Sterne meinen Weg?

In einer wolkenlosen Nacht kannst du unzählige Sterne mit bloßem Auge erkennen. Einige Fixsterne leuchten so prächtig, dass sie schon seit Jahrtausenden bekannt sind. Besonders die Seeleute brauchten die Sterne, um sich nachts zu orientieren.

Kurs Südsüdwest

Mitten auf dem Ozean. Bis zum Horizont nichts als Wasser und darüber der endlose Himmel. Woher wussten die Seefahrer früher, wo sie sich gerade befanden? Wie hielten sie ihr Schiff auf dem richtigen Kurs? Das wichtigste Instrument war der Kompass, dessen Nadel immer nach Norden zeigt. Tagsüber orientierten sich die Seeleute außerdem am Stand der Sonne. In der Nacht wurde der Kurs des Schiffes nach dem Stand der Sterne festgelegt. In einer klaren Nacht hatten die Seeleute auf allen Meeren mindestens einen Anhaltspunkt am Himmel, um ihren Kurs zu überprüfen: den Polarstern oder das Kreuz des Südens.

Tierisches Verhalten
Nicht nur Menschen nutzen die Sterne zur Orientierung. Auch nachts ziehende Vögel lassen sich von den Sternen den Weg weisen. Sogar Robben richten sich auf längeren Reisen fernab der Landmassen wahrscheinlich nach dem Sternenhimmel.

Der Polarstern

Der Polarstern wird auch Nordstern genannt. Aus gutem Grund – er befindet sich nämlich genau im Norden. Er bewegt sich im Laufe einer Nacht scheinbar nicht. Um ihn zu finden, suchst du zuerst nach dem sehr markanten Sternbild des Großen Wagens. Er sieht aus wie ein viereckiger Kasten mit Griff. Hast du den Großen Wagen entdeckt, musst du seine Hinterachse um etwa das Fünffache verlängern. Genau am Ende dieser Strecke stößt du auf den sehr hellen Polarstern, der die Richtung Norden anzeigt. In der Nacht kannst du dich gut an diesem Stern orientieren.

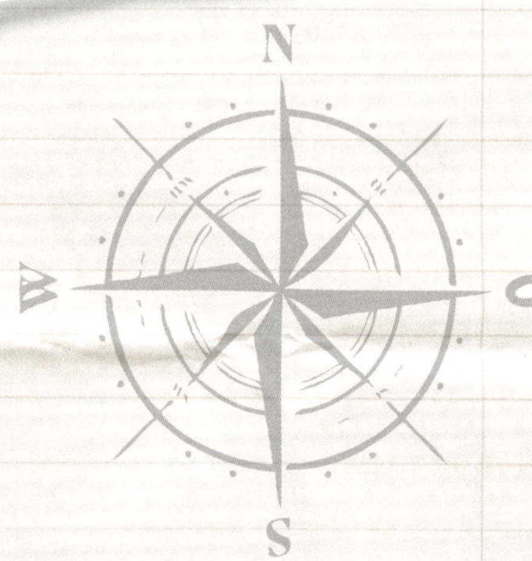

Das Kreuz des Südens

Auf der Südhalbkugel der Erde ist der Polarstern nicht zu sehen. Dafür sieht man hier in jeder klaren Nacht das Kreuz des Südens. Mit diesem Sternbild kann der südliche Himmelspol bestimmt werden. Das Kreuz des Südes ist zwar nur ein kleines, dafür aber sehr auffälliges Sternbild: Die vier hellsten Sterne bilden ein Kreuz. Australien, Brasilien und mehrere andere Staaten haben das Kreuz des Südens in ihre Nationalflaggen aufgenommen.

Bewegungsrichtung der Sterne

Die Himmelsrichtung kannst du auch anhand des Weges bestimmen, den ein Stern von einem Fixierpunkt ausgehend (zum Beispiel Kirchturmspitze, Baumwipfel, Berg) zurücklegt.
Es gilt:
Wenn der Stern aufwärts steigt, blickst du nach Osten;
wenn der Stern abwärts sinkt, blickst du nach Westen;
wenn der Stern nach rechts wandert, blickst du nach Süden;
wenn der Stern nach links wandert, blickst du nach Norden.

Navigation nach der Sonne

Die Sonne geht immer im Osten auf und im Westen unter – damit kannst du die wichtigsten Himmelsrichtungen bestimmen.

Orientieren mit der Uhr

Mit einer analogen Uhr (also eine mit Zeigern) und der Sonne kannst du ebenfalls genau bestimmen, wo Norden und Süden sind. Dazu hältst du die Uhr so, dass der Stundenzeiger direkt auf die Sonne gerichtet ist. Den Winkel zwischen dem Stundenzeiger und der Ziffer 12 halbierst du in Gedanken: Genau in der Mitte liegt Süden.

Ist die Sommerzeit in Kraft (März bis Oktober), musst du eine Stunde abziehen. Beachte auch die Tageszeit. Am Vormittag musst du die Halbierungslinie zwischen der Zwölf und dem Stundenzeiger links von der Zwölf feststellen, am Nachmittag rechts von der Zwölf.

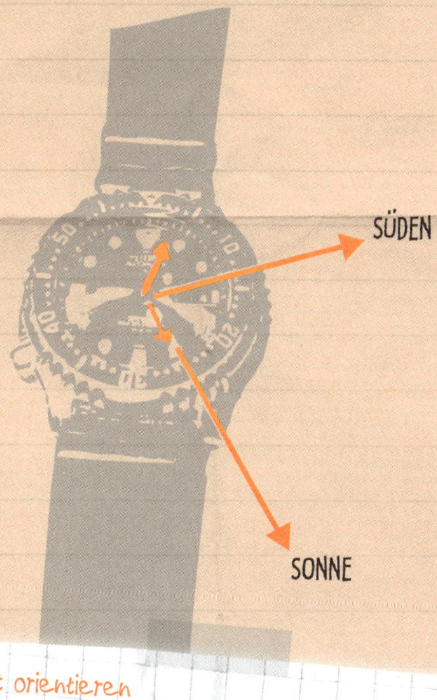

In der Stadt orientieren

Die meisten alten Kirchen haben eines gemeinsam: Der Altar steht in Richtung Osten und ihr Kirchturm steht im Westen. Wenn du keine Kirche findest, kannst du auch nach Satellitenschüsseln Ausschau halten. In Deutschland zeigen die meisten Schüsseln nach Süden.

Was sind die gemeinsten Streiche?

Führst du auch so gerne Leute hinters Licht? Jemandem einen gelungenen Streich zu spielen, macht einfach riesig viel Spaß! Über einige der folgenden Streiche haben schon deine Großeltern gelacht.

Zahnpasta unter der Klinke

Dieser Streich ist zwar uralt, aber immer noch gut. Schmiere einfach etwas Zahnpasta unter die Türklinke. Wer die Tür jetzt öffnet, wird sich direkt die Hände waschen müssen! Oder wie wäre es, wenn die Zahnpasta auf einmal einen ganz anderen Geschmack hätte? Dafür musst du die leere Zahnpastatube stibitzen, bevor sie in den Müll kommt. Fülle nun eine Portion Mayonnaise (auch gut: Senf!) mit einer Spritze in die Tube. Der Rest ist einfach: Du tauschst heimlich die richtige Zahnpastatube gegen deine präparierte aus und wartest auf den lauten Ekelschrei.

In der Zwickmühle

Schreibe in einem unbeobachteten Moment folgenden Satz an die Tafel des Nachbarklassenzimmers (damit der Lehrer deine Schrift nicht sofort erkennt): Nur ein Dummkopf wischt diesen Satz von der Tafel!

Wer macht denn noch ins Bett?

Für diesen Streich brauchst du zwei Handtücher. Das eine Handtuch musst du richtig nass machen und dann auswringen. Danach legst du es in die Mitte eines Bettes. Das trockene Handtuch kommt auf das nasse, nun das Bettzeug ordentlich darüber ausbreiten. Wer jetzt in das Bett steigt, merkt nicht sofort, was du angestellt hast. Erst nach und nach dringt die Feuchtigkeit vom Handtuch durch. Ins Bett gepullert – wie peinlich! Eine tolle Reaktion erzielst du auch mit einer Bürste, die du unter das Bettlaken legst. Nun einfach abwarten, welches scheußliche Tier dein Opfer in seinem Bett vermutet!

Das Sockenmonster war da

Auf manche Dinge kann man sich eigentlich blind verlassen. Zum Beispiel, dass nach dem Sonntag der grässliche Montag kommt oder dass die Socken immer paarweise zusammengesteckt im Schrank liegen. Normalerweise tun sie das ja auch! Nimm alle Socken eines ausgewählten Familienmitglieds aus dem Schrank und stecke sie wieder ordentlich zusammen. Aber achte darauf, dass du niemals zwei zusammengehörige Socken zu einem Paar zusammenfügst. Dieser Streich ist besonders wirkungsvoll, wenn dein Opfer es an dem Morgen ziemlich eilig hat ... Einen mindestens genauso lauten Wutschrei vernimmst du, wenn du Frischhaltefolie über die Klobrille gespannt hast. Igittigitt!

Strenge Gerüche

Ein paar Knoblauchzehen schälen und anschneiden. So können sie ihr volles Aroma entfalten! Jetzt die Zehen deinem Opfer heimlich in die Tasche stecken. Was für ein Stinkstiefel!

Damit die Streiche nicht nach hinten losgehen

- Spiele niemals anderen einen Streich, wenn du selbst keinen Spaß vertragen kannst!
- Suche dir am besten ein Opfer aus, das du gut kennst und das Spaß versteht. Dann habt ihr beide was zu lachen.
- Streiche, die andere Personen verletzen, sind überhaupt nicht lustig! Es darf auch kein finanzieller Schaden entstehen.
- Achte darauf, dass du dir mit deinem Streich keine Feinde fürs Leben schaffst. Schließlich willst du lediglich etwas Spaß haben!
- Manchmal hilft eine nette Entschuldigung, um die Wogen schnell wieder zu glätten.

Guten Appetit

Deine Schwester isst so gerne Kekse? Einfach ein paar Chilikekse in die Keksdose legen!

Stinkbombe

Lege im Winter heimlich ein Stück Käse, das so richtig schön stinkt, gut versteckt hinter die Heizung. Wer immer diesen Raum betritt – der strenge Geruch wird ihm die Tränen in die Augen treiben!

Stricken – zwei links, zwei rechts und schon verloren?

Strick ist chic! Besonders Schals sind einfach und schnell zu stricken. Einen Schal kannst du dir sogar ohne Nadeln stricken! Schon mal was vom Fingerstricken gehört?

Rechte und linke Maschen

Beim Stricken wird zwischen rechten und linken Maschen unterschieden. Aus diesen Maschenarten können sich die tollsten Muster ergeben. Bei der rechten Masche liegt der Faden, der von deinem Zeigefinger kommt, hinter der ersten Anschlagmasche. Bei der linken Masche wird er auf die Nadel gelegt. Er liegt also vor der Masche, die du abstricken willst. Strickst du alle Maschen auf der Vorderseite rechts und alle Maschen auf der Rückseite links, so heißt dieses Muster „glatt rechts".

Yoga für die Finger
Wusstest du, dass Stricken die Nerven beruhigt? Außerdem fördert es die Geschicklichkeit der Finger.

Voll im Trend
Handytaschen sind praktisch und modern. Strick dir doch eine Tasche in tollen Farben.

Verlorene Maschen

Du hast jetzt schon den Anschluss verloren? Macht nichts, auch beim Stricken gibt es verlorene Maschen. Das sind die Maschen, die von der Nadel gerutscht sind. Du kannst sie mit einer Häkelnadel wieder einfangen. Das gelingt sogar noch, wenn sie schon ein paar Stockwerke tiefer gefallen sind. Bei rechten Maschen stichst du von vorne in die gefallene Masche ein und ziehst den darüberliegenden Querfaden durch. Bei linken Maschen nimmst du die gefallene Masche von hinten auf die Häkelnadel. Und schon kann es weitergehen!

Stricken mit der Strickliesel

Schon deine Oma hat als Kind wahrscheinlich mit einer Strickliesel ihre ersten tollen Sachen gestrickt. Die Strickliesel ist eine kleine Puppe aus Holz mit einem Krönchen aus Metall. Um diese Haken wird die Wolle gelegt. Mit einer Häkelnadel oder einer Stricklieselnadel werden die Schlaufen über die Haken gehoben und Masche für Masche wandert durch die Strickfigur. Von Minute zu Minute wächst der Strickschlauch: Wenn du die Technik einmal verstanden hast, magst du bestimmt gar nicht mehr aufhören! Deine meterlangen Schnüre kannst du hinterher zu Deckchen oder Topflappen zusammennähen. Zum Stricken kannst du Wollreste sowie Garne oder Bindfäden verwenden. Du kannst dir aus einer leeren Garnrolle und vier eingeschlagenen Nägeln auch eine einfache Strickliesel selbst herstellen!

Gemeinsam kreativ sein

Am meisten Spaß machen Handarbeiten, wenn mehrere mitmachen. Frage doch gleich mal deine Freundin oder deine Freund!

Fingerstricken

Du brauchst dicke Wolle und eine Schere.

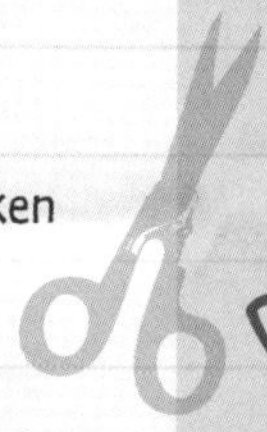

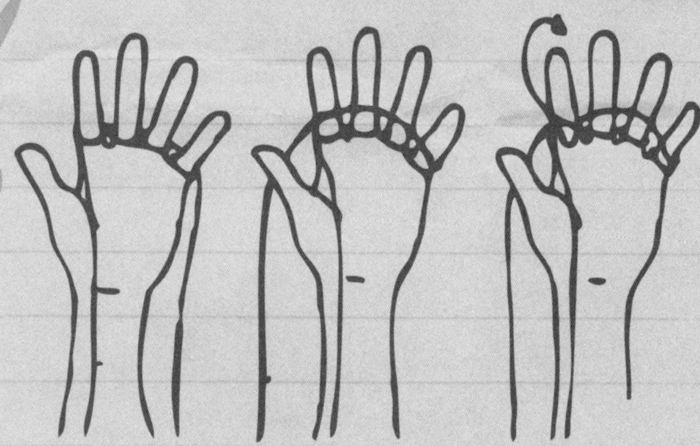

Deine Handfläche zeigt nach oben. Führe einen Faden um die Finger einer Hand: über den kleinen Finger, unter den Ringfinger, über den Mittelfinger, unter den Zeigefinger. Lege nun den Faden einmal über den Zeigefinger und weiter geht es: unter den Mittelfinger, über den Ringfinger, dann unter dem kleinen Finger durch. Anschließend den Faden locker über alle vier Finger legen.

Jetzt startest du beim Zeigefinger. Ziehe die Schlaufen der ersten Reihe Finger für Finger über die zweite Reihe. Den Anfangsfaden legst du zwischen den kleinen Finger und den Ringfinger und lässt ihn einfach hängen. Und von Neuem den Faden über alle Finger legen und Finger für Finger Schlaufen ziehen: über den Zeigefinger, den Mittelfinger, den Ringfinger und den kleinen Finger. Und wieder Faden legen, Schlaufen ziehen ...

Am Ende ziehst du den Faden durch alle Schlaufen.

Fertig ist deine Strickwurst!

Wie werde ich ein Stuntman?

Es gibt Jobs, die stellt man sich einfach toll vor. Dazu gehört auch der waghalsige Beruf des Stuntman. Um als Double für Schauspieler vor der Kamera stehen zu können, riskieren sie oft Kopf und Kragen!

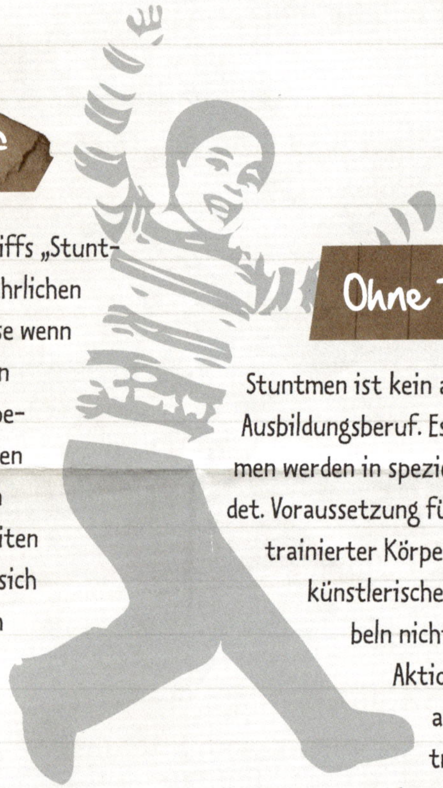

Die Gefahr als Beruf

Stuntmen (Mehrzahl des englischen Begriffs „Stuntman“) vertreten die Schauspieler in gefährlichen oder akrobatischen Szenen, beispielsweise wenn Autounfälle gedreht werden, bei heftigen Prügeleien oder Treppenstürzen. Häufig beherrschen die Schauspieler solche Aktionen nicht. Oder die Versicherungen verbieten den Schauspielern, sich bei den Dreharbeiten Gefahren auszusetzen. Denn wenn diese sich verletzen würden, könnte der ganze Film nicht weitergedreht werden. Darum springt in brenzligen Szenen ein Stuntman oder eine Stuntwoman ein. Nachher wird der Film so geschnitten, dass es niemandem auffällt.

Ohne Team läuft nichts

Stuntmen ist kein anerkannter und geregelter Ausbildungsberuf. Es ist eher eine Berufung. Stuntmen werden in speziellen Stuntschulen ausgebildet. Voraussetzung für diese Tätigkeit ist ein gut trainierter Körper, eine Menge Teamgeist und künstlerisches Verständnis. Stuntmen doubeln nicht nur Schauspieler bei riskanten Aktionen, oftmals übernehmen sie auch ganze Filmszenen oder trainieren die Schauspieler für bestimmte Aufgaben. Manchmal kann ein Schauspieler nicht gedoubelt werden, weil zum Beispiel sein Gesicht ganz genau zu sehen ist. Dann zeigen ihm die Stuntmen etwa, wie er auf spektakuläre Weise von einem Dach springen kann – natürlich ohne sich dabei zu verletzen!

Tricks drauf haben

„Stunt“ ist das englische Wort für „Trick“. Und Stuntmen müssen wirklich einige Tricks drauf haben! Oder wüsstest du, wie du jemanden so schlägst, boxt und trittst, dass er unverletzt bleibt?

Pappkartons und Zuckerglas

Wenn Stuntmen aus großer Höhe in die Tiefe springen, landen sie auf Luftkissen, Matratzen oder Kartons. Es gibt kaum einen Western, in dem sich die Helden nicht Flaschen über den Kopf schlagen. Damit die Darsteller sich dabei nicht verletzen, wird kein echtes Glas verwendet, sondern Flaschen aus leicht zerbrechlichem Zuckerglas. Für Stunts braucht man Mut und Verstand! Wer ungeschützt Action-Szenen spielt, landet schnell im Krankenhaus. Deshalb tragen Stuntmen bei gefährlichen Stunts immer Schutzkleidung. Treppenstunts und Sprünge werden meist mehrmals wiederholt und aus verschiedenen Perspektiven gefilmt. Andere Filmszenen müssen auf Anhieb funktionieren. So ist es verständlicherweise nicht erwünscht, dass bei Motorradstunts gleiche mehrere Maschinen zu Schrott gefahren werden!

Sportlich, sportlich!
Damit Stuntmen richtig fit sind, müssen sie regelmäßig Sport treiben und sich gesund ernähren.

Seine Grenzen kennen
Stuntmen dürfen sich nicht überschätzen, sondern müssen ihre eigenen Grenzen und Möglichkeiten kennen.

Zuckerglas herstellen

Zuckerglas ist echtem Glas sehr ähnlich und wird im Film von Stuntmen verwendet, wenn Gläser oder Fensterscheiben zerschlagen werden sollen. Der Herstellung ist recht einfach:

Du musst ein Pfund Zucker in 100 Milliliter kochendem Wasser auflösen. Pass auf, dass der Zucker nicht karamellisiert. Jetzt die Masse als dünne Schicht in eine rechteckige Schale (zum Beispiel Auflaufschale) gießen. Denk daran, vorher den Boden der Schale mit Backpapier auszulegen.

Erkalten lassen. Fertig!

Da Zuckerglas aus erstarrter Zuckermasse besteht, sind die Splitter relativ ungefährlich. Doch bei der Zubereitung musst du vorsichtig sein. Der erhitzte Zucker kann spritzen und die Masse wird richtig heiß.

Was gehört zu einer gelungenen Teeparty?

„Darf ich Sie zu einer Tasse Tee einladen?", fragt der schottische Lord seinen Gast. „Tee nicht so gerne. Lieber Kaffee." „Mögen Sie denn keinen Tee?" „Nicht unbedingt. Die Beutel bleiben mir immer im Hals stecken!"

„It's Teatime"

Trinkst du gerne Tee? Dann lade deine Freunde doch einmal zu einer Teeparty ein. Besonders viel Spaß macht die „Teatime" (Teestunde), wenn du den Tisch mit altmodischen Tassen und Tellern vom Flohmarkt deckst. Vielleicht haben deine Großeltern auch noch ein schönes altes Teeservice im Schrank, das du dir ausleihen darfst. Vor allem bei schlechtem Wetter ist es richtig gemütlich, in einem warmen Zimmer zu sitzen, leckeren Tee zu schlürfen und mit Freunden zu quatschen. Oder ihr kuschelt euch mit Plätzchen und Tee auf ein Sofa oder eine Matratze und lest euch gegenseitig Geschichten vor. Vielleicht ganz stilecht von berühmten englischen Autoren?

Lose oder im Teebeutel?

Viele Teeliebhaber meiden Teebeutel und bevorzugen lose Blätter. Doch mittlerweile ist die Qualität vieler Beutel so gut, dass du daraus auch einen richtig leckeren Tee zaubern kannst. Die Teekanne immer mit heißem Wasser ausspülen oder vorwärmen. Gib lieber etwas zu viel als zu wenig Tee in die Kanne: Tee schmeckt meist besser, wenn er kräftig zubereitet wird. Grüner Tee mit Chili, Rooibostee mit Vanillegeschmack, Jasmintee, Pfefferminztee ... – für welchen Tee sollst du dich nur entscheiden? Probiere mit deinen Freunden einfach verschiedene Teesorten aus. In Teegeschäften kannst du auch kleine Mengen von verschiedenen Tees kaufen. Außerdem erhält man dort häufig kostenlose Teeproben. Und es gibt dort eine Vielzahl wunderschöner kleiner Teedosen.

Witzige Einladungen

Du möchtest deine Freunde schriftlich einladen? Vielleicht klebst du auf die Einladung einen Teebeutel. Oder du schneidest Fotos von Teegeschirr aus Werbeprospekten aus und klebst diese als Collage auf die Einladung.

Süßes und Pikantes

An was musst du noch denken? Ein Stövchen hält den Tee warm und schafft eine angenehme Atmosphäre. Je länger der Tee warm steht, desto mehr verliert er allerdings sein Aroma. Irgendwann schmeckt er nicht mehr. Manche Teetrinker genießen ihren Tee pur, andere süßen ihn mit Zucker, Honig oder Kandis oder fügen einen Schuss Zitronensaft hinzu. In Ostfriesland und auch in England serviert man schwarzen Tee gerne mit Milch oder Sahne. Zu einer gepflegten Tasse Tee gehört natürlich auch feines Teegebäck. Du kannst die Plätzchen selber backen oder einfach welche kaufen. Auch Waffeln sind köstlich und schnell hergestellt. Die Engländer reichen Süßes und Pikantes zum Tee. Neben Sandgebäck und Früchtekuchen sind herzhafte Sandwiches zur „Teatime" sehr gefragt. Es wird bestimmt ein ganz toller Nachmittag! Viel zu schnell vergeht die Zeit. Was hältst du davon, deinen Gästen zum Abschied eine kleine Dose mit dem servierten Tee zu schenken?

Leckere Muffins

Du brauchst:
60 g Butter, 100 g Zucker, 2 Eier, 180 g Mehl, 1 Prise Salz, 2 Teelöffel Backpulver, 1 Päckchen Vanillezucker und etwas Milch, damit der Teig nicht zu pappig wird.

Alle Zutaten miteinander verrühren und in Muffinformen füllen (vorher diese mit Butter ausfetten oder mit Backpapiertütchen auslegen). Im vorgeheizten Backofen bei 180 Grad Celsius 15 bis 20 Minuten backen.

Sind die Muffins fertig, kannst du sie noch mit Zuckerguss (Puderzucker mit etwas Zitronensaft vermischen) oder allerlei Süßkram wie Schokolinsen oder Liebesperlen verzieren.

Kleiner Tipp: Wenn du anstelle des Zitronensaftes Fruchtsaft oder Sirup nimmst, wird der Guss farbig.

Tee ziehen lassen

Tee muss ziehen, damit er richtig schmeckt. Kurze Ziehzeiten machen den Tee anregend, lange beruhigend. Je länger Früchtetee zieht, desto intensiver wird sein Geschmack.

Weltmeister im Teetrinken

Der Brite wacht mit dem „early morning tea" auf, genehmigt sich das Frühstück nie ohne „breakfast tea", zwischen Lunch und Dinner gibt es den „five o'clock tea" und zum Abendessen wird der „high tea" gereicht.

Wie beobachte ich Tiere in freier Wildbahn?

Es ist einfach spannend, Tiere in ihrer natürlichen Umgebung zu studieren. Egal, ob Sommer oder Winter, Herbst oder Frühling: Tiere lassen sich (fast) immer und überall beobachten.

Frösche im Rampenlicht

Am besten wartest du auf eine warme, feuchte Frühlings- oder Sommernacht. Mache dich dann mit einer Taschenlampe auf den Weg zum nächsten Laichtümpel. Du musst dich vorsichtig anschleichen, da die meisten Amphibien empfindlich auf Bodenerschütterungen reagieren. Bewege dich langsam und lass den Lichtkegel deiner Taschenlampe im Uferbereich wandern. Siehst du einen Grasfrosch, eine Kröte oder sogar einen Molch? Im Lichtkegel bleiben die meisten Amphibien anfangs reglos sitzen – ein Verhalten, das auf Straßen leider tödliche Folgen haben kann!

Ein Garten für Schmetterlinge

Es macht Spaß, Schmetterlinge bei ihrem Flug zu beobachten und zu sehen, wie sie den Nektar aus den Blüten saugen. Möchtest du euren Garten in ein Schmetterlingsparadies verwandeln? Je vielfältiger die Blütenpracht in eurem Garten oder auf eurem Balkon ist, desto zahlreicher kommen die bunten Flattermänner. Schmetterlinge lieben einheimische Wildpflanzen, „altmodische" Bauerngartenblumen, farbenprächtige Steingartenpflanzen und Küchenkräuter wie Salbei, Minze oder Thymian. Im Blumentopf mögen Schmetterlinge alles, was duftet. Außerdem findest du im Gartencenter Samentütchen, die passende Schmetterlings-Blumen-Mischungen enthalten.

Fledermäuse bestaunen

Am besten kannst du Fledermäuse von Mitte Mai bis Ende September beobachten. Die meisten Fledermäuse findest du an waldnahen Gewässern.

An Rehe heranpirschen

Rehe sind vor allem in der Dämmerung und bei Nacht aktiv. Dann schlüpfen die scheuen Waldbewohner aus ihren Verstecken hervor, um Futter zu suchen. Wenn du Rehe beobachten möchtest, musst du ganz besonders vorsichtig sein. Rehe können zwar nicht besonders gut sehen, dafür hören und riechen sie umso besser! Besonders im November und Dezember sind viele Rehe unterwegs.

Unterwegs auf leisen Pfoten

Auch Wildkatzen sind sehr scheue Tiere. Sie leben versteckt im Wald, und du brauchst viel Geduld und Glück, um sie zu sehen. In vielen Wildparks und Tiergärten gibt es aber Wildkatzengehege, in denen man die schönen Tiere aus nächster Nähe beobachten kann.

Kleine Wölfe und Tiger

Um etwas über Tiere herauszufinden, musst du nicht unbedingt durch die Wälder streifen. Du kannst auch vieles über sie lernen, wenn du euer Haustier genauer betrachtest. So verhält sich dein kleiner Hund genau wie ein Fuchs- oder Wolfsjunges. Und eure kleine Katze spielt, wie es auch ein kleiner Löwe oder ein Tiger tun würde.

Tiere beobachten – Tipps

- Ganz wichtig: Du brauchst sehr viel Geduld!
- Bewege dich langsam und vermeide plötzliche, hektische Bewegungen.
- Sei möglichst leise. Die meisten Tiere ziehen sich beim geringsten Geräusch in ihr Versteck zurück.
- Sei ganz aufmerksam und achte auf kleinste Veränderungen, etwa ein Rascheln im Laub oder das Knacken von Ästen.
- Mit einem Fernglas kannst du Tiere aus der Ferne beobachten, ohne sie dabei zu stören.
- Du kannst dir auch ein Beobachtungsversteck aus Zweigen und Blättern bauen.

Eichhörnchen – Wildtiere in der Stadt

Eichhörnchen kannst du vor allem im Herbst beobachten, wenn sie ihre Nahrungsvorräte für den Winter anlegen. Dann laufen sie emsig herum und sammeln Nüsse und Samen.

Was fressen Tiere am liebsten?

Was isst du am liebsten? Pizza, Eis, Nudeln, Pommes, Schokolade oder Gummibärchen? Und was ist mit den Tieren? Fressen Löwen Gurken? Nein! Fressen Hasen Schnitzel? Nein! Haben Bären wenigstens einen Bärenhunger?

Fleischfresser

Fleischfresser sind Tiere, die sich hauptsächlich von Fleisch ernähren. Viele von ihnen jagen ihre Beute oder lauern ihr auf, um sie mit ihren scharfen Zähnen oder Krallen zu töten. Manche Fleischfresser wie Schlangen, Spinnen oder Skorpione setzen Gift zur Beutejagd ein. Aasfresser leben vorwiegend von verwesendem Fleisch. Sie ernähren sich von dem, was andere Raubtiere übrig gelassen haben. Zu den Aasfressern gehören zum Beispiel Hyänen, Schakale und Geier. Fleisch ist energiereich – darum können Fleischfresser eine längere Zeit ohne Nahrung auskommen. Löwen, die lebende Beute jagen, aber auch Aas nicht verschmähen, gehören natürlich auch zu den Fleischfressern!

Pflanzenfresser

Tiere, die sich von Pflanzen, Pilzen oder Algen ernähren, nennt man Vegetarier oder Pflanzenfresser. Fleischfresser brauchen spitze Zähne, um die Beute zu halten und das Fleisch zu zerreißen. Pflanzenfresser haben dagegen breite Mahlzähne, mit denen sie die Pflanzen zerkleinern. Die Nahrung der Pflanzenfresser ist oft nährstoffarm. Deshalb müssen die meisten Pflanzenfresser große Mengen fressen, um satt zu werden. Damit sind sie häufig den ganzen Tag beschäftigt. Ihr Vorteil: Pflanzen laufen nicht weg! Zu den Pflanzenfressern gehören auch die Hasen. Sie ernähren sich von Gräsern, Kräutern, Blättern und Blüten.

Ganz schön klebrig
Frösche ernähren sich von Insekten, Käfern, Raupen, Schnecken und Spinnen. Sie schnappen sich ihre Beute mit ihrer langen, klebrigen Zunge.

Allesfresser

Tiere, die sich sowohl von Pflanzen als auch vom Fleisch anderer Tiere ernähren, nennt man Allesfresser. Diese Tiere sind meist sehr anpassungsfähig: Ihre Ernährungsweise erlaubt ihnen, eine Vielzahl von Lebensräumen zu besiedeln. Zu den Allesfressern gehören zum Beispiel die Bären. Die meisten Bären finden Früchte, Nüsse und andere Pflanzen ebenso schmackhaft wie kleine Wirbeltiere oder Insekten. Bären besitzen lange, raubtiertypische Eckzähne und abgeflachte Backenzähne, mit denen sie Pflanzen zermahlen können. Und Bären haben wirklich einen Bärenhunger! Vor allem im Herbst denken sie nur ans Fressen, weil sie Speck für den kalten Winter brauchen. Dann schlafen sie nämlich in einer Höhle und fressen fast gar nichts.

Fressen und gefressen werden

Fast unglaublich: Die größten Tiere fressen die kleinsten Sachen! Blauwale sind die größten Säugetiere der Welt. Und was fressen diese Riesen des Meeres? Gar nichts Riesiges, sie fressen hauptsächlich Krill! Das sind ganz kleine Krebse.

Auch Blattläuse sind winzig klein. Sie ernähren sich vom Blattsaft und dienen vielen anderen Tieren als Nahrung. Ohrwürmer etwa lieben Blattläuse über alles! Sie vertilgen sie in großen Mengen. Darum sind sie im Garten sehr nützlich. Willst du ihnen eine Behausung bauen?

Du hängst einfach Blumentöpfe umgekehrt und mit Stroh oder Holzwolle gefüllt in Bäumen auf. Wichtig ist, dass die Blumentöpfe die Äste berühren. Fertig ist dein „Ohrwurm-Hotel"!

Gib mir dein Blut!

Einige Tiere sind auf Blutmahlzeiten angewiesen, zum Beispiel Wanzen und Flöhe. Mücken brauchen unser Blut nicht, weil sie Hunger haben. Ohne ganz bestimmte Eiweiße (Proteine) aus Blut können sie sich nicht fortpflanzen.

Echte Feinschmecker

Einige Pflanzenfresser haben sich auf bestimmte Pflanzen spezialisiert. Pandas fressen zum Beispiel am liebsten Bambus, Koalas ernähren sich fast ausschließlich von Eukalyptus-Blättern.

Wie baue ich ein Tipi?

Eine Wohnung zum Mitnehmen: geräumig – schnell aufgebaut – standfest – komfortabel. Möchtest du auch einmal wie ein Indianer in einem Tipi übernachten?

So lebten die Indianer

Nicht alle Indianer wohnten in Tipis. Die sesshaften Indianerstämme Amerikas bauten Lehmhütten und sogar Holzhäuser. Nur die nicht sesshaften Stämme, die zum Beispiel den Bisonherden nachzogen, lebten in diesen kegelförmigen Zelten. Ihre Tipis waren schnell auf- und abgebaut und so leicht, dass die Pferde sie transportieren konnten. Sie bestanden aus einem Stangengerüst und einem Überzug aus abgeschabten und mit Sehnen zusammengenähten Bisonhäuten. Das Tipi-Bauen war bei den Indianern übrigens Sache der Frauen und Kinder. Das Wort „Tipi“ stammt aus der Sioux-Sprache und bedeutet „in ihm zu leben“.

Baue dein eigenes Tipi

Die echten Indianer-Tipis bestanden aus einem Gerüst von häufig mehr als 20 Stangen. Besonders groß war das Ratszelt, das in der Mitte des Lagers stand. Hier versammelten sich die Stammesmitglieder. Das Ratszelt konnte einen Durchmesser von zwölf Metern haben. Du fängst aber besser mit einem etwas kleineren Tipi an!

Nur nicht frieren
Das Tipi ist eines der wenigen Zelte, in dem ein offenes Feuer möglich ist. Der Rauch der Feuerstelle kann durch eine Öffnung an der Zeltspitze abziehen.

Für dein Indianerzelt brauchst du:

- sechs ungefähr gleich lange Stangen,
- zwei kurze Seile,
- einige Decken oder Bettlaken
- Wäscheklammern.

Und so geht es

Stelle drei der Stangen so auf, dass sie eine Art Pyramide bilden. Die oberen Enden bindest du mit einem Seil fest zusammen. Jetzt kommen die restlichen Stangen an die Reihe. Lehne sie an die Pyramide und knote nun alle sechs Stangen mit dem zweiten Seil zusammen. Fertig ist dein Grundgerüst. Es sollte nicht wackeln, sondern stabil auf dem Boden stehen. Jetzt das Gestänge rundherum mit den Decken behängen. Beginne am besten oben und verwende die Wäscheklammern, um die einzelnen Stoffbahnen miteinander zu verbinden. Aber denke daran, dass auf einer Seite ein Eingang bleiben muss! Die Indianer haben ihre Tipis immer mit dem Eingang zum Osten aufgebaut. Auf diese Weise war ihr Zelt der aufgehenden Sonne zu- und den stürmischen Westwinden abgewandt.

Ein grünes Tipi

Schnell gebaut ist ein Tipi aus Bambusstäben oder Bohnenstangen. Mit einjährigen Kletterpflanzen, wie zum Beispiel der Feuerbohne, entsteht innerhalb weniger Wochen ein grünes Zelt.

Ein Tipi aus Papier

Du brauchst ein Stück festes Papier oder Stoff, Kleber, Schnur, Buntstifte und drei bis vier Zahnstocher oder Schaschlikspieße (das sind die Stützen).

Aus dem Papier schneidest du einen großen Halbkreis, den du mit einem schönen Muster oder mit Jagdszenen verzieren kannst. Danach musst du das Papier zu einem Kegel biegen. Die Kanten mit Tesafilm oder Kleber zusammenfügen. Das untere Drittel dieser Naht lässt du offen. Die beiden Ecken werden nach außen gebogen und dienen als Eingang.

Schneide nun die Stützen so zurecht, dass sie ein paar Zentimeter über das Tipi hinausragen. An einem Ende zusammenbinden.

Die Stützen musst du durch das Loch an der Spitze des Tipis schieben. Eventuell dafür das obere Loch etwas vergrößern. Dein Indianerzelt ist besonders stabil, wenn du auch die Stützen an der Innenseite des Tipis festklebst. Und schon ist das Tipi fertig!

Bisonhäute

Nicht nur die indianischen Zelte wurden aus den Häuten der Bisons gemacht. Die abgeschabten Häute dienten auch als Decken, Sättel und warme Winterbekleidung.

Wie wird eine Übernachtung bei Freunden zu einem echten Abenteuer?

Ein schöner Tag verspricht noch lange keinen schönen Abend. Ganz anders sieht es jedoch aus, wenn du bei deinem Freund oder deiner Freundin schlafen darfst. Dann bleibt noch viel Zeit zum Quatschen, Kichern ...

Auswärts übernachten

Bei Freunden übernachten: Für die meisten Mädchen und Jungen ist es das Tollste, was sie sich vorstellen können. Mal wieder richtig viel Zeit miteinander verbringen und ein paar Geheimnisse austauschen. Macht euch möglichst früh bettfertig. Denn wenn ihr endlich gemütlich beieinander liegt, lässt es sich wunderbar über alles Mögliche plaudern. Und besorgt euch rechtzeitig einen kleinen Vorrat an Snacks und Getränken. Euch soll schließlich nicht zu später Stunde der Magen knurren!

Auf keinen Fall vergessen!

Damit die Aktion richtig toll wird, sollte man an einige Dinge denken. Unbedingt mitnehmen: Schmusekissen, Lieblingsschlafanzug, Kuscheltier, Zahnbürste, Zahnpasta sowie eventuell ein Handtuch, einen Schlafsack und eine Isomatte. Wenn ihr nachts noch eine kleine Entdeckungsreise unternehmen wollt, ist eine Taschenlampe äußerst praktisch. Und das Wichtigste ist natürlich: viel gute Laune. Dann wird es garantiert eine unvergessliche Nacht!

Heimweh

Einige Kinder und Jugendliche finden es zu Hause am schönsten. Ihnen fällt es schwer, bei anderen zu übernachten. Heimweh ist etwas ganz Normales! Oft hilft es, wenn man über seine Gefühle spricht.

Um acht Uhr große Kissenschlacht

Am frühen Abend dürft ihr bestimmt noch laut sein. Wie wäre es dann mit einer wilden Kissenschlacht oder einem turbulenten Schlafsackwettrennen? Zu späterer Stunde könnt ihr Karten-, Brett- oder Computerspiele machen, Musik hören (nur nicht zu laut stellen, das gibt meistens Ärger!), einfach nur quatschen oder euch Gruselfilme anschauen. Was ist schon ein toller Film ohne eine Tüte Popcorn? Ihr könnt leckeres Popcorn selbst herstellen und es dann genüsslich auf dem Sofa oder im Bett knabbern. Der Film war richtig schön gruselig? Dann lest euch gegenseitig noch ein paar Geistergeschichten vor. Oder ihr erzählt euch im Dunklen weitere unheimliche Storys. Aber nur, wenn ihr wirklich gute Nerven habt und danach noch ein paar Stündchen schlafen könnt!

Ein Traumtagebuch anlegen

Was hast du letzte Nacht geträumt? Schade, du weißt es nicht mehr. Leider vergessen wir unsere meisten Träume. Wenn du deine Träume festhalten möchtest, kannst du ein Traumtagebuch anlegen.

Dafür musst du dir nur ein Notizheft und einen Stift neben dein Bett legen. Sofort nach dem Aufwachen schreibst du den Traum auf. Du musst dich gar nicht an den kompletten Traum erinnern, notiere auch Bruchstücke oder Fetzen. Und berücksichtige Details deines Traums: Wie sah die Welt aus? Wie hast du dich gefühlt? Das alles hilft dir, wenn du den Traum später deuten möchtest. Denn Träume sagen viel über dein Seelenleben aus.

Manchmal ist es schwierig, einen Traum in Worte zu fassen. Dann kannst du ihn auch malen. Auf diese Weise entsteht bestimmt ein schönes Traumbild!

Kleiner Tipp!

Wenn deine Träume unmittelbar nach dem Aufwachen verblassen, kann es der Erinnerung auf die Sprünge helfen, wenn du noch einmal die Schlafhaltung einnimmst.

Quatschen bis zum Umfallen

Worüber ihr quatschen könnt: über Jungs (wenn ihr Mädchen seid!), über Mädchen (wenn ihr Jungs seid!), über die Schule, über Sport, über angesagte Klamotten, über Eltern, über Computerspiele ...

Wie verhalte ich mich bei einem Unwetter?

Achtung: Unwetterwarnung! Morgen werden starker Regen und Orkanböen den Verkehr behindern. Über ganz Deutschland gehen kräftige Gewitter nieder. Es kann zu Überschwemmungen kommen. So ein Mistwetter aber auch!

Wann wird das Wetter zu einem Unwetter?

Eigentlich kennen Meteorologen und Klimaforscher den Begriff Unwetter nicht – es gibt nur das Wetter und seine Auswirkungen. Doch in der Bevölkerung hat sich der Begriff festgesetzt und darum wird auch in den Wetternachrichten mittlerweile vom Unwetter gesprochen. Wenn uns ganz extremes Wetter erwartet, gibt der Deutsche Wetterdienst sogar eine Unwetterwarnung heraus. Aber was ist eigentlich ein Unwetter? Damit bezeichnet man eine Wettersituation, die sich stark von einem normalen Wetterereignis unterscheidet. Regnet es in Strömen oder fällt viel Schnee, ist das noch lange kein Unwetter. Aber wenn der Regen über Tage anhält und Hochwassergefahr besteht oder eine ganze Region im Schnee versinkt, dann kann man durchaus von einem Unwetter sprechen.

Immer mehr Unwetter

Die Klimaerwärmung sorgt für höhere Temperaturen, aber auch für mehr schwere Gewitter mit heftigen Regenfällen, Hagel und Sturmböen.

Lieber zu Hause bleiben

Sturmböen, umherfliegende Gegenstände, kräftige Regenschauer und Gewitter: Bei solch einem Wetter solltest du das Haus besser gar nicht erst verlassen. Besonders ein Aufenthalt im Wald ist dann gefährlich, da Bäume umstürzen und Äste herabfallen könnten. Manchmal haben Unwetter sogar etwas Gutes – vielleicht gibt es schulfrei!

Potzblitz und Donnerwetter

Gewitter sind nicht ungefährlich. Wenn du bei einem Gewitter im Freien unterwegs bist, solltest du Folgendes tun, um dich zu schützen:

- Suche dir einen Platz zum Unterstellen, zum Beispiel eine Hütte oder eine Scheune. Auch eine Bodenmulde kann dir Sicherheit bieten.
- Wenn du in den Bergen unterwegs bist, flüchte dich in eine Felsspalte oder in eine Höhle.
- Ist kein Unterschlupf zu finden und das Gewitter ist sehr nah, solltest du dich nicht auf den Boden legen, sondern in die Hocke gehen. Die Füße dicht nebeneinander stellen und die Knie mit beiden Armen umfassen.
- Halte dich fern von frei stehenden Bäumen und meide Waldgebiete. In hohe Gegenstände schlägt der Blitz am häufigsten ein. Also musst du Türme und einzeln stehende Bäume als Schutz meiden, egal ob es Eichen, Buchen oder Linden sind.
- Im geschlossenen Auto bist du sicher, Fahrradfahren ist bei Gewitter hingegen sehr gefährlich!
- Wenn du im Meer oder Freibad schwimmst, musst du sofort das Wasser verlassen!

Wie weit ist das Gewitter entfernt?

Manchmal hörst du das Grollen bereits in der Ferne. Noch hast du Zeit, dein Fahrrad in den Keller zu tragen. Das Gewitter kommt schnell näher. Wie weit ist es wohl noch entfernt?

Der Schall des Donners braucht für einen Kilometer etwa drei Sekunden. Wenn du also die Sekunden zwischen Blitz und Donner zusammenzählst und diese Zahl durch drei teilst, weißt du, wie weit das Gewitter ungefähr entfernt ist.

Beispiel:
Der Abstand zwischen Blitz und Donner beträgt 21 Sekunden: 21 : 3 = 7. Das Gewitter ist also noch 7 Kilometer entfernt.

Wetterpropheten

Tiere haben sehr feine Sinne und spüren Unwetter früher als Menschen. Vor Gewittern sind Mücken, Bremsen und Wespen meist besonders lästig. Unmittelbar vor einem Gewitter hören die Vögel auf zu singen. Es ist die Ruhe vor dem Sturm.

Blitzschnell

Blitz und Donner erfolgen immer zur selben Zeit. Aber der Blitz ist wirklich blitzschnell! Er breitet sich mit Lichtgeschwindigkeit aus und ist viel schneller als der Donner. Man sieht ihn also früher, weil das Licht sich schneller bewegt als der Schall.

Was braucht ein richtiger Vampir?

Ein Vampir zu sein, das wäre schon verdammt cool! Aber auch ohne dich gleich zum Untoten machen zu lassen, kannst du schon einiges tun, um dich wie einer zu fühlen. Gruselgarantie inklusive!

Wie stelle ich Vampirblut her?

Bevor du dein neues untotes Leben starten kannst, brauchst du erst einmal Blut, das so richtig echt aussieht. Dafür benötigst du rote und grüne Lebensmittelfarbe. Jetzt geht es an den Herd. Bringe einen halben Liter Wasser in einem Topf zum Kochen. Gib dann 15 Gramm Mehl dazu und lass das Ganze bei mittlerer Hitze etwa 45 Minuten köcheln. Rühre die Masse dabei häufig um. Nimm den Topf vom Herd, wenn die Hälfte der Flüssigkeit verdampft ist und lass alles über Nacht stehen. Dadurch wird das „Blut" dickflüssiger. (Die Stärke im Mehl ist dafür verantwortlich.) Jetzt kannst du dein „Blut" mit den Lebensmittelfarben einfärben. Nimm dabei viel Rot und nur ganz wenig Grün. Jetzt vermische das Ganze noch mal kräftig und fertig ist dein Kunstblut. Für den richtigen Schocker-Effekt träufle dir das Blut über das Gesicht, lass es an einem deiner Mundwinkel entlanglaufen oder verschmiere es um deinen Mund.

Kleiner Tipp!
Um die richtige Vampirblässe hinzubekommen, nimmst du am besten spezielle Theaterschminke. Hast du die gerade nicht, geht es auch mit Babypuder!

Vampirzähne selber machen

Für das richtige Outfit brauchst du natürlich auch die passenden Blutsaugerzähne! Weil es die aber meistens nur an Karneval, Fasching oder Halloween gibt, kannst du dir auch selber welche basteln. Dazu brauchst du nur eine unbehandelte Orange. Schneide die Orange in Viertel. Das Fruchtfleisch kannst du essen. Nimm ein Viertel der Schale und lege es flach auf ein Schneidebrett. Jetzt brauchst du ein scharfes Messer. Schneide die typischen Eckvampirzähne in die Schale. Jetzt schiebe die Schale vor deine eigenen Schneidezähne, mit der weißen Seite nach vorne. Zusammen mit deinem Kunstblut sieht das schon ganz schön gruselig aus!

Blutsauger-Outfit
Um deinen Auftritt perfekt zu machen, brauchst du noch schwarze oder andere dunkle Kleidung.

Leckere Blut-Bowle mit Augäpfeln

Für das typische Vampirgetränk brauchst du Kirschsaft und roten Traubensaft. Zusätzlich kannst du auch noch andere rote Säfte benutzen!
Für die Augäpfel brauchst du Litschi aus der Dose, Kirschen aus dem Glas und Zahnstocher aus Holz. Die Früchte lässt du abtropfen. Fülle nun in jede Litschi eine Kirsche und stecke einen Zahnstocher hindurch. Jetzt gießt du die Fruchtsäfte ganz nach deinem Geschmack in einer großen Schale zusammen und gibst die glibbrigen „Augen“ dazu. Der richtige Drink für einen waschechten Vampir!

Erfrischender Blut-Milchshake

Damit du auch in warmen Sommernächten als Vampir nicht ins Schwitzen kommst, trink doch einfach einen blutigen Milchshake. Dazu mixt du Zitroneneis, Milch und Blutorangensaft mit einem Pürierstab. Wenn du magst, süße mit Zucker nach.

Dinner für richtige Vampire

Wenn du eine Vampirparty veranstalten willst, brauchst du natürlich auch ein paar „blutige“ Leckereien.

Vampirspaghetti

Spaghetti mit Tomatensauce mag jeder, auch Vampire. Doch sie brauchen es ein bisschen blutiger. Deswegen färbst du die fertig gekochten Spaghetti mit roter Lebensmittelfarbe. Damit es noch „ekliger“ aussieht, gibst du zur Tomatensauce noch etwas blaue Lebensmittelfarbe. Die Sauce wird dann nämlich lila.

Blutiger Kartoffelsalat

Für einen einfachen Kartoffelsalat brauchst du Pellkartoffeln, Zwiebeln, Äpfel, Gewürzgurken, Mayonnaise oder Salatcreme und, wenn du magst, noch gekochten Schinken. Um dem Salat einen gruseligen Touch zu geben, schneidest du außerdem rote Bete dazu. Für einen noch blutigeren Effekt gibst du einfach noch etwas rote Lebensmittelfarbe hinzu.

Blut-Pudding

Auch Vampire wollen Nachtisch. Blut-Pudding kommt da gerade richtig! Dafür kochst du Vanillepudding, dekorierst ihn mit Vampiren aus Fruchtgummi und verteilst mit Himbeer- und Kirschsirup Blutspuren darauf.

Überlebenswichtiger Tipp!
Lass dich bloß nicht zu einem Gericht mit Knoblauch einladen. Das bekommt dir als Vampir nämlich gar nicht gut!

Wie erkenne ich Vögel an ihrem Gesang?

Besonders im Frühjahr ist überall der Gesang von Vögeln zu hören. Sie zwitschern von Bäumen, Sträuchern und Dächern und verzaubern uns mit ihren wunderschönen Melodien. Und da jede Vogelart anders singt, kannst du die Singvögel leicht durch ihren Gesang unterscheiden.

Warum können Vögel singen?

Es gibt bei uns viele verschiedene Singvogelarten. Trotz ihres unterschiedlichen Aussehens haben sie alle eines gemeinsam: ihr kompliziert gebautes Stimmorgan, die Syrinx. In der Brust der Vögel sind zwischen Ringen aus Knorpel dünne Häutchen gespannt, die durch den Strom der Atemluft schwingen. So entstehen die Vogelgesänge. Aber nicht nur die Singvögel singen. Auch die Greifvögel oder Entenvögel verständigen sich durch verschiedene Rufe, die mehr oder weniger an Gesang erinnern.

Willst du mich verspotten?
Vögel, die die Rufe anderer Vögel nachahmen, nennt man Spötter.

Begabte Nachahmer

Die meisten Vögel lernen ihre Gesänge, indem sie die erwachsenen Vögel der eigenen Art nachahmen. Wundere dich nicht, wenn aus einer Baumkrone auf einmal ein Handyton erklingt. Manche Singvögel ahmen auch andere Geräusche nach, zum Beispiel Klingeltöne. Grund für diese „tierische Karaoke" ist natürlich der Handy-Boom in unseren Parks und Wäldern. Der absolute Profi unter den Nachahmern ist übrigens der Star. Neben einer Vielzahl eigener Melodien kann er sogar andere Vögel nachahmen. Außerdem kommt in seinen Kompositionen auch schon mal ein Bremsenquietschen, das Läuten einer Straßenbahn, das Kläffen eines Dackels oder ein menschliches Pfeifen vor!

Unverwechselbarer Gesang

Bei den meisten Vogelarten singen nur die Männchen, um Weibchen anzulocken und das Revier gegen Eindringlinge abzugrenzen. Einige Vögel kannst du leicht bestimmen. Sie verdanken ihren Namen dem auffälligen Ruf. So wurden etwa Krähe und Rabe nach ihren Krächz-Lauten benannt. Es gibt sogar Vögel, die lauthals den eigenen Namen rufen. Dazu gehören der Kuckuck, der Uhu und der kleine Zilpzalp. Der Buchfink ist bei uns überall dort anzutreffen, wo es Bäume gibt. Auch er hat sich seinen Namen quasi selbst gegeben: Sein Ruf hört sich ungefähr so an wie „pink“ oder „fink“. Die Melodie seines Gesangs beginnt langsam und hoch und wird dann immer schneller und tiefer und endet mit einem Triller. Das klingt so ähnlich wie „Bin ich nicht ein schöner Bräutigam.“ Auch der Gesang der Goldammer wurde in Worte gefasst, heraus kam: „wie, wie, wie hab‘ ich dich lieb“. Und die Kohlmeise erkennst du am „tsi-tsi-bäh“.

Kraftvoller Gesang

Singvögel in Großstädten versuchen mit aller Kraft, den Straßenlärm zu übertönen. Am Wochenende, wenn es ruhiger ist, singen auch die Vögel wieder deutlich leiser.

Bist du ein Vogel-Experte?

Auf der Internetseite des Naturschutzbundes (www.nabu.de) gibt es ein tolles Vogelstimmen-Quiz.

Darf ich mich vorstellen?

Amsel

Gestatten, ich bin eine Amsel. Mich kannst du sogar mitten in der Großstadt hören. Gerne setze ich mich auf einen hohen Platz, um gut gesehen und gehört zu werden, und erzähle laaange Geschichten.

Singdrossel

Hallo, ich bin eine Singdrossel. Wie mein Name schon sagt, kann ich wunderschön singen. Ich flöte von Hausdächern und Baumwipfeln. Mein Gesang besteht aus vielen Strophen, die ich mehrmals wiederhole. Er ist ja auch zu schön!

Rotkehlchen

Guten Morgen! Bist du auch endlich wach? Ich bin ein richtiger Frühaufsteher. Schon in den frühen Morgenstunden kannst du meinen melodischen Gesang hören. Du erkennst mich leicht an meiner rötlich gefärbten Brust. Mein Name: Rotkehlchen.

Zaunkönig

Ich bin der Zaunkönig. Man nennt mich auch Zwerg mit Riesenstimme. Mein Gesang ist laut und kräftig. Auch bei Schnee und Eis singe ich noch voller Lebensfreude. Darum habe ich den Beinamen „Schneekönig“ erhalten.

Grünling

Ich werde Grünling oder Grünfink genannt. Mein Gefieder ist gelbgrün. Unsere Weibchen sind weniger hübsch gefärbt. Gerne trage ich meinen zwitschernden Gesang im Flug vor. Wusstest du, dass ich wie eine Fledermaus flattern kann?

Wie baue ich ein Vogelhäuschen?

Im Winter ziehen nicht alle Vögel in den Süden. Viele überwintern bei uns und sind bei Schnee und Eis auf unsere Hilfe angewiesen. Baue für die Zurückgebliebenen doch ein Vogelhäuschen. Die kleinen Piepmätze werden es dir danken und du kannst sie aus nächster Nähe beim Picken beobachten!

Für ein einfaches Vogelhäuschen brauchst du:

- 3 Bretter (50 x 50 cm),
- 3 Dreikantleisten (50 cm lang),
- 2 nicht zu dünne Äste (49 cm lang),
- Holzschrauben oder Leim.

Los geht's

Als erstes schraubst oder leimst du an einem der Bretter an zwei gegenüberliegenden Kanten je eine Dreikantleiste an. Schraube nun an diesen beiden Leisten die anderen beiden Bretter so an, dass sie ein Dach bilden. Die dritte Dreikantleiste musst du unter dem Dachfirst befestigen. Die beiden Äste kommen vor den Ein- und Ausgang. Wenn du möchtest, kannst du das Dach deines Vogelhäuschens noch mit Baumrinde verzieren.

Vogeltränke

An heißen Sommertagen baden Vögel gerne in einer Vogeltränke. Dazu füllst du eine breite, flache Schale mit Wasser und stellst sie auf den Boden.

Wo soll dein Vogelhäuschen stehen

Du kannst dein Vogelhäuschen an einen Baum oder an eine Wand hängen, in eine Astgabel klemmen oder auf einen Pfahl setzen. Auf jeden Fall musst du es so hoch hängen oder aufstellen, dass Katzen es nicht erreichen können. Achte auch darauf, dass du das Vogelhäuschen wind- und regengeschützt aufhängst. Das Futter darf nicht nass werden, sonst verdirbt es.

Richtig füttern

Die wichtigste Regel: Erst bei Frost oder Schnee regelmäßig füttern. Du kannst fertige Futtermischungen kaufen oder Sonnenblumenkerne, Getreidekörner, Haferflocken, Kleie, Rosinen oder Obst in das Futterhäuschen legen. Hast du dich einmal zur Fütterung entschlossen, solltest du die Tiere auch den ganzen Winter über versorgen. Viele Vögel verhungern, wenn sie ihren gewohnten Futterplatz auf einmal nicht mehr vorfinden. Sobald die Temperaturen wieder ansteigen, verringerst du allmählich die tägliche Futterration. So gewöhnen sich die Tiere wieder an die normale Futtersuche. Vergiss nicht, dass Vogelhäuschen regelmäßig zu säubern.

Für ganz Eilige: Futterhäuschen aus Tetrapak

Du brauchst einen leeren Tetrapak (Milch- oder Saftpackung), eine Schere sowie etwas Schnur.

Den leeren Getränkekarton sorgfältig auswaschen. Nun schneidest du an den beiden breiteren Seiten mit einer Schere große Rechtecke aus dem Karton heraus. Am oberen Teil der Getränkeverpackung befestigst du eine Schnur. Damit kannst du dein originelles Futterhäuschen im Garten, auf der Terrasse oder auf eurem Balkon aufhängen. Fülle das Häuschen mit Vogelfutter. Es wird nicht lange dauern, bis die ersten Vögel kommen.

Was darfst du nicht füttern?
Auf keinen Fall solltest du den Vögeln Speisereste, Kartoffeln oder Käse anbieten. Auch Brot ist tabu, da es im Magen der Tiere aufquillt.

Wichtig!
Vögel können Krankheiten übertragen. Wasche deine Hände, wenn du Futter ausgestreut oder Futterreste entfernt hast.

Wie werde ich zum echten Vogelkundler?

Vögel beobachten macht Spaß! Du brauchst dafür keine teure Ausrüstung und musst nicht weit fahren. Denn Vögel leben überall, an der Küste, im Gebirge, im Wald, auf Feldern und sogar in den Innenstädten.

Wo du Vögel beobachten kannst

Vögel beobachten kannst du fast überall in deiner Umgebung, ganz gleich, ob du nur wenige Minuten Zeit hast oder mehrere Tage. Gut lassen sie sich in Gärten und Parks betrachten. Hier sind sie an Menschen gewöhnt und nicht ganz so scheu. In Städten findest du auf Friedhöfen viele Vogelarten. Das sind häufig Vögel, die sonst im Wald zu Hause sind. Gibt es bei euch in der Nähe ein Gewässer? Neben den Brutvögeln kommen hier noch viele andere Vögel zum Trinken und Fressen vorbei.

Vogelkundler-Regel Nr. 1

Pssst! Vögel haben ein ausgezeichnetes Gehör. Sei also möglichst leise. Wenn dich die Vögel gar nicht bemerken, kannst du sie am besten beobachten.

Was du brauchst

Eigentlich brauchst du nur Geduld und ein scharfes Auge. Ein Fernrohr ist sehr hilfreich, wenn du dir Vögel aus der Nähe anschauen möchtest. Dann kannst du auch wichtige Merkmale erkennen, zum Beispiel die Färbung oder Zeichnungselemente wie Flecken, Streifen und Musterungen. Wenn du einen Vogel entdeckt hast, fallen dir bestimmt so viele Dinge auf, dass du sie gar nicht alle behalten kannst. Deshalb solltest du auf jeder Tour Notizblock und Bleistift dabei haben und deine Beobachtungen aufschreiben. Viele Vögel halten sich hoch in den Baumkronen auf, so dass du dich ihnen nicht nähern kannst. Auf dem Boden findest du aber Hinweise: Federn, Eierschalen, Fraßspuren, Knochen oder Gewölle. Nimm eine Pinzette, Gefäße und eine Lupe mit und versuche dich als Spurenleser!

Vögel bestimmen

Am Anfang solltest du deine Beobachtungen auf wenige Vogelarten beschränken. Versuche, die Namen dieser Vögel herauszufinden. Dabei kann dir ein Vogel-Bestimmungsbuch helfen. Vergleiche die Vögel mit der Abbildung und präge dir die auffälligsten Merkmale ein, etwa Form, Farbe und Größe. Du kannst auch versuchen, Männchen und Weibchen an ihrem Kleid zu unterscheiden. Doch nicht nur die äußere Form ist wichtig, wenn du einen Vogel bestimmen willst. Achte auch auf seinen Gesang oder die Art und Weise, wie er fliegt, läuft oder schwimmt. Bestimmt wirst du auch herausfinden, was der Vogel frisst. Erst wenn du ganz viel über einen Vogel weißt, solltest du dir die nächste Art vornehmen. Vielleicht richtest du dir ein Buch ein, in das du alle Beobachtungen einträgst.

Vogelkundler-Regel Nr. 2
Nähere dich nie Vögeln, die im Nest brüten oder Junge bei sich haben.

Vogelkundler-Regel Nr. 3
Wenn du Vögel beobachtest, darfst du weder ihnen noch anderen Tieren und Pflanzen schaden. Viele Vogelgebiete stehen unter Naturschutz. Hier musst du auf den markierten Wegen bleiben.

Vögel mit Futter anlocken

Besonders in der kalten Jahreszeit, wenn Bäume und Sträucher unbelaubt sind, kannst du die Vögel, die bei uns überwintern, sehr gut beobachten. Vögel finden im Winter deutlich weniger Futter. Sie sind auf unsere Unterstützung angewiesen. Futterplätze gibt es in jeder Form und Größe zu kaufen. Du kannst sie aber auch selbst herstellen.

Ungeschälte Erdnüsse kannst du einfach auffädeln und dann an einem Zweig in einen Baum hängen. Oder du halbierst eine Kokosnuss und hängst sie mit der angeschnittenen Seite nach unten an einer Schnur auf. Amseln und Rotkehlchen freuen sich auch über ein Stück Apfel.

Ein Blumentopf kann als Futterglocke dienen. Dazu steckst du durch die Öffnung einen Stab und füllst den Topf mit einer Mischung aus Rindertalg, Sonnenblumenkernen, Haferflocken und gehackten, ungesalzenen Nüssen. Nach dem Aushärten kannst du den Blumentopf aufhängen.

Eine Schale auf der Fensterbank ist natürlich auch ein wunderbarer Futterplatz, ebenso ein schneefreier Fleck auf dem Gartenboden.

Wie lege ich ein Wassermuseum an?

Wasser ist einfach wunderbar! Es macht herrlichen Spaß, darin zu schwimmen, zu tauchen oder andere damit zu bespritzen. Aber kann man Wasser auch sammeln?

Ohne Wasser kein Leben

Wasser ist flüssig, weil ...
So ein kleiner Wassertropfen besteht aus unglaublich vielen Wasserteilchen, den Wassermolekülen. Wasser ist flüssig, weil die Wassermoleküle sich nicht fest miteinander verbinden, sondern in ständiger Bewegung sind.

Wasser ist wertvoll. Wenn es auf unserer Erde kein Wasser mehr geben würde, dann würde alles Leben verschwinden. In unserem Teil der Welt gibt es Wasser im Überfluss. Wenn du Durst hast, drehst du einfach den Wasserhahn auf. Darum kannst du dir wahrscheinlich kaum vorstellen, dass in anderen Gegenden der Welt Kinder weite Wege zurücklegen müssen, um sauberes Trinkwasser zu holen. Wasser ist ein kostbares Gut, mit dem wir verantwortungsvoll und sparsam umgehen müssen.

Eine Wasserausstellung

Je nach Herkunft hat Wasser ganz unterschiedliche Eigenschaften und Bestandteile. Willst du dir ein Wassermuseum anlegen? Du benötigst dafür leere Marmeladengläser oder Flaschen mit Drehverschlüssen sowie Aufkleber zum Beschriften. Los geht's auf Wassersuche! Besorge dir unterschiedliche Wasserproben, etwa Pfützenwasser, Leitungswasser, Abwaschwasser, Mineralwasser, Salzwasser, Wasser aus einem Teich, Kochwasser ... Jede der verschiedenen Wasserarten wird in ein Glas abgefüllt. Dann die Gläser zuschrauben und beschriften. Toll sieht es aus, wenn du die Aufkleber noch mit einer passenden Zeichnung versiehst. Lass deine Freunde raten, woher welches Wasser stammt. Vielleicht hilft ihnen ja eine Geruchsprobe?

Mit Wasser zaubern

Für diesen Zaubertrick brauchst du einen mit Wasser gefüllten Suppenteller, eine Heftzwecke und eine Flasche Spülmittel. Nimm die Heftzwecke und lege sie vorsichtig auf das Wasser. Die Heftzwecke schwimmt. Nun musst du heimlich mit einem Finger auf die Spüli-Flasche tupfen. Sage einen fantastischen Zauberspruch auf und lege deinen Finger sanft auf das Wasser ohne die Heftzwecke zu berühren. Die Heftzwecke sinkt! Warum das so ist? Die Wasserteilchen ziehen sich gegenseitig an wie Magneten. Darum tauchen sehr leichte Gegenstände wie die Heftzwecke gar nicht richtig in das Wasser ein, sondern liegen auf der Wasseroberfläche. Das nennt man Oberflächenspannung. Wenn du nun Spülmittel oder Seife in das Wasser gibst, können sich die Wasserteilchen nicht mehr aneinander festhalten und auch die leichten Gegenstände sinken zu Boden.

So kannst du Wasser sparen

- Spartaste in der Toilettenspülung benutzen
- alle Wasserhähne richtig zudrehen, damit sie nicht tropfen
- duschen statt baden
- nur wirklich schmutzige Wäsche waschen
- im Sommer den Rasen nicht gießen
- beim Händewaschen oder Zähneputzen das Wasser nicht laufen lassen

Bootsrennen

Faltet aus gleich großen Stücken Alufolie Schiffe und lasst sie schwimmen. Jetzt belädt jeder sein Schiff ganz vorsichtig mit Cents. Welches Schiff kann die meisten Geldstücke tragen ohne zu sinken?

Eine Unterwasserlupe bauen

Wenn du in eine Pfütze, einen Tümpel oder einen Bach hineinschaust, siehst du meist nicht viel. Spiegelungen und Oberflächenbewegungen erschweren den Blick ins Wasser. Mit deiner selbstgebauten Unterwasserlupe kannst du dagegen tief blicken!

Schneide mit einem Dosenöffner Boden und Deckel aus einer Dose heraus. Nimm dann ein Stück feste Frischhaltefolie und spanne sie mit einem Gummi möglichst straff über die eine Seite der Dose. Du kannst den Folienrand zusätzlich mit einem Klebeband sichern. Vorher solltest du aber die überstehende Folie abschneiden.

Wenn du die mit Folie bespannte Öffnung der Dose jetzt ins Wasser tauchst, wölbt sich die Folie etwas nach innen. Es entsteht eine Lupe. Viel Spaß bei deiner „Unterwasser-Safari"!

Du kannst deine Unterwasserlupe auch noch mit Lackfarben bemalen oder mit Metallfolie bekleben (natürlich mit einem nicht wasserlöslichen Kleber!).

Wie lege ich einen Wildblumengarten an?

Wiesenwitwenblume, Wimperperlgras, Zwergglockenblume, Adonisröschen, Aufrechter Ehrenpreis – Wildblumen haben nicht nur wunderschöne Namen, sie sehen auch in jedem Garten richtig gut aus!

Pflanzen auf Wanderschaft

Die Grundregel für einen Wildblumengarten lautet: heimische Pflanzen statt Exoten! Als heimisch gelten die Wildpflanzen, die in Mitteleuropa vorkommen. Manchmal verschwinden heimische Arten. Sie sterben aus, weil sich ihre Lebensbedingungen verschlechtert haben. Andererseits wandern immer neue Arten zu uns ein. In der Fachsprache werden sie als „Neophyten" (Neupflanzen) bezeichnet. Manche von ihnen wurden eingeschleppt, weil sie als Zierpflanzen in Parks gepflanzt wurden, andere gelangten ungewollt durch Lebensmitteltransporte zu uns. Einige dieser neuen Arten wie das Indische Springkraut oder die Goldrute haben sich explosionsartig vermehren können. Sie sind heimisch geworden.

Vom Acker ins Brot
Manche Neophyten können unsere Gesundheit gefährden. So ist das schmalblättrige Greiskraut, das sich gerne in Getreidefeldern ansiedelt, giftig. Das Gift kann ins Brot oder in die Milch gelangen.

Wildblumen zaubern Leben herbei

Überall summt, brummt und zwitschert es. Ein Wildblumengarten erfreut nicht nur durch seine bunte Blütenpracht, sondern lockt zudem viele Insektenarten und damit auch Vögel an. Wiesenflockenblume, Königskerze, Schafgarbe oder Storchenschnabel bedeuten für die Tiere ein köstliches Mahl. Unter den Insekten sind zahlreiche Nützlinge, die wiederum für das ökologische Gleichgewicht eures Gartens wichtig sind.

Wildnis im Garten

Was musst du beachten, wenn du einen bunten Blumenteppich im Garten haben möchtest? Als erstes musst du den Boden mit einer Hacke lockern und von großen Steinen und Wurzeln befreien. Weil die meisten Wildblumen auf nährstoffarmen Böden am besten wachsen, solltest du eventuell Kies oder Sand in die Erde mischen. Das Saatgut ist das Wichtigste bei der Anlage einer Blumenwiese. Hochwertige Wildblumenmischungen sind zwar etwas teurer, enthalten dafür aber meist weniger Grassamen. Die Gräser würden die Wildblumen schnell verdrängen. Nach dem Ausbringen der Samen musst du diese mit einem Rechen leicht in den Boden einarbeiten. Anschließend wässern und in den nächsten Wochen den Boden unbedingt feucht halten. Es gibt einjährige Blumen, die in den ersten ein oder zwei Jahren bunte Farbpunkte setzen. Dann sind sie meist wieder verschwunden und du musst sie nachsäen. Manche Blumen brauchen einige Zeit, bis sie sich richtig entwickelt haben. Etwas Geduld musst du also auch haben!

Blütezeit

Die Hauptblüte der heimischen Wildblumen liegt im Frühsommer.

Wildbienen anlocken

Wenn du zusätzlich Wildbienen in euren Garten locken möchtest, kannst du ihnen ein Zuhause basteln. Du musst einfach verschieden große Löcher in ein Stück Hartholz bohren (lass dir dabei von einem Erwachsenen helfen!) und im Garten aufhängen. Bestimmt ziehen dort bald die ersten Wildbienen ein.

Ein Garten im Glas

Du brauchst ein großes, ungefärbtes Glas mit verschließbarer Öffnung (Korken), feinen Kies, eventuell etwas Blähton, Humus und verschiedene Steingartenpflanzen wie Farne, Efeu und Zwergalpenveilchen.

Fülle zunächst eine dünne Schicht Kies in das Glas. Darauf kommt der Blähton und der Humus. Mit einigem Abstand zueinander setzt du nun die Pflanzen ein. Jetzt alles mit einem Wasserzerstäuber gut besprühen und das Glas schließen. Dein kleiner Garten sollte hell, aber nicht in der prallen Sonne stehen.

Der Wasserhaushalt im Glas regelt sich selbst, da die Pflanzen ihren benötigten Sauerstoff alleine produzieren und ausreichend Feuchtigkeit durch Verdunstung und Kondensation vorhanden ist. Du kannst auf diese Weise den natürlichen Kreislauf von der Wasseraufnahme der Pflanzen über Verdunstung und Kondensation bis zum Niederschlag beobachten.

Kleiner Tipp: Ist dein Glas ständig beschlagen, sollte es einige Zeit offen stehen, damit überschüssige Feuchtigkeit verdunsten kann.

Wie bereite ich Wildpflanzen und Wildfrüchte zu?

Du magst keine Waldspaziergänge? Das ist aber eine gute Gelegenheit, um wilde Erdbeeren, Himbeeren oder Brombeeren vom Wegesrand zu pflücken. Wenn du die Früchte dann auf dünne Grashalme auffädelst, hältst du einen leckeren Strauß Nachtisch in deinen Händen. Die Natur bietet uns noch viele weitere gesunde und bekömmliche Wildpflanzen.

Sammeltipps

Ganz wichtig: Wenn du eine Pflanze nicht kennst, dann lass sie stehen! Pflücke nur gesund aussehende Pflanzen. Nimm keine beschädigten oder welken Blätter sowie Früchte, Beeren und Nüsse, die von Tieren angefressen wurden. Alle Wildpflanzen und Wildfrüchte vor dem Verzehr gut waschen. Besonders Pflanzen, die auf Grünstreifen am Straßenrand wachsen, musst du gründlich reinigen. Die beste Sammelzeit für Wildpflanzen ist ein paar Tage nach einem kräftigen Regenguss.

Löwenzahnsalat

Du brauchst Löwenzahnblätter, Kartoffeln, Salz, Pfeffer, Essig, Öl und hart gekochte Eier.

1. Die Löwenzahnblätter waschen und in Streifen schneiden.
2. Die Kartoffeln kochen, abschälen und in Scheiben schneiden.
3. Die Kartoffelscheiben mit den Löwenzahnblättern vermischen und alles mit Salz und Pfeffer bestreuen. Gib noch etwas Öl und Essig dazu und garniere den Salat mit den hart gekochten Eiern.

Kräuterbutter

Du braucht ein Stück Butter, eine Handvoll Kräuter nach Geschmack und etwas Salz.

1. Wildkräuter für die Kräuterbutter sammeln (zum Beispiel Bärlauch, Brennnesseln, Löwenzahn, Wiesenkerbel, Giersch).
2. Nimm die Butter rechtzeitig aus dem Kühlschrank und lass sie bei Raumtemperatur weich werden.
3. In der Zwischenzeit die Kräuter waschen, trocken tupfen, eventuell die Blätter von den Stängeln zupfen und fein hacken.
4. Die Butter mit den Kräutern vermischen (am besten mit einer Gabel) und mit Salz würzen.

Waldmeistertee

Du brauchst mehrere Stängel Waldmeister und etwa $1/2$ Liter Wasser.

1. Die Blätter etwas zerkrümeln und mit kochendem Wasser aufgießen.
2. Lass den Tee etwa fünf Minuten ziehen, bevor du ihn trinkst.

Beerenstarke Früchtchen

Hier noch eine Idee für dein nächstes Fest: Gründlich gewaschene Brombeeren, Himbeeren oder Erdbeeren in Eiswürfel einfrieren. Das sieht lustig aus und schmeckt super, wenn der Eiswürfel erst einmal aufgetaut ist!

Bärlauchöl

Du brauchst eine Handvoll Bärlauchblätter und $1/4$ Liter Öl.

1. Die Bärlauchblätter einen Tag trocknen lassen.
2. Dann die Blätter in eine schöne weithalsige Flasche geben, mit dem Öl aufgießen.
3. Etwa 14 Tage an einem kühlen Ort ziehen lassen, bevor du die Blätter wieder entfernst. Das Bärlauchöl ist ein tolles Geschenk!

Brombeer-Joghurt-Eis

Du brauchst etwa 100 Gramm frische Brombeeren, 50 Gramm Zucker, 150 Gramm Joghurt, einen Esslöffel Zitronensaft und einen Becher Sahne.

1. Die Beeren waschen und mit 30 Gramm Zucker, dem Joghurt und dem Zitronensaft pürieren.
2. Die Sahne mit dem restlichen Zucker steif schlagen und das Beerenpüree vorsichtig unterheben.
3. Nun die Masse in eine Schüssel geben und für drei bis fünf Stunden ins Tiefkühlfach stellen. Wenn du die Masse während des Gefrierens ein paar Mal kräftig umrührst, wird das Eis schön cremig!

Bitte beachten!

Keine Pflanzen pflücken, die unter Naturschutz stehen!

Kräuterlimo

Du brauchst kaltes Wasser, unbehandelte Limonen oder Zitronen und einige Blätter Minze, Zitronenmelisse oder Holunderblüten.

1. Die Limonen abwaschen, in Scheiben schneiden und zusammen mit den Kräutern in das Wasser geben.
2. Noch ein wenig ausgedrückte Limone/Zitrone dazu und fertig ist eine erfrischende Limo für heiße Sommertage!

Wie halte ich mich im Winter warm?

Brrr! Im Winter ist es oft bitterkalt. Dann beginnt für viele wieder die Zeit des Bibberns und der Gänsehaut. Wer fröstelt, ist stärker anfällig für Erkältungen. Wenn es draußen kälter wird, musst du dich warm halten, damit du gesund durch den Winter kommst.

Warum wir frieren

Normalerweise hat unser Körper eine konstante Temperatur. Die lebenswichtigen inneren Organe und das Gehirn müssen bei etwa 37 Grad Celsius gehalten werden. Wenn wir im Winter über die Hautoberfläche zuviel Wärme verlieren, ist die konstante Körpertemperatur in Gefahr. Dann ziehen sich die Blutgefäße in der Hautoberfläche zusammen. Dadurch fließt etwa weniger warmes Blut durch Hände und Füße. So spart unser Körper Wärme ein. Wenn das immer noch nicht reicht, beginnst du am ganzen Körper zu zittern. Dabei werden deine Muskeln sehr schnell angespannt und wieder entspannt. Das erzeugt Wärme. Je stärker das Zittern, desto mehr Wärme entsteht wieder im Körper. Frieren ist also eine natürliche Schutzfunktion des Körpers.

Warmer Kopf und warme Füße

Unser Körper gibt ständig Wärme ab – am meisten über den Kopf. Um diesen Verlust möglichst gering zu halten, gilt bei frostigen Temperaturen: Mützenpflicht! Auch auf warme Füße solltest du achten. Wenn deine Füße warm sind, geht es dem gesamten Körper besser. Warme Socken und wasserfeste Schuhe schützen deine Füße. Ein zweites Paar Socken gegen eisige Zehen hilft nur dann, wenn deine Schuhe nicht zu eng sitzen. Wenn du bei Minusgraden nicht frieren willst, solltest du dich außerdem warm anziehen. Am besten, du kleidest dich nach dem Zwiebelprinzip: viele Schichten übereinander tragen. Ziehe zum Beispiel eine lange Unterhose unter deine Jeans. Das hält wärmer als nur eine dicke Hose.

Wieso erfrieren die Fische im Winter nicht?
Gewässer frieren von oben nach unten zu. Darum gibt es in ausreichend tiefen Gewässern noch jede Menge flüssiges Wasser unter dem Eis. Außerdem können Fische ihre Körpertemperatur weit absenken. Auf diese Weise überstehen sie auch frostige Temperaturen ohne Probleme.

Sport hält dich warm

Ein gutes Aufheizprogramm im Winter ist Sport. Wenn du dich viel bewegst, kann dir die Kälte nichts anhaben. Der Winter ist eine ganz besondere Jahreszeit: Du kannst wilde Schneeballschlachten machen, rodeln, ein Iglu errichten, Schnee-Engel in den Schnee „zeichnen" oder einen riesigen Schneemann bauen. Wenn es in deiner Nähe einen zugefrorenen See gibt, kannst du dort Schlittschuhlaufen oder einfach nur schliddern. Allerdings solltest du vorher abklären, ob das Eis dick genug ist. Auch Hüpf- und Ballspiele, bei denen du viel rennen musst, bringen deinen Kreislauf in Schwung. Zwischendurch immer mal wieder drinnen aufwärmen. Wie wäre es jetzt mit einem warmen Kakao oder einer Tasse Tee? Wenn deine Kleidung nass geworden ist, solltest du dir auf jeden Fall trockene Sachen anziehen.

Vorsicht, Lebensgefahr!

Bis im Winter ein Teich oder See zugefroren ist, müssen die Temperaturen über viele Tage deutlich unter dem Gefrierpunkt (0 Grad Celsius) liegen. Erst ab einer Eisschicht von 15 Zentimetern an allen Stellen eignet sich eine Eisfläche zum Schlittschuhlaufen oder Spielen!

Spiele im Schnee

- Schneeballzielwerfen: Ihr baut euch Schneebälle und versucht, auf ein Ziel zu treffen.
- Spuren setzen im Schnee: Wie wäre es mit einer Schnitzeljagd durch Schnee? Wer den Spuren folgt, findet am Ende den Schatz.
- Schneeball laufen: Wie Eierlaufen, nur mit Schneebällen anstatt Eiern.
- Schneebilder raten: Einer tritt mit seinen Schuhen ein Bild in den Schnee, die anderen raten. Was soll das nur sein?
- Lustige Schneefiguren bauen, zum Beispiel Schneehasen, Schneemäuse oder Schneemonster.
- Eiskugeln: Luftballons mit kaltem Wasser füllen, zumachen und draußen gefrieren lassen. Wenn das Wasser gefroren ist, entfernst du die Ballons. Toll sieht es aus, wenn du das Wasser mit Lebensmittelfarbe einfärbst oder Glitzersternchen in das Wasser gibst.
- Ein tolles Iglu bauen.

Gute-Laune-Punsch

Einfach in einem großen Topf einen Liter Tee zubereiten, mit einem halben Liter Fruchtsaft aufgießen und alles aufkochen. Wenn du willst, kannst du noch Gewürze (Zimt oder Nelken), Zitronensaft, Honig oder Zucker hinzugeben. Fertig ist ein leckerer Aufwärmpunsch!

Kennst du die besten Würfelspiele?

Viele Spiele sind zu groß, um sie mitnehmen zu können. Würfel dagegen sind klein und leicht und passen wunderbar in jedes Reisegepäck. Außerdem sind sie nicht einmal teuer!

Läuse würfeln

Ab 2 Spieler, ihr braucht einen Würfel, Stifte und Papier

Jeder Spieler wählt eine Glückszahl zwischen 1 und 6 und schreibt sie auf. Reihum wird einmal gewürfelt. Jedes Mal, wenn jemand seine Glückszahl wirft, darf er ein Stück Laus malen: Zuerst den Körper, dann (einzeln) die sechs Beine, Kopf, Augen, zwei Fühler und zuletzt den Schwanz. Gewonnen hat der Spieler, der zuerst seine Laus fertig gezeichnet hat.

Stumme Jule

Ab 2 Spieler, ihr braucht einen Würfel, Stifte und Papier

Bei diesem Spiel darf nicht gesprochen werden! Reihum wird einmal gewürfelt. Wer eine 1 hat, schreibt sie oben auf seinen Zettel. Dann muss eine 2 gewürfelt werden, danach die 3 und so weiter bis zur 6. Der Spieler, der seine Reihe zuerst geschafft hat, darf das Schweigen brechen und ist Sieger.

Einundzwanzig

Ab 2 Spieler, ihr braucht drei Würfel, Stifte und Papier

Es wird reihum gespielt. Jeder darf so lange würfeln, bis er insgesamt 21 Augen hat oder eine Zahl dicht darunter. Der erste Wurf muss aber mit drei Würfeln, der zweite mit zwei und weitere Würfe mit nur einem Würfel gemacht werden. Man darf jederzeit aufhören. Wer über 21 kommt, scheidet aus. Es gewinnt derjenige Spieler, der am Ende am dichtesten an der Zahl 21 ist.

Fischgericht

Ab 2 Spieler (am besten die ganze Familie), ihr braucht einen Würfel, Buntstifte und Papier

Als erstes malt ihr einen großen Fisch, der viele Schuppen hat. Nun nimmt sich jeder Spieler einen Buntstift und bestimmt seine Glückszahl zwischen 1 und 6. Es wird reihum gewürfelt. Wer seine Glückszahl gewürfelt hat, darf eine Schuppe mit seinem Buntstift anmalen. Es gewinnt derjenige Spieler, der am Schluss die meisten Schuppen angemalt hat.

Die goldene Hundert

Ab 2 Spieler, ihr braucht zwei Würfel, Stifte und Papier

Es wird mit zwei Würfeln gespielt. Jeder würfelt reihum jeweils einmal und notiert die Summe der geworfenen Augen. Paschwürfe werden doppelt gewertet (Beispiel: zwei Dreien gewürfelt = 12 Punkte). Sieger ist derjenige Spieler, der zuerst die 100 erreicht oder überschritten hat.

Selbst erfinden

Erfinde selbst ein Würfelspiel! Schreibe die Anleitung zu deinem Spiel auf.

Streichhölzer schieben

Ab 2 Spieler, ihr braucht einen Würfel und Streichhölzer

Jeder Mitspieler bekommt zwölf Streichhölzer. Es wird reihum gewürfelt. Nach jedem Wurf dürft ihr so viele Streichhölzer nach links weitergeben, wie ihr Augen gewürfelt habt. Würfelt ihr aber mehr Augen als ihr noch Streichhölzer habt, dann dürft ihr keine weiterreichen. Es verliert, wer als letzter Hölzchen übrig behält.

Immer 7

Wusstest du, dass die Summe der gegenüberliegenden Seiten beim Würfel immer 7 ergibt?

Gummibärchenspiel

Ab 2 Spieler, ihr braucht einen Würfel und eine Tüte Gummibärchen

Jeder Spieler bekommt die gleiche Anzahl Gummibärchen. Nun fangt ihr reihum an zu würfeln.

Die 1 bedeutet:
Nimm ein Gummibärchen von deinem Nachbarn.

Die 2 bedeutet:
Gib deinem rechten Nachbarn zwei Gummibärchen, nimm von deinem linken Nachbarn ein Gummibärchen.

Die 3 bedeutet:
Gib jedem Mitspieler ein Gummibärchen.

Die 4 bedeutet:
Nimm von jedem Mitspieler ein Gummibärchen.

Die 5 bedeutet:
Gib deinem Nachbarn ein Gummibärchen.

Die 6 bedeutet:
Iss ein Gummibärchen auf und würfle noch einmal.

Die Regeln könnt ihr natürlich auch verändern.
Wer keine Gummibärchen mehr hat, scheidet aus.

Wie werde ich ein Zauberer?

Deine Freunde sind verblüfft, Familienfeiern nicht mehr so langweilig, sogar Papas schlechte Laune verfliegt nach den ersten Kunststücken: Mit den richtigen Zaubertricks kannst du jedes Publikum begeistern!

Was brauchst du zum Zaubern?

Selbstverständlich braucht jeder Zauberkünstler einen Zauberstab. Damit kann man natürlich nicht wirklich zaubern. Aber er ist ein wichtiges Hilfsmittel, um das Publikum abzulenken. Wenn du mit dem Zauberstab auf einen Gegenstand tippst, so richten sich alle Blicke genau auf diesen Punkt. Auch Zaubersprüche lenken die Zuschauer ab. Außerdem wirken sie geheimnisvoll. Du kannst dir Zaubersprüche selbst ausdenken oder von anderen Zauberern abgucken. In einem Zauberkasten findest du viele nützliche Dinge zum Zaubern, etwa Würfel, Karten, Tücher und Zaubertinte.

Kartentrick: Gerade und ungerade

Du hältst in jeder Hand je eine Hälfte eines Kartenspiels. Bitte zwei Zuschauer, aus der ihnen hingehaltenen Hälfte je eine Karte zu ziehen. Damit sie sich die gezogenen Karten in Ruhe anschauen können, drehst du dich diskret zur Seite. Diesen Augenblick nutzt du, um die beiden Kartenpäckchen gegeneinander zu vertauschen. Jetzt lässt du die gezogenen Karten von den Zuschauern wieder in die Päckchen zurückstecken. Jeder Zuschauer darf seinen Stapel noch kräftig durchmischen. Dann lässt du dir die Kartenpäckchen wieder geben, blätterst sie kurz durch und ziehst die von den Zuschauern gezogene Karte heraus. Halte sie hoch in die Luft! Wie schaffst du das? Vor der Aufführung musst du das Kartenspiel in zwei Hälften sortieren: In einem Stapel liegen alle geraden Zahlen, im anderen Stapel alle ungeraden Zahlen. Durch das Vertauschen der Päckchen geraten die Zuschauerkarten jeweils in den falschen Stapel. Du kannst sie sofort entdecken!

Zaubersprüche

„Hokus Pokus Fliegendreck – passt gut auf, gleich ist … weg"
„Fideldum und Fideldei, ich zaubere ein … herbei – HEX HEX"
„Hasenfuß und Hühnerei, Zaubergeister fliegt herbei!"
„Abrakadabra Simsalabim, Hokus Pokus Fidibus, drei Mal schwarzer Kater!"

Farben riechen

Du behauptest, dass du Farben riechen kannst. Suche dir jemand aus dem Publikum aus und gib dieser Person bunte Wachsmalkreide und eine undurchsichtige Tüte. Nun drehst du dich um und forderst deinen Gast auf, eine Kreide auszuwählen und in die Tüte zu stecken. Die andere Kreide muss versteckt werden. Du wendest dich wieder deinem Publikum zu, greifst mit geschlossenen Augen in die Tüte und befühlst die Kreide. Dabei kratzt du heimlich etwas Farbe ab. Dann ziehst du die Hand wieder aus der Tüte, schnüffelst daran (und siehst dabei die Farbe unter deinem Fingernagel) und nennst tatsächlich die richtige Farbe!

Die Münze ist weg

Diesen Zaubertrick kannst du sehr schnell vorbereiten. Du brauchst dafür nur eine Münze, ein weißes Blatt Papier, ein leeres Marmeladenglas und etwas Wasser. Lege auf das weiße Blatt die Münze. Stelle das leere Marmeladenglas ohne Deckel darauf. Ihr könnt alle die Münze sehen, kein Problem. Gieße nun etwas Wasser in das Marmeladenglas, setze den Deckel auf die Öffnung – und Simsalabim – die Münze ist weg! Wie kommt das? Wenn Wasser im Glas ist, können die Lichtstrahlen von der Münze nicht mehr das Glas durchdringen. Sie werden am Glasboden reflektiert.

Gesetze für Zauberer

- Egal wie leicht der Trick ist, es gilt: üben, üben und nochmals üben!
- Übe vor dem Spiegel, dann kannst du deine Fehler sehen.
- Verrate nie einen Zaubertrick! Wenn du das tust, kannst du den Trick nie mehr zeigen.
- Zeige jeden Zaubertrick möglichst nur einmal. Wenn du ihn wiederholst, wirst du leicht ertappt, da die Zuschauer dann besser aufpassen.
- Jeder Zaubertrick muss langsam und ohne Hast vorgeführt werden.
- Setze die Zuschauer immer direkt vor dich. Sonst haben sie von der Seite Einblick in deine Geheimnisse.
- Nach Möglichkeit die Zuschauer anblicken. Dann wenden sie ihre Blicke vom Gegenstand ab und du hast es leichter.
- Keine zu langen Vorstellungen!

Wie du durch eine Postkarte steigen kannst

Die Postkarte einmal längst falten. Nun mit der Schere die Karte einmal von der einen und einmal von der anderen Seite mit Einschnitten versehen (nicht komplett durchschneiden!). Jetzt noch die Karte dort, wo die Falz ist, längs einschneiden, dabei den ersten und letzten Streifen stehen lassen. Vorsichtig aufklappen und durchsteigen!

Wie wird der Zeltausflug zu einem echten Erlebnis?

Beim Zelten ist alles anders. Du darfst abends länger aufbleiben und die Erwachsenen sind nicht so gestresst wie sonst. Egal ob auf dem Campingplatz oder zu Hause im Garten: Zelten ist aufregend und macht einfach Spaß!

Bevor das Abenteuer beginnt

Vor dem Ausflug solltet ihr die Route planen und eventuell auf dem Zeltplatz einen Platz reservieren. Gerade in den Ferien sind manche Zeltplätze schon Wochen vorher ausgebucht. Für einen Wochenendausflug müsst ihr nur eine Grundausstattung mitnehmen, die aus Zelt, Luftmatratzen, Schlafsäcken, Kleidung und einigen persönlichen Dingen besteht. Baut unbedingt vor der Abreise einmal das Zelt auf. So stellt ihr fest, ob es vollständig ist und ob keine undichten Stellen vorhanden sind.

Zelten ohne Eltern

Deine Eltern haben keine Lust auf Zelten? Auch Pfadfindergruppen und Schülerprogramme bieten jedes Jahr Zeltausflüge an.

Raus mit dir!

Den ganzen Tag draußen spielen. Meistens sind auf dem Zeltplatz noch viele andere Kinder unterwegs, mit denen du dich anfreunden kannst. Was gehört alles dazu, damit das Zelten richtig Spaß macht: Lagerfeuer, Stockbrot, Klettern, kein Zeitdruck, Nachtwanderung, jede Menge frische Luft, Fußball spielen, Geschichten erzählen, Stöcke schnitzen, Sterne und Mond beobachten, ungewaschen sein und natürlich Spaß und Action! Manche Zeltplätze liegen sogar neben einem Badesee oder einem Freibad. Auf den meisten Plätzen gibt es einen großen Spielplatz mit Fußballtoren und Tischtennisplatten.

Auf keinen Fall vergessen

Wer viel einpackt, muss auch viel mitschleppen. Überlege dir genau, was du vorhast – und nimm dann nur das Notwendigste mit. Packe auch im Sommer warme Sachen ein: Nachts kann es recht kühl werden. Und lass einfach mal alle modernen Annehmlichkeiten wie elektronisches Spielzeug, Handys oder CD-Player zu Hause. Statt dessen solltest du eine Wanderkarte, eine Taschenlampe (am besten mit zusätzlichen Batterien), ein Taschenmesser, Kompass, Fernglas, einen Ball und vielleicht auch Angelsachen und Kescher mitnehmen. Gut ist auch ein Tagebuch oder ein Notizblock, in dem du deine Erlebnisse aufschreiben kannst. Mit einer Lupe lassen sich die Krabbeltiere auf dem Zeltplatz beobachten. Ein Seil hilft beim Klettern und kann an einem stabilen Baum als Schaukel dienen. Außerdem könnt ihr damit eure Kräfte beim Tauziehen messen.

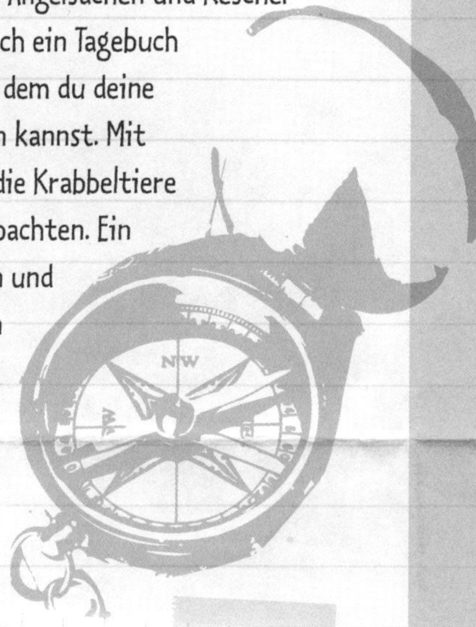

Kleiner Tipp!

Packe die schweren Dinge oben in den Rucksack, leichte und sperrige Dinge kommen nach unten. Gegenstände, die du oft benutzt oder die schnell griffbereit sein müssen, sind am besten in den Außentaschen oder im Deckelfach deines Rucksacks aufgehoben.

Nachts sind alle Katzen grau

Wie wäre es mit dem Spiel „Ich-sehe-was-was-du-nicht-siehst" im Dunkeln? Da nachts keine Farben zu erkennen sind, muss die Beschreibung der gesuchten Gegenstände umso genauer sein!

Nachts auf dem Zeltplatz

In der Nacht ist die sonst so vertraute Umgebung plötzlich völlig unbekannt. Was vor wenigen Stunden noch grün, rot oder braun war, ist nun zu einer dunklen Masse verschmolzen. Nur noch Umrisse und Schatten sind zu erkennen. Spiele im Dunkeln kribbeln so schön im Bauch!

Gespensterjagd

Einer verlässt als Gespenst die Gruppe und versteckt sich irgendwo im Gebüsch oder hinter einem Zelt. Die Mitspieler begeben sich erst dann gemeinsam auf Gespensterjagd, wenn ein schauriges „Hui-buh" über den Zeltplatz hallt. Vielleicht hilft das Gespenst auch während der Suche durch seine Laute mit, bald gefunden zu werden?

Stromausfall

Der Gefängniswärter ist entsetzt: Alle Insassen sind ausgebrochen und haben sich in der nahen Umgebung versteckt. Wie gut, dass er zum Suchen seine Taschenlampe benutzen darf. Hat er einen Ausbrecher berührt, muss dieser ins Gefängniszelt zurück. Das Spiel ist zu Ende, wenn der Wärter alle Ausbrecher gefangen hat – oder wenn ihm vorher die Puste ausgeht!

Wie kann ich die Zukunft vorhersagen?

Es wäre einfach super, wenn man die Zukunft vorhersagen könnte! Die Aufgaben der nächsten Mathearbeit wären dann bestimmt kein Problem mehr. Die Zukunft zu kennen wäre echt cool – aber auch ein bisschen gruselig!

Sag mir, was die Zukunft bringt!

Zum Jahreswechsel findest du wieder in vielen Zeitschriften Horoskope, Wahrsager-Tipps oder Wirtschaftsprognosen. Merkwürdigerweise sind diese Vorhersagen alle sehr unterschiedlich... Trotzdem blätterst bestimmt auch du gerne darin herum und fragst dich, wie wohl dein neues Jahr werden wird. Die Zukunft vorhersagen zu können, das ist ein uralter Traum der Menschen. Schon seit Jahrtausenden bemühen sich die Menschen, aus irgendwelchen Zeichen – etwa die Wolkenbildung, die Kräuselung des Wassers oder die zufällige Anordnung hingeworfener Steine oder Hölzchen – der Zukunft ihr Geheimnis zu entreißen.

Mit Vorsicht zu genießen

Zukunftsprognosen sollte man immer mit Vorsicht genießen. In den 1960er Jahren prophezeiten zum Beispiel einige Hellseher, dass die Menschen im Jahr 2000 in Kolonien auf dem Mars leben werden ...

Ich sehe was, was du nicht siehst

Die Wahrsagekunst bezeichnet man auch als Mantik. Es gibt eine Fülle von Methoden, mit denen Wahrsager versuchen, Zeichen aus der Zukunft zu erhalten: Kartenlegen, Traumdeutung, Kaffeesatzlesen oder auch Wahrsagen mit der Kristallkugel. Die Kristallkugel dient dabei nur dazu, die Konzentration zu stärken. Sie ist ein Hilfsmittel, um innere Bilder in sich aufkommen zu lassen. Diese Bilder und Erlebnisse können sich vor langer Zeit abgespielt haben, sie können aber auch in der Gegenwart oder Zukunft geschehen. Zum Hellsehen brauchst du nicht unbedingt eine Kristallkugel, du kannst auch Wasser, eine gleichmäßige Fläche oder einen Klang nehmen – eben alles, worauf du dich konzentrieren kannst.

Wahrsagekarten

Manche Wahrsager deuten die Zukunft mit Hilfe von Tarotkarten. Die Lage der Karten spielt dabei eine große Rolle. Falls du dich selbst im Wahrsagen versuchen möchtest: Immer die positiven Dinge unterstreichen und Wünsche des Menschen mit einfließen lassen.

Die Kunst der Teeblattdeutung

Kennst du das Geheimnis einer Tasse Tee? Nicht das Getränk, sondern die Teeblätter, die in der Tasse zurückbleiben, helfen dabei, einen Blick in die Zukunft zu werfen. Möchtest du es ausprobieren? Benutze zum Teekochen lose Teeblätter. Gib davon zwei Teelöffel auf den Boden einer Kanne und befülle diese mit kochendem Wasser. Je nach Sorte lässt du den Tee fünf bis zehn Minuten ziehen. Nun musst du ihn ohne Sieb in eine helle Tasse gießen. Derjenige, dessen Zukunft gedeutet werden soll, trinkt den Tee, lässt aber ein wenig Flüssigkeit und die Teeblätter in der Tasse zurück. Nun den Teerest im Uhrzeigersinn dreimal in der Tasse schwenken und die Tasse über einer Untertasse auf den Kopf stellen. Dreimal auf den Tassenboden klopfen, damit die Teeblätter herausfallen. Der Wahrsager deutet nun das Muster, das die Blätter bilden. Es könnte bedeuten:

Boot = Reise	Schere = Streit
Buch = Weisheit	Stern = Erfolg
Herz = Liebe	Stuhl = ein Gast
Hufeisen = Glück	Wolke = Zweifel
Rad = Geld	

Handlesen

Nicht nur Fingerabdrücke sind unverwechselbar. Auch jede Hand ist einzigartig. Wer die Kunst des Handlesens beherrscht, erfährt mit einem Blick in die Hände eines Menschen viel über dessen Persönlichkeit.

Deine Glückszahl

Jeder Mensch hat eine persönliche Glückszahl. Um deine Glückszahl zu errechnen, brauchst du keine Kristallkugel. Nimm einfach ein Blatt Papier und einen Stift zur Hand:

Schreibe dein Geburtsdatum in Ziffern auf.
Kira ist zum Beispiel am 28. September 1999 geboren, darum schreibt sie: 28.09.1999.
Nun zählt sie alle einzelnen Zahlen zusammen:
2 + 8 + 0 + 9 + 1 + 9 + 9 + 9 = 47

Sie bekommt eine Zahl mit zwei Ziffern heraus. Diese beiden Ziffern zählt sie auch wieder zusammen:
4 + 7 = 11

Das macht sie so lange, bis sie am Ende bei einer Zahl zwischen 1 und 9 angekommen ist:
1 + 1 = 2

Kiras Glückszahl ist also die 2. Und deine?

Glücks-Tipp: Besorge dir einen kleinen Glücksbringer mit deiner Glückszahl drauf und trage ihn bei dir, wenn eine wichtige Entscheidung ansteht!

Register

Abbildungs- und Lösungshinweis

Die Abbildungen dieses Werkes wurden erstellt unter Verwendung von Vorlagen folgender Agenturen:

- Bigstockphoto.com
- Fotolia.com
- Istockphoto.com
- Mev, Augsburg
- Polizei, Gütersloh
- Shutterstock.com
- wissenmedia GmbH, Gütersloh

Lösung von Seite 167:

Es müssen zwei Streichhölzer so umgelegt werden, dass das Haus nicht mehr nach links, sondern nach rechts guckt.

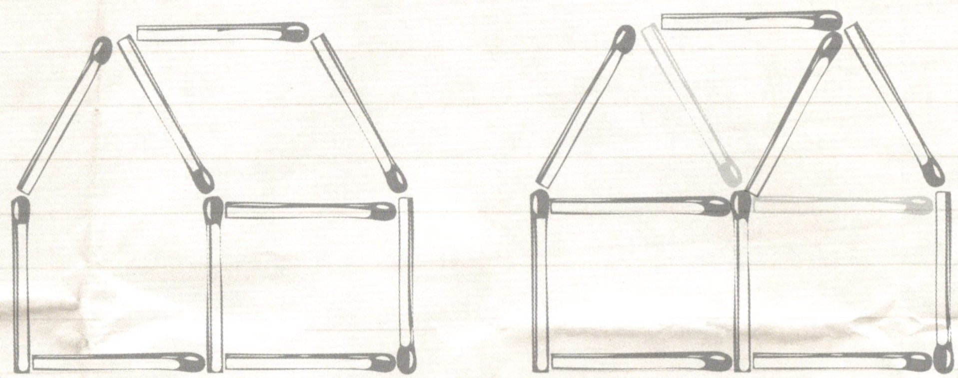

vorher

nachher